# 唐群英传

唐存正 ● 著

中国文史出版社

图书在版编目（CIP）数据

唐群英传 / 唐存正著. -- 北京：中国文史出版社，

2020.7

ISBN 978-7-5205-2099-7

Ⅰ. ①唐… Ⅱ. ①唐… Ⅲ. ①传记文学－中国－当代

Ⅳ. ①I25

中国版本图书馆 CIP 数据核字(2020)第 114067 号

责任编辑：殷旭

出版发行：中国文史出版社
网　　址：www.wenshipress.com
社　　址：北京市海淀区西八里庄路 69 号　邮编：100142
电　　话：010-81136606 81136602　（发行部）
传　　真：010-81136666
印　　装：廊坊市海涛印刷有限公司
经　　销：全国新华书店
开　　本：16 开
印　　张：15　　　　　　字数：240 千字
版　　次：2020 年 9 月北京第 1 版
印　　次：2020 年 9 月第 1 次印刷
定　　价：45.00

唐 群 英

(1871—1937 )

**唐群英照** 1912年冬，摄于北平。唐群英时年41岁，担任中华民国女子参政同盟会本部总理（此照原载于1916年美国世纪出版社出版的《现在的中国》一书。2005年6月5日，研究唐群英的美国宾州狄根森学院政治学系全大伟教授，专程来华瞻仰唐群英故居书屋时，面交先贤长孙唐存正先生。）

同盟会女同志公鉴：来函敬悉。男女平权一事，文极力鼓吹，而且率先实行，试观文到京以来，总统府公宴、参议公宴，皆女客列上位，可证也。至党纲删去男女平权之条，乃多数男人之公意，非少数可能挽回， 君等专以一、二理事人为难，无益也。文之意：今日女界宜专由女子发起女子之团体，提倡教育，使女界知识普及，力量乃宏，然后始可与男子争权，则必能得胜也。未知诸君以为然否？更有一言奉献，切勿倚赖男子代为出力，方不为男子所利用也。此复，并期努力进行。

孙文谨启

九月二日

---

此系孙中山先生给唐群英等女会员的复函。原件唐群英生前珍存于一个单独的小木盒内。1950年，其抚子唐遂九捐献给南京中国第二历史档案馆。信中时间为1912年，标点为编者所加。

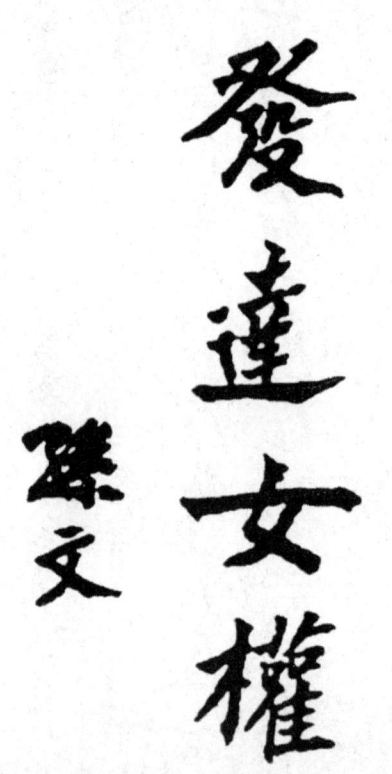

孙文总理为唐群英
主持复刊《神州女报》
的题词

国民党元老陈立夫
先生为纪念唐群英逝
世六十周年自台湾寄
来的题词

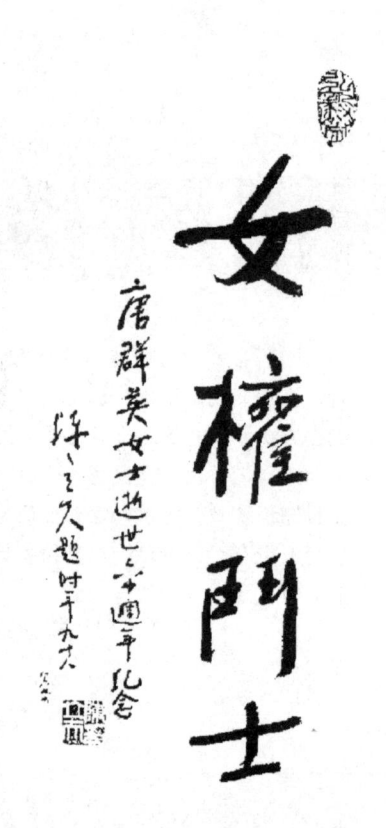

唐群英 一代女魂

康克清
91.10.28

1991年，时任全国政协副主席、全国妇联名誉主席康克清为纪念唐群英诞辰120周年题词

辛亥革命功臣 女权运动先驱

周铁农

2006年，时任全国人大常委会副委员长、民革中央主席周铁农为兴建"群英纪念园"的题词

辛亥女杰 女权先驱

彭珮云
二〇一三年十二月十日

2013年，全国人大常委会原副委员长、全国妇联原主席彭珮云同志为《女权运动先驱唐群英》一书的题词

中国妇女运动历史首先是民族解放运动史的一部分……旧民主主义革命时期妇女界也出现了英雄人物，辛亥革命就有妇女参加，秋瑾就是搞武装斗争的，后来牺牲了，走上断头台。还有不少，有一个唐群英也很知名，她们争取参政。

摘自全国人大常委会副委员长、中国妇女运动历史资料编纂委员会主任邓颖超在中国妇女运动历史资料编纂委员会成立大会上的讲话

唐群英是一位杰出的爱国者，清末民初革命妇女中很突出的代表人物。当时就有人称赞她是"女界孙黄"，她所领导的民国初年女子参政运动，在中外妇女运动史上都产生过深远的影响。这不仅是中华民族的骄傲，也是我们女界的光荣。

1991年，唐群英诞辰120周年的时候，康克清同志为她题词："一代女魂"。1995年联合国第四次世界妇女大会前夕，唐群英被列入中国近百年女杰之一，介绍给世界妇女，她是当之无愧的。

摘自中共中央委员、中华全国妇女联合会副主席、书记处第一书记黄启璪为《唐群英诗赞》所作序言

《一代女魂——唐群英的传奇故事》，再现了她灿烂绚丽的一生。……过去我们只知道唐群英是辛亥革命时期女界精英的翘楚，这本《故事》告诉我们，她还是我们党的一位忠诚可靠的朋友。

摘自中共湖南省委常委、统战部长石玉珍为《一代女魂——唐群英的传奇故事》所作序言

当民族危殆神州飘摇之际，唐群英胸怀"愿身化作丰城剑，斩尽奴根死也瞑"的侠气豪情，离开舒适安逸的家园，踏波东瀛寻求报效国家之路；追随孙中山先生投身革命洪流，成为中国同盟会最早会员之一。武昌首义起，唐群英奔赴光复战线前沿，组建女子后援会和北伐军救济队，为北伐军筹募军饷，随南京会战部队实施战地救护，成为辛亥女子军的一员将领，为创立民国卓立功勋。

摘自民革中央委员、湖南省政协副主席、民革湖南省委主委刘晓为《女权运动先驱唐群英》所作序言

# 前　言

　　唐群英,字希陶,1871年12月8日生于湖南衡山县一武将门第。其父唐星照,19岁弃农投湘军,因作战勇猛,屡立军功,官至提督,诰授振威将军,赐予二级"长勇巴图鲁"。母曹氏,诰封一品夫人。

　　唐星照将军生性耿直,对官场中的尔虞我诈,深恶痛绝,33岁便以母疾为由申请退役,带着朝廷发给的优厚俸禄回归故里,置良田230余亩,又兴建了一个大宅院,名曰"三吉堂"。将军很注重对子女的教育,将入伍前住的"三间六"小瓦房改作书屋,起名"是吾家",意是我的最初之家。在这里延请名师课教子女,自己也常在一旁听课。他把"多积德、多读书、多劳作"三多定为家训,把"忠、孝、诚、义"四字立为家风,并解释说:"忠,就是忠君报国,无国哪有家;孝,就是孝顺父母,没有父母养育,哪有自己;诚,就是诚信做人,应承别人的事,一定要兑现承诺;义,就是义气待人,对人要讲仁义,不可见利忘义。"唐群英兄弟姐妹6人,都是在"是吾家书屋"启蒙读书的。良好的家风熏陶,优越的读书环境和严格的家庭教育,使他们个个熟读经史,善诗能文。

　　唐群英自小就养成善思考、好读书、爱管事、敢担当的品格。4岁扯掉裹脚布,从小脚被缠的体验中,敏锐地察觉到男女之不平等;14岁就发出"山鸟唤晴来"的惊人感叹!失女亡夫之后,她冲破"三从四德"的束缚,"大归"娘家;受新潮思想的影响,立下"斩尽奴根死也瞑"的"换风"壮志,而两度踏波东瀛,探寻救国强国之道,是第一个加入中国同盟会的女会员,投身反清斗争,系留日女学生的佼佼者,先后担任留日女学生会书记、会长;1908年奉命回国与早期回国的同盟会员陈荆策动花石起义,手持双枪,左右开弓,是名震一时的双枪女将;武昌首义枪声打响,她又与昔日同窗好友张汉英一起组织女子后援会并担任会长,奔赴各地筹集粮饷支援前线,继而亲率北伐军救济队参与江浙联军,实施战地救护,为攻克南京立下战功;民国成立，她与张昭汉等受到临时大总统孙中山亲切接见，被赞为"创立民国的巾帼英雄"，以"有功于国家"授勋"二等嘉禾章"；为捍卫辛亥成果，坚持"男女平权"，她创办《女子白话报》《女权日报》等报刊，为维护妇女权益鼓与呼，做了大量的舆论工作；为加强斗争实力，她联络长沙、南京、上海等地女界领袖，联合创立中华民国女子参政同盟会，当选会长（后改称总理），向封建男权宣战，斗争异常激烈。袁世凯上台以后，变本加厉压制女权，唐群英声称："袁大总统不赞成女子有参政权，亦必不承认袁为大总统。"在其发表的《宣言》中指出："无论男女，一律平等""不自由，毋宁死""身可杀，此心不可死；头可断，此权不可亡。"其旗帜之鲜明，斗争之尖锐，态度之坚决，时人叹为"五千年来女权之曙光""中国妇女运动的第一声！"尽管斗争极其艰难，屡屡受挫，却愈挫愈勇，毫无所惧。袁世凯为进一步加强其独裁统治，继1913年3月谋害宋教仁之后，紧接着于4月宣布解散国民党，旋于同年11月13日责令内务部以"法律无允许明文"勒令取缔女子参政同盟会，通缉唐群英，致使全国性的女子参政活动无法开展，她被迫回到湖南，并以此作为"根基地"，继续组织女权斗争。

唐群英总结女权运动失败的重要原因之一，是广大妇女长期没有受教育的机会，其大多数人还没有觉醒。在她的后半生，全身心致力于兴办女子教育，为此而耗尽家资，去世时，只剩下一石八斗冲田，还欠下不少债务，最后连金银首饰都没留下，晚景萧条亦无怨无悔。

唐群英不仅是一位民主革命家、女权运动先驱，而且还是民国年间一位很有影响的女报人、女诗人和女子教育家。

唐群英是孙中山先生"联俄、联共、扶助农工"三大政策的忠实践行者。在国共合作破裂以后，她坚持正义，保护共产党人，坚决主张团结抗日。1937年6月3日，在忧国忧民的心境中与世长辞，享年66岁。

纵观中华民族的发展史，妇女长期处在神权、君权、族权、夫权的重重压迫之下，经济不独立，人身不自由，被排斥在社会生活之外，禁锢于家庭之中，成为男子的附庸。然而作为"半边天"的妇女，并不甘于受歧视受压迫的屈辱生活，一直以顽强的生命力，在历史舞台上表现自己，向社会展现女性的存在与力量。在历代王朝中有叱咤风云为秦国强大作出贡献的宣太后，有协助刘邦建立西汉王朝富有谋略的吕后，有中国历史上唯一的女皇帝武则天；在历次农民起义中也涌现过陈硕真、王聪儿等妇女领袖。不过那毕竟只是展现个别女性人物的个体才能，丝毫没能改变妇女的命运和整体地位。1840 年鸦片战争爆发后，古老、封闭的中国受到世界大潮的推动，中国少数妇女精英受到西方妇女解放运动的启发与影响，于是中国近代妇女运动开始酝酿。到了孙中山领导的辛亥革命时期，妇女运动展现出崭新局面，涌现出秋瑾、唐群英、何香凝、方君英、陈撷芬、燕斌、陈婉衍、徐宗汉、张昭汉、张汉英、王昌国、林宗素、吴木兰、沈佩贞、徐素贞、蔡蕙等一批具有爱国情怀、民主思想和女性解放意识的先进妇女，她们以"天下兴亡，匹妇亦有责"为己任，与男子并肩战斗在民主革命行列，秋瑾为此而壮烈牺牲。这批先进女性原本把妇女解放寄希望于民主革命，不料革命成功，就连女子的选举权也被剥夺，因而引起女界的强烈不满。在事关妇女前途命运的关键时刻，唐群英毅然扛起为妇女争人权、争平等的大旗，发起并领导了中国历史上第一次以"实行男女平等，实行参政"为中心内容的有纲领、有组织、有理论指导、有实践活动的女子参政运动（亦称女权运动），首开中国历史上完全依靠妇女自身力量，独立地组织领导妇女解放运动之先河。

　　唐群英是民国初年著名的女界领袖，为中国妇女解放事业作出杰出贡献的一位重要历史人物，却几被历史遗忘。所幸的是党的十一届三中全会以后，迎来了大范围修志写史的繁荣景象之始，主持编纂中国妇运史的邓颖超同志就在编纂工作会上提到了唐群英的名字。她说："中国妇女运动历史首先是民族解放运动史的一部分……旧民主主义革命时期妇女界也出现了英雄人物，辛亥革命就有妇女参加，秋瑾就是搞武装斗争的，后来牺牲了，走上断头台。还有不少，有一个唐群英也很知名，她们争取参政。"就特别提醒人们不要忘记唐群英为妇女"争取参政"的历史功绩，引起了妇女界、史学界、新闻界、社科界和文化界等的广泛关注，一篇篇缅怀纪念唐群英文章的陆续发表，一本本研究唐群英专著的相继出版，一部部反映唐群英的电视专题片和电影的拍摄播放，再现了一百年前唐群英为革命奋斗一生的光辉形象。她的伟大业绩又重被世人所认识了解。康克清同志尊其为"一代女魂"，唐群英当之无愧。

　　唐群英领导的那场震惊中外的女子参政运动虽然失败了，但对当时妇女的思想解放产生了强烈的警醒作用，并为尔后妇女解放运动的延续和发展奠定了思想基础。而且在世界妇女运动史上也占有重要地位，中国是继法国、英国、美国、德国等欧美国家之后，第 12 个发起女子参政运动的国家，比俄国、加拿大早 6 年，比日本早 10 年。此举为万国女子参政会所关注，被赞为

"在东方作第一声惊人之鸣!"

我们以历史唯物主义的观点,分析研究唐群英一生的革命实践和女权思想的形成与发展,全面地了解唐群英的革命事业,对于我们认识一百年前那场艰苦卓绝的女权斗争,并从中吸取有益的经验和教训,无疑将大有裨益。

为便于读者粗略地了解唐群英的生平及其为创立民国和倡导妇女解放运动所作的卓越贡献,谨以翔实的史料,平实的语言,讲故事的方式,撰写一部唐群英的简明传记,以飨读者。

# 目　　录

# 唐群英的历史定位

## ——《唐群英传》序一

## 李细珠

在清末民初这个政治与社会转型的新时期，近代中国妇女解放运动开始向纵深发展。其时，部分先进妇女从不缠足和兴女学等社会变革活动转向投身于反清革命及相关政治运动，她们在参加革命军事斗争之余，还掀起了以要求男女平权和争取选举权与被选举权为中心的女子参政权运动。民初女子参政运动虽然只是当时纷繁复杂的政治局势中的一个小插曲，结果也以失败告终，但却将近代中国妇女解放运动推向一个新的高潮，用鲜活的史实描绘了一幅近代民主政治运动的新图景。数风流人物，湖南衡山"一代女魂"唐群英是与"鉴湖女侠"秋瑾在中国近代史上齐名的妇女解放运动领袖，尤其她领导的民初女子参政运动，足以彪炳史册。

历史人物是在人类历史长河中留下深远影响的个人。对历史人物（对象）进行正确评价，在现实生活中有着极其重要的作用。任何一个历史对象，都应该在历史脉络中有一个恰当的位置，准确地描述这个位置，是历史研究的题中应有之义。如何给唐群英一个恰当的历史定位，我想可以从三方面来看：

**其一，唐群英是近代中国女子革命的先行者。**唐群英（1871—1937），字希陶，湖南衡山人。她早年结识秋瑾，并通过留学日本的弟弟唐乾一等人接受新思想，东渡日本之后，很快走上革命道路。在日本，她结识黄兴、孙中山等革命领袖人物，加入同盟会，并与秋瑾、张汉英、王昌国、何步兰、李自平、林宗素、陈撷芬、何香凝、张默君等一批具有革命思想的进步女性颇为相得，以"天下兴亡，匹妇亦有责"相号召，与男子并肩战斗。回国之后，她还在湘潭联络哥老会谋划组织武装反清起义。武昌起义之后，她亲率北伐军救济队，配合江浙联军参与攻克南京之役。唐群英以一弱女子投身革命，为女子革命之表率，赢得"女界孙黄"的雅称，被孙中山先生赞为"创立民

1

国的巾帼英雄",说其是近代中国女子革命的先行者,当之无愧。

其二,唐群英是近代中国女权运动的领导者。南京临时政府成立后,部分女革命党人纷纷组织女子参政团体,提出女子参政权的要求,唐群英是其中杰出代表和领袖人物。她与张汉英、王昌国、林宗素、沈佩贞等人联络全国女界,由各省女界公举代表到南京多次向临时参议院和临时大总统孙中山提出请愿书,要求中央政府给还女子参政权,并要求将女子参政权写入《临时约法》,甚至不惜身份,大闹临时参议院,但多次请愿并没有实质性效果。临时政府北迁后,唐群英随之进京,联络北方女界,以中华民国女界全体联合会的名义上书参议院,继续请愿。唐群英还以女子参政同盟会的名义发表宣言书,从天赋人权的理论,说明男女在法律上的权利是平等的。她认为,虽然女界程度不够,其实男子程度也是不齐,但参政权作为人民的基本人权,应该得到宪法的确认,尤其不必特别限制女子的参政权,所谓"有绝对的可以认许在宪法上永久不移易者,则如人民之参政权是;有不必为特别之限制以待其将来之程度发达齐一而亦可认许之者,则如现在我国女子参政权是。"她承认女界程度幼稚的现状,认为其事实上暂时难以达到参政的目的,因而退一步"不要求政府法律上积极的保护",但却希望女界全体合力争取"以要求其消极的保护",即"不必法律上明畀我女界参政权,但使对于女子不加制限,对于男子不认专有"。也就是说,法律上可以不写明女子有参政权,但也不能写明参政权为男子所专有,从而对女子有所限制。她特地从约法、现行法、中国社会及现今世界趋势等方面,具体阐述了女界对于参政权不能不争的理由,号召全体女界以死力争,"故身可杀,此心不可死;头可断,此权不可亡。……将修我戈矛,整我甲兵,凭我一腔血与诸男子相见。"表示了极度悲壮的气概。其时,万国女子参政同盟会代表访华,给正在奋力争取参政权的中国妇女以极大的精神鼓舞。万国女子参政同盟会会长嘉德夫人等人勉励中国女界联络结成一大团体以早日加入万国女子参政同盟会,并对中国女子参政运动寄予厚望,认为"中国女子程度实不亚欧西,且超迈其他各国","中国女子或可先于各国争得参政之权,为各国所不及"。这使中国女界大受鼓舞。唐群英领导的女子参政同盟会又多次上书北京临时参议院,同样被否决。她们再次大闹参议院,并厉言痛斥:"议员亦女子所生,当民军起义时代,女子充任秘密侦探,组织炸弹队,种种危险,女子等牺牲生命财产,与男子同功,何以革命成功,竟弃女子于不顾?女子亦组织中华民国之重要分子,二万万女同胞,当然与男子立于平等之地位。凡反对女子参政权者,将来必有最后之对待方法。即袁大总统不赞成女子有参政权，亦必不承认袁为大总统。三日后当再来参议院，为最后之解决。将来中华民国之民法，凡关于女子之能力，若不采用德国制，女子等必用武力解决此问题。"虽然请愿女子仍是豪气冲天，但终归已是强弩之末。女子参政权案已没有回旋余地，民初女子参政运动渐趋沉寂。然而，唐群英在中国文明史上，首开先河，发起了一次规模空前、震惊中外的女权运动，并为此作出种种努力，在更广范围内促进了女界的新觉醒，为尔后妇女运动的延续与发展奠定了基础。

**其三，唐群英是近代中国女子教育的推动者。**从女子参政运动失败的教训中，唐群英等人认识到女子得不到参政权，主要是被认为知识程度低，缺乏参政的能力。万国女子参政同盟会会长嘉德夫人等人也曾谆谆告诫，提倡女子教育以提高女子知识程度及其独立能力是女子参政的先决条件。此后，唐群英等人主要转向办女报、兴女学的活动。其实，早在清末留日时期，唐群英就主编过《留日女学会杂志》，鼓动女界革命。民国初年，唐群英又创办《女子白话报》《亚东丛报》《女权日报》，复刊《神州女报》，提倡女权不遗余力，但都遭到袁世凯政府的封禁。随后，唐群英积极推动女子普及教育，创办了白果红茶亭女校、衡山女子高级小学、长沙复陶女子中学、岳北女子实业学校等多所女子教育学校，为推动女子教育做出了不可磨灭的贡献。

以上是我对唐群英历史定位的粗浅认识。读者诸君要想更详细了解唐群英的生平与事功，请参考衡阳耆宿唐存正先生的新著《唐群英传》，该书将由中国文史出版社出版。

今年国庆节前，我在前往武汉疾驶的高铁上意外接到87岁高龄的唐老先生的电话，他说："你可能不记得我的名字，我给你讲你就知道怎么回事了。"接着他便讲述了自己作为唐群英嫡孙多年来为宣扬和研究唐群英所做的努力，其中特别提到本所前辈学者徐辉琪先生所写的第一篇唐群英研究学术论文（《唐群英与"女子参政同盟会"——兼论民初妇女参政活动》，《贵州社会科学》1981年第4期），以及因本所前任人事处处长黄春生先生（现任本院工会副主席）一再为其联络推介而希望我给这本专著写序。出于对长者的敬畏，我本能地表示婉拒，但唐老先生颇为坚持，于是只好恭敬不如从命了。

其实，唐存正先生于我，虽然算不上熟悉，但也并不陌生。拨开记忆之弦，回到2010年1月初，他便通过时任本所人事处处长的黄春生先生与我联系，只是当时我因眼有微恙正好做了手术，与他通了电话而未曾谋面。他还特意找到我的办公室，托我的同事任智勇兄转赠一册《唐群英史料集萃》。

2011 年 3 月，唐老先生又到我的办公室，这回见了面，相谈甚欢。他盛情邀约 9 月份到衡山参加唐群英研究会议，只是当年辛亥百年与其他活动冲突而未能践约，甚是遗憾。现在想来，当年黄处长之所以推荐我接洽唐老先生，大概是因为此前我发表过关于民初女子参政权研究的论文（《性别冲突与民初政治民主化的限度——以民初女子参政权案为例》，《历史研究》2005 年第 4 期），其中不免涉及唐群英的事迹。将近十年过去，这期间似未有联系，但唐老先生仍然不忘我这位后生晚辈，确实令人感动。

据我所知，为了宣扬唐群英这位令人钦敬的先贤，唐老先生以机关干部、国企老总身份退休之后，老骥伏枥，壮心不已，长期以来孜孜以求，付出了无数的辛劳和汗水。30 年来，与人合作编著并出版了《唐群英评传》《一代女魂——唐群英的传奇故事》《唐群英年谱》《唐群英诗赞》《唐群英研究文集》《唐群英诗文赏析》《女权运动先驱：唐群英》《唐群英家风揄扬集》等多种论著。如今又以耄耋之年独力撰著《唐群英传》，其精神与毅力令人无限感佩。为了表达内心的崇高敬意，值此新著面世之际，谨书数语，为唐老先生贺。

是为序。

（作者：中国社会科学院近代史研究所研究员、研究生院教授、博士生导师）

# 一代女魂　百世流芳

## ——《唐群英传》序二

### 吕芳文

近日，唐存正先生（唐群英长孙）寄来新作《唐群英传》打印稿，告之即将正式出版，嘱我为序。对此，我诚惶诚恐，然老先生一再叮嘱，颇感却之不恭，理当欣然从命。

唐群英于 1937 年 6 月 3 日与世长辞，声名湮没四十余年，几乎无人知晓。直至 1979 年 12 月，在中国妇运史第一次编纂工作会议上，时任全国人大常委会副委员长、担任中国妇女运动历史资料编纂委员会主任的邓颖超，特别提到唐群英，称其为民主革命时期为妇女"争取参政"的一位"很知名"的女界"英雄人物"，从而引起人们的高度关注；1991 年 10 月，全国政协副主席、全国妇联名誉主席康克清为纪念唐群英 120 周年诞辰，慨然题词："唐群英　一代女魂"；1995 年 9 月，联合国第四次世界妇女大会召开前夕，中国政府向大会推荐 8 集"中华百年女杰"电视专题片，唐群英为第 4 集，与秋瑾、宋庆龄、何香凝、向警予、蔡畅、邓颖超、帅孟奇同列其中，为国人景仰，流芳百世。

唐群英生前居住的"是吾家书屋"在 2002 年被湖南省人民政府公布为"省级文物保护单位；2017 年，经湖南省文物局同意，衡山县人民政府又决定重修唐群英墓。唐群英在天之灵，堪可慰藉。

"盛世修志，家兴续谱"。中国妇女运动历史资料编纂委员会成立以后，关于唐群英光辉业绩的研究和宣传工作同步启动，逐渐形成热潮。全国妇联妇运历史研究室主任刘静与唐群英的抚子唐遂九老先生最先挑起搜集和整理唐群英史料的担子。唐遂九老先生身故之后，其长子唐存正于 1987 年接过研究、宣传唐群英活动的接力棒。唐群英故乡湖南省、衡阳市、衡山县三级党政领导，宣传、文化、教育、文史、文物部门，社科联、文联、妇联、诗词学会等社团组织以及各地的史学工作者和社会贤达，在关于唐群英这位历史人物的史料征集、年谱研究、事迹评述、故事细说、诗词赏析等方面，都拿出了可观的成果，一批著作如《唐传英评传》《唐群英年谱》《唐群英的传奇故事》《唐群英诗文赏析》《女权运动先驱唐群英》《唐群英研究文集》《唐群英史料集粹》《唐群英家风揄扬集》等相继出版。《妇运探源——走近唐群英故里》《一代女魂》《山鸟唤晴来——唐群英》等电视专题片，《一代女魂唐群英》电影先后亮相，《中国影像方志——衡山篇》以浓墨重彩记述了唐群英的故事。而今，唐群英的光辉业绩，已然成为亿万人民永恒的记忆。

诚然，三十年来，唐群英的研究宣传工作也经历一个去伪存真，去粗取精、由浅入深、由博返约的过程。唐存正先生在搜集、整理大量档案资料和口碑资料，阅读、分析大量研究论文和评说故事的基础上，写出一部按年系事的年谱式传记《唐群英传》，对于帮助读者简约而全面地了解唐群英生平和历史功绩，是很有必要的。唐存正先生超越家族、立足民族的胸襟胆魄和严谨的治学态度，着实值得称颂和学习。

《唐群英传》重点记载唐群英在中国近代史上的三大功绩，以经过考究的史料为实证，叙述清楚，确可信据。一是两度踏波东瀛，寻求救国强国之道，学成回国后，迅即投身反清斗争，与陈荆策动花石起义，与张汉英组织女子后援会，筹集粮饷支援前线，亲率北伐军救济队，实施战地救护，为攻克南京立下赫赫战功，受到临时大总统孙中山接见，被赞为"创立民国的巾帼英雄"，以"有功于国家"而荣获"二等嘉禾章"，被后世誉为"女界孙黄"；二是作为中国女权运动先驱，她坚持"男女平权"，联络各地女界领袖，创立中华民国女子参政同盟会，当选会长，发起并领导了中国历史上第一次有组织、有纲领的女子参政运动，其旗帜之鲜明，斗争之尖锐，时人叹为"五千年来女权之曙光""中国妇女运动的第一声"，亦令万国女子参政同盟会所关注，赞为"在东方作第一声惊人之鸣"；三是遵照孙中山先生"今日女界宜专由女子发起女子之团体，提倡教育，使女界知识普及，力量乃宏……"的旨意，在后半生全身心投入女子教育事业，先后在北京、长沙、白果、衡山等地创办过十所女子学校，涵盖小学教育、中学教育、职业教育和高等教育。在她身边学习过的女子，大多参加民主革命，一些人还加入共产党，成为农运、妇运骨干。唐群英倾其心力，尽其家资，办学热情之高和创办学校数量之多，在中国女子教育史上首屈一指。

概言之，唐群英是中国同盟会创始人之一，她不仅是辛亥革命的有功之臣，中华民国女子参政同盟会的创立者和主要领导人，坚定推行孙中山"联俄、联共、扶助农工"三大政策的忠实践行者，而且还是中国共产党的一位忠诚可靠的朋友。在中华民族发展史特别是中国妇运史上，唐群英无疑是一位历史伟人。当我们仰望历史星空的时候，看到在璀璨的湖湘星系之中，有一颗闪烁着独特光芒的明星。这颗明星，就是以其侠气豪情、剑胆琴心、红莲品格、寒梅风骨铸造了中华民族"一代女魂"的唐群英。

在庆祝中华人民共和国成立70周年的喜庆日子里，《唐群英传》这部具有历史文献性的人物传记，将付梓出版，确是湖南文化生活的一件大喜事，也弥补了"辛亥著名人物传记丛书"缺失《唐群英传》的遗憾。

爰缀数语，以报存正先生之雅命。

是为序。

（作者：湖南省社会科学院历史学研究员，历史研究所原所长）

# 伟大英雄唐群英

## ——《唐群英传》序三

## 贺　玮

　　《唐群英传》一书即将付梓。唐存正先生（唐群英长孙）嘱我为之作序，我感到很惶恐，深感承担不起，但碍于唐老先生的信任，不敢推辞，愧如从命。

　　记得八年前一个乌云低垂的日子，秋风秋雨肆意拍打着窗户，我正在教室里上课，刚好讲到《辛亥革命》这一章，手机振动了，我一看是个陌生号码就挂掉了，下课后这个电话又打过来，电话那头传来一个声音，他说他是唐群英的长孙唐存正，邀请我参加唐群英诞辰140周年学术研讨会，并在研讨会上发表一篇关于唐群英的论文。

　　我那时对唐群英的了解仅限于"一代女魂"这个标签，对她的生平事迹所知不详，刚想拒绝，他说了三点邀请的理由：第一，我是高校女教师；第二，我是衡阳人；第三，我的专业是中国近代史。我以手头缺乏唐群英的相关资料为由婉拒，他却说："我这里有唐群英的所有资料，现在就给您送过去，半个小时就到。"

　　我只好在教室的走廊里等他，雨越来越密集，编织成一张雨幕，我也在心里编织借口怎样拒绝他。半个小时后，一位头发花白，身材高瘦的老者撑着伞从雨幕中走来，走到我跟前的时候，试探性地问："您是贺老师吗？"

　　很显然，他就是唐存正。见到他的那一刻，我被震惊了，他看上去快八十岁了，瘦削的脸上虽然有岁月的褶痕，但精神矍铄。我没想到他居然是个年纪这么大的人，其实我早该计算到唐群英孙辈的年龄。这样的一位长者，在这秋风秋雨愁煞人的日子，冒雨送来唐群英的全部资料，只为了让我这个晚辈写一篇论文，拒绝的理由我无论如何说不出口。我双手接过资料，答应唐老一定按时完成任务。

就这样，我开始利用课余时间梳理唐群英的相关资料，这个"一代女魂"从历史的尘埃中渐渐显现，绽放出璀璨的光彩。关于唐群英的历史评价一直很高，她对辛亥革命的影响以及她对现代女权的影响自不待言，我仅从一个女人的角度谈谈对她的看法。

在我看来，如果没有丧女失夫，唐群英的人生跟那个年代所有的女人不会有太多不同，她可能不会走出家庭，可能一辈子所做的事，影响所及只能是家族和乡里。但不幸的是，她丧女亡夫，生活留给她的空间太逼仄，她必须突破。而幸运的是，她的原生家庭给了她突破的能力。她的父亲赋予她勇敢豪迈的人生格局，她的母亲以慈爱平等作她的后盾，她的弟弟以敢于担当的手足之情为她保驾护航。人生的不幸是她的起点，也是她再出发的理由，此后经年，任凭起伏跌宕都化作辉煌诗篇。从这个意义来说，她的原生家庭给了她足够的推动力，她在历史上的贡献是唐家累世功德教化所致。

但这些还不够，唐群英自有她独特的风采——她是一位伟大的英雄。

女人都崇拜英雄，但我崇拜的英雄不是项羽那样力拔山兮气盖世的壮士，也不是横扫欧洲所向披靡的拿破仑，更不是铁蹄踏遍欧亚的成吉思汗，我所说的英雄具有明知不可为而为之的圣人胸怀，虽千万人吾往矣的勇敢担当，以及"雄关漫道真如铁，而今迈步从头越"的坚韧不拔，唐群英正是。

我十分认同同为女性的邓颖超在 1979 年中国妇运工作史第一次编纂工作会议上对唐群英的评价，她称唐群英为民主主义革命时期的"英雄人物"，邓颖超的点评是非常精当的。唐群英才具能文能武、情兼剑胆琴心、志在大同平等、胸怀家国民族，国势危殆之际，她踏波逐浪投身民主革命洪流，不愧为"创立民国的巾帼英雄"；在那个男权至上的时代，争取女权所遇到的阻力非常人所能体会，唐群英呼吁妇女一次争不到，二次再争，二次争不到，三次四次，乃至无数次，不达目的决不罢休。但唐群英并非一味霸蛮强行争要，她很智慧，一边争女权，一边兴女学、办女报，提高女子文化水平，从长计议，从根本上增强女子参政议政的能力。

晚年的唐群英贫病交加。她的困境不是她个人的悲剧，而是辛亥革命的悲剧，更是时代的悲剧。她带着一生的沧桑回到湖南衡山，这个曾滋养她的故里以悲悯的怀抱接纳她，英雄回归故里，故里因英雄而熠熠生辉。

《唐群英传》是一部珍贵的历史名人传记，第一次全面、系统、翔实地记述中国女权运动领袖、民主革命家、女子教育家唐群英伟大、传奇、壮阔的一生，是一部具有独特历史和学术价值的优秀纪实性文学作品。作者历经三十余年的不懈努力，潜心对唐群英这位历史人物研究与传播，为读者呈现了一位杰出爱国者的光辉形象，让人们更加深入地了解和认识一百年前，在中华大地发生过的那场首开先河，震惊中外的女权运动的历史真实，反映出以唐群英为代表的女界精英们对中国近现代妇女解放运动所作的历史性贡献，对于开展我国女权文化的研究很有启示作用。

这部传记还昭示我们，唐群英不仅是孙中山先生"联俄、联共、扶助农工"三大政策的忠实践行者，还是共产党的一位真诚的朋友。

唐存正先生以耄耋高龄笔耕不辍，真实还原了唐群英英雄的一生，并嘱我写序，晚辈不敢推辞，拜读全书后，再次折服于唐群英的传奇人生。掩卷之际，窗外已是夕阳西下，晚霞满天。

斯人已去，遗风尤追。当今世界，唐群英所提倡的女权在中国实现的程度最高，当可告慰她在天之灵。

是为序。

（作者：女，衡阳师范学院副教授、中国近代史史学硕士）

# 第一章　不凡的家世

## 出身武将门第

1871年12月8日（清同治十年十月二十六日），唐群英出生在湖南省南部衡山县新桥黄泥町（今黄泥村）一武将门第。

新桥位于衡山北麓，黄泥町是新桥乡（今新桥镇）的一个小村落。这里山川秀丽，涓水支流穿流其间，与湘乡荷叶（今属双峰）曾国藩故里毗邻，相距仅7公里。

唐氏家族，是新桥地方的一个大家族。第一代始迁祖素训公，明代自江西安福迁来衡山治坪（今新桥），历十三代大多是耕读之家。其中也有不少英才走上"学而优则仕"之路，唐氏家族逐渐转为书香门第。唐群英的祖父唐元鼎（第十四代，派名安亨）已成了一个家境贫寒的书香人家，住的是"三间六"的小瓦房，靠务农为生。到了她父亲唐星照一代，恰逢晚清乱世，朝廷腐败，民不聊生，农民起义此起彼伏。当时正值受命在湖南办团练的清中兴重臣曾国藩创建湘军，唐星照随湘军投入征战太平军的战争。唐星照兄弟

黄泥町

1

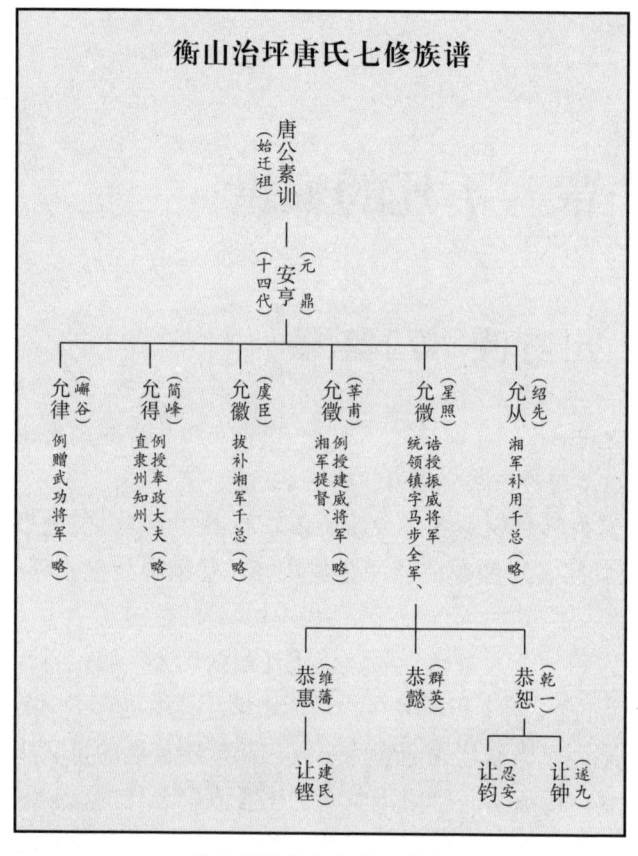

衡山新桥唐氏家族世系图

六人中，有五个随湘军建功立业并功成名就，使得这支家族成为"一门三将军、两千总、一奉政大夫"的兼具文武之大家。

唐星照的大哥唐嶰谷，派名允律，随湘军作战多年，因战功例授武功将军。三哥唐虞臣，派名允徽，年纪轻轻即拔补湘军千总，不幸于江西临江府薄城之战中阵亡，时年31岁。四哥唐莘甫，派名允徽，官至湘军提督，赏戴花翎，获赠"靖鲁巴图鲁"称号，例授建威将军。六弟唐绍先，派名允从，在湘军中补用千总，赏戴蓝翎。只有二哥唐简峰，派名允得，直走仕途，同治年间官至直隶州知州，例授奉政大夫。

## 曾国藩赏识的将军

唐群英的父亲唐星照，字少垣，号侃四，派名允微。他聪颖刚毅，喜爱武功，自幼随父从事农耕。成年后，长得身躯高大（身高为1.84米）[1]，气力过人，一般的门槛都得低头弯腰才过得去。他很重义气，乐于助人，是当地有口皆碑的一条硬汉。

1853年（咸丰三年）秋末的一天，19岁的唐星照在三眼塘和乡亲们一起挑塘泥，一过路的相命先生仔看多时，说他有"将才之相"，日后必有发达，

曾国藩

遂萌发了他的从军念头。这年冬天某日，天降鹅毛雪，唐星照脚蹬竹屐[2]，踏着冰层，肩挑两堆箩大米，走到新桥半边街旁的木架桥时，见一老人挑着重担，行走艰难，他毫不犹豫地接过那人的担子，两担并作一肩挑，毫不吃力地走过冰滑的木架桥。此情此景，恰好被正在新桥招募湘勇的一位湘军军官看到，遂劝他效忠皇朝，投入湘军，日后定能飞黄腾达！唐星照欣然应募。回家禀告双亲，把挣来的脚力钱如数交给了父亲，第二天便高高兴兴地投军而去。

湘军将领对这个身材高大的血性男儿十分看好，当即委以前锋扛大旗。唐星照生性耿直，作战勇猛，但脾气不好，特别是傲上，所以入伍三年还是个大兵，他心里总感到不舒服。咸丰五年初冬某日，曾国藩巡视兵营，路旁见一个头高大，气宇不凡的湘勇向他敬礼，便叫停轿问道："你叫什么名字？是哪营的？"唐星照答道："回大帅，小人来了三年，在果子营萧统领下当统带！"曾国藩心想，湘军营制，带兵将领叫"统领"，下设营官、哨官（亦称百长）、哨长、什长，兵多的统领下设分统，并没有统带，觉得有点好笑，也有点疑惑，便随口问道："你统带多少人马？"唐星照一本正经地回答："禀大帅，统带一支矛。"曾国藩明白了，他是个当兵的，看样子还有点牢骚。敢在大帅面前这样说话，是需要胆量和勇气的。又顺便问了几句关于战阵方面的事，唐星照一一对答。曾国藩不但欣赏他的胆识，还看好他的干才。回营后向果子营统领萧启江问起唐星照的情况，他竟一无所知。曾国藩叮嘱他说："我看此人是个将才，你回去了解一下，若无重大缺憾，可以重用。不过，他现在有牢骚，不可骤升，免长其骄矜之气，先稍事提拔，以后可按功超擢。"[3]

萧启江深入下属了解，唐星照果然作战勇敢，是块好料子，便试着先提拔当个什长（相当于班长），勉励他好好干，最后还风趣地告诉他："曾大帅说，看你将来能统带多少支矛"。唐星照入伍前就看过不少武侠小说，且练得一手好剑法，入伍后又用心钻研兵战之道，这回就更来劲了，很快就成为一名智勇兼备的湘军将领。在参与攻克江西万载县城的战役中，立下战功晋升哨长，为湘军统帅曾国藩所赏识。咸丰八年，24岁的唐星照，于八月八日在沿山县河口镇，受到曾国藩接见。不久，即晋衔守备（正五品），升任果子营右哨百长。咸丰九年年初，年逢25岁的唐星照晋衔都司（正四品），升任营官，同年七月，谕旨允准"花翎都司唐星照，请以游击（从三品）留于江西即补，并赏加参将（正三品）衔"。这些晋升，是唐星照在江西立功后，由曾国藩上摺保举的[4]。27岁为"江西即补副将"（从二品），诰授振威将军，赐予二级"长勇巴图鲁"英雄称号。此后的两年，唐星照两度入川作战，立功江右，声震西蜀。29岁的唐星照，调任江西补用总兵（正二品）。

1864年（同治三年）5月27日，唐星照审问了一批活捉的长毛[5]，一连审了七八个。那些人，有的是受富家追债，官府所逼，无路可走，只好来当兵的；有的是生活困难，犯了点小事，在家乡站不住脚，躲到队伍里来的；有的是被人花言巧语哄骗入伍的；有的是受人威胁利诱强征而来的……几乎每个人都说"上有父母，下有妻儿"，一把眼泪一把鼻涕的。他回想自己征战

唐星照及其夫人曹氏载入唐氏七修族谱的齿录

十年，疯狂似的杀人，杀得越多越有功，个人升官就越快，结果杀的大都是无辜的中国人。想到这里，他越想越懊悔、越难过，心凉了，手软了。再也问不下去了，着下属给他们打发点路费，叫这些长毛一个个赶紧回家。一个月后，太平天国就灭亡了。唐星照立即上书告退官场，回乡积德"补过"。可朝廷念其护国有功，一再挽留，还于同治六年11月，荐升其担任提督（从一品）要职，简放江西袁临协镇都督府，统领镇字马步全军，其妻曹氏被诰封为一品夫人。

然而，就在战功显赫，步步高升，能当清闲太平官，享受高官厚禄之时，唐星照却以战伤和母疾为由，提出解甲归田的请求。

## 激流勇退

唐星照连续三次申请，终于在1867年（同治六年）12月，33岁时获准开缺（退役），回归故里。

唐星照在湘军十四年，官职由右哨百长到提镇大员，开缺之时，领到朝廷发给的一笔优厚奉禄，衣锦还乡，成了当地的富户。他将这笔不菲的"未发之饷"，置了230多亩水田和多处山林，并营造一座大宅第，安度晚年，享受天伦之乐。

入伍前，唐星照住的是一栋由父亲建于咸丰三年的"三间六"小瓦房。回乡后，请风水先生为他选地，经风水大师现场踏看，原址地势不错，但要改变朝向为面对龙形山，背靠红茹岭，就是一块难得的风水宝地。于是很快就择日破土动工，经过两年多的筹备和建设，于1870年（同治九年）初春，这个占地4000多平方米的大宅院正式落成。院落中的主体建筑，是土砖砌筑的两层楼房，青瓦白墙，飞檐翘角，红柱回廊曲折环绕，别具一格。正厅阁楼上嵌有"圣旨"二字的匾额，门首上方书"垣公家庙"，两侧联曰："凌烟世业，莒国家声"。屋有上百间，不仅有正厅侧厅，大小客厅，家人居室，男女客房，还有一个很气派的"官厅"，十来个大小天井棋布其间。宅院左侧还有羊圈、马厩、敞口屋（放置轿子的地方）、粮仓、柴屋、库房和其他杂屋。整个宅第，布局精巧，显示着主人曾为国建有功勋，受到过朝廷的诰命封赏，且又十分注重诗书继世忠厚传家。

门前有口大水圳，屋后古木参天，四周翠竹成林，依山傍水，气宇轩昂，这个古朴典雅、秀丽幽静的宅第，堪称岳北一胜（南岳后山称岳北）。

　　宅院设有两道槽门，大槽门上方写有"三吉堂"三个大字。

　　"三吉"二字，系主人公唐星照字少垣的"垣"字拆拼而成，两边冠对：三多门第，吉庆家声。按他自己的说法：之所以升官快，其实是杀人多换来的，两军对阵的快刀之下，误杀了许多无辜，缺了大德；少时读书不多，加之生性耿直，不善逢迎，进入官场，对那钩心斗角的场面，非常反感，自叹不是那些尔虞我诈之辈的对手，"只会打仗，不善做官"，倒不如游流勇退，还能落得个安然自在。这副对联的"三多"是告诫后人要多积德、多读书、多劳作，自会成为吉祥兴旺之家。

　　为了鼓励孩子们读书，唐星照还特地将原住的那栋小瓦房，改成书屋，左边和屋后各建了一个小花园，又将两间厨房、杂屋改为藏书库，起名"是吾家"（意即：是我的最初之家）。在这里延请名师课教子女，自己也常在一旁听课，晚年以精研风水为乐。书屋正厅门首挂有"是吾家"横匾，两侧挂有一副嵌入"是吾家"的对联：是足下青云起处，吾家中紫气盈时[6]。上联，期望子女们好好读书，从此青云直上；下联，但愿以诗书传家，方可光耀门庭。

---

　　注：

　　[1]周永昌（共产党员，唐群英出生地黄泥村都富组原组长）：《侃四大人遗体复位纪实》，1992年清明节，在唐群英后裔唐存正、唐信群和刘明安（唐存仁的儿子）的邀请下，与本组的曾庆凡、肖金林、谢铁光一行前往神图冲唐星照将军墓地，对其遗体进行复位。

　　当我们打开遮掩的土堆，看到侃四大人的遗体还未散架。一百多年前的尸体，竟保存的这样完好，连头发、眼珠、牙齿都还完整，我们一下都惊呆了。特用钢卷尺将遗体量了一下，足有1.846米高，脚板长度为0.29米（相当于43码鞋）。据在场的当地村民说，墓被盗时（1991年12月下旬某日），遗体还有水份，穿着的袍衣和鞋靴都很齐全（时隔数月，已见风氧化），大家都说这是块风水宝地。

　　[2]竹屐：是旧时穷人用大楠竹苑自制的雨具。

　　[3]见《古今名人珍闻轶事》第54页。

　　[4]见《曾国藩奏稿》。

　　[5]长毛：清朝统治阶级及其官兵对太平军的贬称。

　　[6]此联系唐星照自己所撰，原为"是足下青云起处，吾心中皓月未时"，后经一位楹联名家指出：此联未将"家"字嵌入，似嫌美中不足，几经推敲，将下联改为"吾家中紫气盈时"。

# 第二章 青少年时代

## 三吉堂喜降"福星"

　　唐群英原名希陶，稍长后，改名群英，"希陶"随之演化为"字"。发表文章，有时用笔名开云或希陶或群英。从事秘密活动和武装斗争时，曾化名"陶玉梅"，编入唐氏族谱的派名为恭懿。她是三吉堂大院建成后出生的第一个小生命，人们都说这是颗小福星，曹母听了自然非常高兴，加上她有一双

唐群英与兄弟的齿录（载唐氏七修族谱）

睁得大大的眼睛，成天乐呵呵的，夫妻俩都视为掌上明珠。日后这颗"小福星"，果然成了我国著名的女革命家、女权运动先驱，被临时大总统孙中山赞为"创立民国的巾帼英雄"。她有兄弟姐妹六人，长姐希孟；二兄维藩，字训程，派名恭惠；三姐希范；群英第四，原名希陶，派名恭懿，大房排行第八；五妹希欧；满弟乾一，字坤成（又名坤六），派名恭恕，别号子虚子（族谱记载，原有长兄恭愈，二岁夭折）。兄弟姐妹从小都在"是吾家"书屋读书。在良好的家风熏陶下，又有着优越的读书环境，加上严格的家庭教育，他们个个熟读经史，善诗能文。维藩通过科举考试走出家门，历任湖北省上津通判，当过湖南省东安、道县、浏阳等县知事，廉政为官，政通人和，民国时任湖南南路安抚使，宣讲共和，稳定社会秩序，成绩卓著。他一身正气，两袖清风，在外为官数十载，却没有发官财，还乡之日，还是守着父辈分给的70多亩水田产过日子，住的是公屋。

希范文才出众，不仅写了不少好文好诗，还能写得一手好字，少女时期就享有"唐氏才女"的美誉。

乾一风流倜傥，才智过人，17岁乡试中举[1]，在乡试结束返乡途中，畅游南岳时在西岭饭铺留下的一首题壁诗，很快传开，清末名士曾熙得知赞曰："逸才横四海，清度冠时英"。但他不恋八股，崇尚新学，1904年2月，在长沙加入华兴会，随后赴日求学，考入东京法政大学，是同盟会的早期会员。毕业回国以后，从事革命活动，是辛亥革命的有功之臣，民国政府以其"对国家有突出贡献以及在学问和事业上有突出成就"授以"二等嘉禾章"和"四等文虎章"，先后担任民国临时参议院议员、国会众议院议员，国务院简任职存记功。

唐群英更是名扬中外，老少咸知。所以，在衡山，尤其是在岳北地区，素以诗书传家的三吉堂，从清同治到20世纪中叶的70多年间，人人景仰，闻名遐迩。

# 缠足的抗争

唐群英的儿童时代是幸福的，在家里过着优裕的物质生活，处在一个十分和谐的生活环境，受到良好家风的熏陶，又能接受严格的家庭教育，这都为她日后的成长创造了良好条件。

儿时的唐群英就是一个很特别的孩子。还不到3岁，就喜欢挤在二姐身旁，聆听父亲给儿女们讲述自己的战事和岳飞报国、木兰从军、满门忠烈的杨家将等英雄故事，她听得十分入神，记得很牢。尤其是那些历史人物的英雄事迹，深深印入脑海，使她受到了爱国主义思想的启蒙教育，从小仰慕英雄，深明大义，养成敢想敢说，敢作敢为的性格。

在唐群英儿时的那个年代，女孩尤其是大家闺秀都免不了要受"金莲"之苦，其时"三寸金莲"方显贵气。3岁多点，唐群英的小脚就被缠得紧紧的。起初，她以为每个孩子都得这么缠，就只好忍着疼痛，默不作声。没过多久，正好是父亲过40岁生日，三吉堂大院可热闹了，正厅横厅，就连平日很少使用的大官厅都摆满了酒席。小希陶见哥哥和客人中的小男孩，都不像她和姐姐那样，走路一扭一拐的，追追打打，个个行走自如，跑跳若飞，很是羡慕。留心细看，原来他们都没缠裹脚布，便去和两个姐姐商量，想一起扯掉这讨厌的长带子。二姐希范早就有过这个念头，所以极表赞同，但怕惹妈妈生气，不敢胡来。得不到二姐的支持，她又去找大姐希孟，这回可糟了，一状告到曹夫人跟前，事没办成，反遭到母亲的一顿痛骂。小希陶很不服气，第二天大清早，她不顾大姐的反对，自己动手把裹脚布给扯掉了。这时，很多远方的客人都还没走，于是"丑闻"很快就传开了，闹得满村风雨。曹夫人令大姐把希陶找来，生气地说："你要翻天啦！唐家不知作了什么孽，生了你这个活报应，将来要是成了大脚婆，嫁都嫁不出去，丑死人喽！"接着就吩咐小春，给希陶的小脚又给缠上了。小小的希陶，拧不过大人。白天，她乖乖地接受缠脚，晚上，又偷偷地把它扯掉。几天后，被大姐发现，又强制给她的小脚缠上了。后来，小希陶多长了个心眼，当着大人的面她不再扯了，暗地里却把它放得松松的，曹夫人因连续分娩坐月子抚养新生命，对希陶缠足的监督无形中放松了许多，甚至只好睁只眼、闭只眼，这样，希陶巧妙地躲过了缠足之灾，最终还是保住了正常发育的双脚。然而在那些日子里，她都和母亲闹别扭，怪母亲太偏心，为什么哥哥可以不缠脚？她一向和二姐感情最好，满以为会得到二姐的支持，为什么这回连二姐也不帮她？在她的心目中，父亲是天底下最正义的人，怎么这回连父亲也不出来说句公道话？小希陶很想不通。这缠脚的事，在她幼小的心灵产生了一连串难解的问号，也许这便是她后来写出《女子放脚歌》的原始动因。

# 爱 管 闲 事

是吾家书屋，实际上是唐氏家族在黄泥町的一所私塾，在这里启蒙读书的，除了唐群英和她的兄弟姐妹，还有近房的唐氏子弟和周边的一些异姓孩童。

这所自家书屋，也和其他私塾一样，开蒙的主要教材为《弟子规》《三字经》《百家姓》和《千字文》，往后就是选授"四书""五经"及"唐诗""宋词"。老师要求学生对所有课文，都要背得滚瓜烂熟，然后才分段"点读"。

唐群英从小就是一个善思考、好读书、爱管事、敢担当的孩子。对课文都能背熟记牢，又能通过思考，在生活中加以运用。她7岁那年，二哥维藩正在书房习字，书童洪发给他送来茶水。维藩挥手时，碰到洪发的手，茶水当即洒到纸上。这本是两人都无意的事，可是维藩却发起怒来，骂洪发"瞎了眼"，还动手打了他一把掌。小希陶一旁看着，心里很是不平。应该管还是不该管呢？一时很矛盾。她想：《弟子规》上明明说"不关己，莫闲管"，似乎不该管；但又想："凡是人，皆须爱""勿骄贫"，又似乎应该管。她平日很敬重二哥，兄妹感情也很好，但想到老师讲，人都应当互相关爱，不能对人

三吉堂"是吾家"书屋

骄横傲慢，她决定站出来说公道话了："二哥，你怎么能怪洪发，是你自己没有注意嘛，人家又不是故意的。"维藩余怒未消："去！去！去！爱管闲事，你到别处去管，这里没你说的话"，小希陶不服，她说："二哥，你开口骂人，还动手打人，《弟子规》上说'己不欲，即速已'嘛！我怎么不能说"，这时，刘老师听到堂屋在争吵，走了过来，对维藩说：不要动肝火！希陶虽小，可都说得在理。读书人讲究修养，对人要讲"恕道"，严于律己，宽以待人，谓之"恕"，孟子曰："己所不欲，勿施于人"。其实，维藩不是不知道自己错了，只是放不下面子，不愿意向妹妹认错。

唐星照听说维藩在书房打骂书童洪发，很生气，特地赶到书屋，当即训斥维藩。这是一桩不该在三吉堂发生的打人事件。他与曹夫人商定，就在当天下午，召集全体家人开了个家庭会，责令维藩当面向书童赔不是，赞扬只有 7 岁的希陶，能勇敢地站出来为书童打抱不平的正义行为，并当众宣布将"多积德、多读书、多劳作"三多定为家训，把"忠、孝、诚、义"四字立为家风。并解释说："忠"就是忠君报国，无国哪有家；"孝"就是孝顺父母，没有父母养育，哪有自己；"诚"就是诚信做人，应承别人的事，一定要兑现承诺；"义"就是义气待人，对人要讲仁义，不可见利忘义。曹夫人坐一旁听着，频频点头，表示赞同。

打那时起，三吉堂正式以文字的形式确定了自己的家训和家风。

# 学 剑 骑 马

小希陶 10 岁时，央求父亲教她舞剑。其父唐星照不以为然，脱口说了一句："女流之辈，学剑干什么？"她立即反驳说："花木兰、穆桂英、梁红玉不都是女流之辈，她们能舞枪弄剑，我怎么就不能？"父亲经不住女儿的死缠硬磨，终于答应了小希陶的请求，还特地要篾匠为她做了一把小竹剑。

往后，每天大清早，父女俩就在宅院小花园的大枫树下操练剑法，一个用真家伙，一个用小竹剑，从不间断，遇到雨天就改在大厅里学。小希陶很有悟性，又能细心领会父亲的一招一式，学得认真，舞得起劲。半年过后，就能单独舞剑。父亲看她婀娜而又刚健的舞姿，娴熟而又矫捷的动作，常在一旁为她鼓劲。

过了两年，希陶又要学骑马，父亲看她个头还小，就特地选了那匹比较温驯的小红马，还安排马夫长六当保镖，兼做教练。把马的性能和骑马的要诀，反反复复地作了一番交代，亲自为女儿做了示范动作，还看着小希陶纵身上马，才放心让她骑马远去。

那些年，希陶每天清晨练剑，早饭后进书房读书，下午放学后学骑马，外加一个课目——写日记。一天时间安排得满满当当。那时老师给兄姐们讲写日记的好处，并介绍《曾文正公日记》，希望维藩、希范课余阅读，能养成写日记的习惯，但老师不强求，也不检查。希陶看兄姐们都坚持写日记，她也跟着学写日记，而且一定在睡前写好，才去入睡。

有一天，家里来了些女客人，有老有小，热闹得很，希陶放学后和她们说笑玩耍，到很晚才睡，日记忘记写了，刚倒在床上，忽然想起这件事，连忙穿衣起床，母亲问她干什么，她说"今天的日记还没记！"

"算了吧，明日记也不要紧，夜深了，快睡觉！"

"嗯，今日事，今日毕，不能拖到明天。"

母亲听了虽然有点心痛，但却很高兴，希陶这孩子学习真有恒心。

"陶妹子，那就写好再睡吧，我等着你。"曹夫人说。

希陶硬是把日记写完才上床睡觉。

## 要当"穆桂英"

听过杨家将的故事，唐群英尤其钦佩穆桂英。学业之余，她常把周边的孩童约到一起，分成"大宋"和"西辽"两队人马练习打仗，但她一定要扮演宋兵，而且还一定要当"穆桂英"。小槽门是"边关"，辽兵从"关"外进犯，"元帅"希陶点将迎敌，有时还舞着她的竹剑，亲自出阵。槽门内外，"刀枪"飞舞，喊杀连天。打完一仗，每人发给一份糕点，叫做"发饷"，有时还多发一份给宋兵几个"有功"人员，算是"奖赏"。

一天，战事吃紧双方打得正起劲，曹夫人突然出现在"战场"，一声吆喝，两队人马迅速散去，只有小希陶这个"大宋元帅"，傻愣愣地站在母亲面前，接受训斥。

大户人家出身的母亲，希望自己的女儿能成为一个贤惠温良的大家闺秀，不喜欢女孩子成天野里野气搞这些舞枪弄棒的游戏，而要她们好好读书习字，有空就学着绣绣花。母亲没想到，她的这个陶妹子在回答问话时说："书背熟了，字写好了。要是亡国了，还绣什么花呢？"这使曹夫人一时语塞，只气得大声斥道："还不给我回屋里去！"她抱怨丈夫惯坏了陶妹子，成天野里野气，没有一点大家闺秀的样子。唐星照一旁暗自发笑，反倒感到自豪！将门无犬子，女儿有几分虎气也属自然。

有一次放学后，唐希陶正和"辽兵""杀"得兴起，猛然间记起上午老师出的作文题《读〈孟尝君传〉后》还没作好，喊道："收兵，今天我还有事，你们玩吧！"

众孩童见"元帅"下马，无心再战，大家都扫兴而归。

# "女中奇才"

14岁的唐希陶，开始学着写诗。一个暮春的清晨，她心情很压抑，迈出是吾家书屋，走到花园尽头的土坡上，四处张望，看到清清的溪水，穿流在弯弯曲曲的田垅；树木葱葱，青山滴翠；邻家的炊烟连着朦朦云雾，升入天空；鸟儿欢跳，叽叽喳喳，好不快活。触景生情，她低头沉思：女孩子为什么非得缠足？男孩子能够"打打闹闹"，女孩子凑到一起玩耍，就是"野里野气"？她想不通，感到这个世界对女孩子太不公平，太没自由啦！她满怀委曲，回到书房，挥笔写下一首《晓起》："清流依垅曲，绿树接丹崖。晨烟连雾起，山鸟趁晴来。"送给二姐希范，请她指点。希范默读几遍之后说：是一首好诗，但有些地方还可以推敲。写诗贵含蓄，题目是《晓起》，如果不点出早晨，一读诗却觉得咏的是"晓"，就好了。如今你这第三句，把早晨说穿了，诗味难免减色。第四句"山鸟趁晴来"的"趁"字，显得板滞，哪有清晨鸟儿叽叽喳喳，活蹦乱跳的劲儿？唐希陶觉得姐姐说得非常在理。几经推敲，改成"邻烟连雾起，山鸟唤晴来"，用纸笺誊正，送给老师批阅。

塾师刘海屏先生拿着希陶这首处女作走到客厅，当着唐星照将军连声称好："读此诗，犹如观赏一幅优美的南国风光图，回味无穷。尤其是一个'唤'字，别具匠心，非得天独厚者，任你雕琢，也不济事，难得！难得！可喜！可贺！"接着说："谢道韫的咏絮之才，也不过如是，真乃又一女中奇才！"唐星照耐不住内心的喜悦：老师过奖了，小希陶的确资质不凡，"尔如许聪明，若男孩，当光吾门楣也。"[2]希陶忽的从里屋蹦出来，调皮地说：若女孩，就不可光门楣？一句话逗得父亲和塾师相视而笑。

这首《晓起》诗：

> 清流依垅曲，绿树接丹崖。
>
> 邻烟连雾起，山鸟唤晴来。

　　体现了希陶排遣忧愁、追求平等、向往未来的心境，但不含一点愁绪，没有半点怨气。全诗生动活泼，色彩缤纷，乐观进取，含蓄蕴藉，浑然天成。诗中描写的山鸟正是作者自己。这山鸟虽小，却形象高大。这是唐希陶那幼小心灵为自己，也是为妇女鸣不平的第一声响亮的呼唤。她要当一只驱散云雾呼唤晴天的"山鸟"，展翅飞翔，飞向那高远的蓝天。

　　1886 年清明节，唐星照的两位堂弟唐耀庭和唐聚斋，自四川回乡扫墓，在三吉堂住了几天，看到只有 18 岁的希范，所作诗文和书法都很有功底，欣喜夸赞之余，当即赋七律二首相贺，并以族人刻本《唐诗集》和《古诗集》相赠。作为晚辈，希范即步韵作和，写了《赠耀庭、聚斋两叔七律二章并序》，同时敬书《正气歌》条幅，回赠堂叔。其所作七律二首：

**其 一**

> 闺妹敢拟古贤姝，母教聊承曹大姑。
>
> 伴读闲随兄弟辈，学书愧与柳颜殊。
>
> 集诗敬诵家家宝，赠句供吟字字珠。
>
> 千古多才惟谢蔡，于今愧煞女中无。

**其 二**

> 谬誉姊妹出贤姝，惭愧大姑与小姑。
>
> 习字初翻魏氏帖，谈诗难吐谢家珠。
>
> 来嫌数日师资少，去隔前程楚蜀殊。
>
> 读罢乃公先后刻，集唐集古世间无。

　　唐希陶对姐姐遣词对仗的娴熟功力很是佩服，对姐姐所表达的谦逊之情也很感动。但对第一首末尾一句的"愧煞"二字，不以为然，她说："我不信，除了谢道韫、蔡文姬就再没有多才的女子？"看二姐毫不理会，就接着说："何不将'愧煞'二字改为'莫道'！"并随意地吟道："千古多才惟谢蔡，于今莫道女中无"！

　　妹妹的才华和豪气，使姐姐十分惊喜："哎呀，陶妹子！你改的这两个字，诗的境界马上开阔了，比我原先的强了十倍呐！"

只是，希范此诗是为敬赠长辈的，意在谦辞长辈的奖誉，谦称不能与古代才女相比，自然要极力避免张扬之词。唐希陶所改之意，饱含刚健豪迈的气度，也触发了希范内心的共鸣，但毕竟与诗中温良谦恭的意蕴不太相合，况且已成书法，终于还是没有被采用。但15岁的唐希陶竟然为已负"唐氏才女"盛名的希范改诗，一时传为佳话。"女中奇才"唐希陶的名字，就被更广泛地传开了。

## 改名"群英"

1888年，17岁的唐希陶已开始学习《史记》《楚辞》诸书。这些古时的经典著作，使她产生了浓厚的兴趣，也丰富了她的历史知识，明白了许多为人处世的道理。

唐希陶有两个堂兄，家住三吉堂下首屋，仗着家里有钱，都娶有两三个妻子，稍有不顺，就拳脚相加。她很看不惯，常为嫂子们打抱不平。其中有个叫盛辉的哥哥，平日嗜好赌钱打牌，输了钱就找妻妾们出气。为了要生个男孩接香火，娶了一妻二妾，不料一个个生的尽是女孩。他经常骂妻妾们，"白养活你们啦，都是些不载福的贱货""毫无寸用的废物"等等。三个嫂子自惭不争气，没生个男孩，总是忍气吞声，眼泪往肚子里流。有天，盛辉骂得实在不堪入耳，年轻貌美的小妾，撒娇地顶了一句"谁叫你前世作了孽，今生没有崽，怪谁呀！"惹得盛辉勃然大怒，一顿拳脚，打个不停。唐群英闻讯赶去劝架，反倒冒出一句"不关你闲事。这些不生崽，只生女的赔钱货，打死活该！"这件事，引起唐希陶的一番深思：不生崽是女人的过错吗？难道女人天生就应该受气吗？

一天，唐希陶和父亲聊起家风的事，说"我小时扯掉裹脚布，这件事我就没顺从，惹妈妈生气了，但我又非常敬重自己的母亲"。又说："长六叔（长六，江西人氏，父亲早亡，母亲改嫁，16岁投湘军，后来成了唐星照将军的马夫。两人感情很好，情同手足。将军退役，他也随之来到衡山新桥），教我学会骑马，我很敬重他，把他当成自己的亲叔叔。"并说：不如将"孝顺父母"改为"孝敬长辈"更好些？父亲听了连声称赞"改得好！改得好！"自此"孝顺父母"就变成"孝敬长辈"。接着，唐希陶又对父亲说："都说爷爷安亨公为人勤劳厚道，教子有方，何不把'义气待人'改为'厚道待人'呢？"父亲听了高兴地说："你小小年纪，还真会想事，这就把爷爷为人厚道的美德，也流传下来了，就依你的。"于是"义气待人"就改成"厚道待人"了。

唐群英对父亲当年给自己起名希陶，始终感到不很满意。但她理解父亲的用意是希望自己能学习东晋田园诗人大家陶渊明。固然她崇拜五柳先生"不为五斗米折腰"的气节，但不想日后过"采菊东篱下，悠然见南山"那桃花源式的生活，但又不好跟父亲提出。

这天，父女俩聊得很开心。唐希陶逮住这个时机，趁父亲心情很好，就大胆地向父亲提出改名的请求。她说："古往今来的许多女英雄，为国家做了许多大事。我也想像她们一样，将来成为人群中的英雄。想改个名字叫'群英'，行吗？"作为父亲的唐星照很赞赏女儿豁达的胸怀和远大的抱负，欣然同意。自此，17岁的唐希陶正式用上"群英"这个新的册名，而"希陶"则演化为她的"字"了。

## 满天秋雨哭英雄

唐星照将军退隐回乡，依然坚持操练剑术，外出远行骑马，从不坐轿。他向家人透露，这样做的目的是要保持强健的体魄，纵然不再为腐败的清廷卖命，但一旦遇有外敌进犯中华，他仍要奋勇出征。

征战沙场十几年的唐星照，英勇杀敌，连连升官，反觉得不是滋味，手下不知错杀了多少无辜的百姓，虽属战事的无奈，仍常常自责和愧疚，决心行善"补过"，热心公益，借以告慰那些枉死的冤魂。

他常年资助几个贫困的远房兄弟，又时常接济穷苦乡亲，带头修路架桥，热心公益事业。通往龙形山一条五尺宽的鸡公车[1]道，就是他发起并带头划

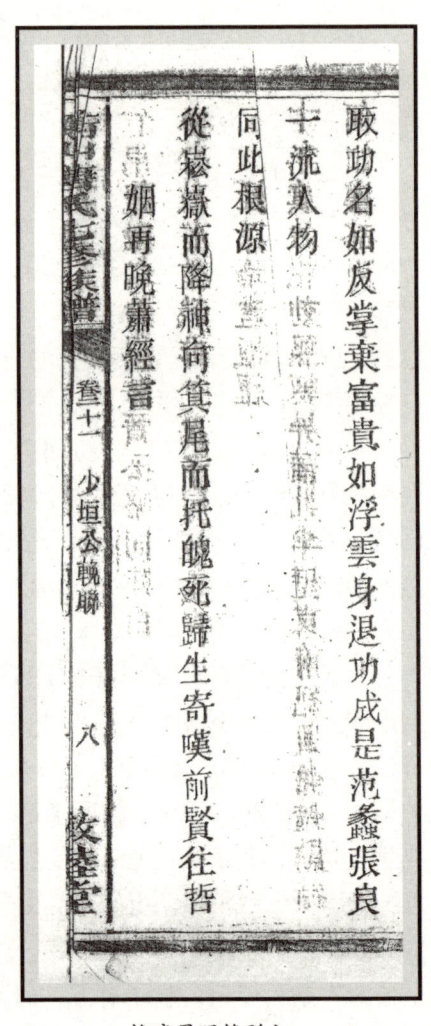

挽唐星照挽联之一

出几亩良田拓宽修成的；翻山过坳到石地方去的一条约两华里的石板路，也是他出资请人铺设的；村边两座过小溪的石墩便桥，也是由他倡导，与众多士绅共同出资修建的。他还将自己四十寿辰收受的礼金全都献出来，在村口曲漾庙孟公坳上修建了一座凉亭，起名"仁寿亭"，供过往行人歇脚，常年免费供应茶水；每逢初一、十五，定期开仓赈济上门求助的平民百姓，成为制度。时人称赞这位侃四大人是一位"出则尽忠，入则尽孝"，忠孝两全，乐善好施的农民将军。

1884年，当唐星照一次大病初愈，得知中法战争中，冯子材取得镇南关大捷，出现转败为胜的战机之时，无能的清廷政府竟向法国求和，签订了丧权辱国的《中法新约》。他捶床叹息："如此江山，纵有虎将，也是枉然！"六年之后，56岁的唐星照带着未能为保卫中华与来犯外敌决一死战的遗憾，离开了这个世界。

这位乡亲们尊敬的侃四大人过世时，地方士林和乡亲父老纷纷撰文致哀，赞颂他的人品风骨。许多挽联祭文载入《治坪唐氏七修族谱》，现引述几则：

一联为：取功名如反掌，弃富贵如浮云，身退功成是范蠡张良一流人物；
从崧岳而降神，向箕尾而托魄，死归生寄叹前贤往哲同此根源。

又一联：君忧躬尽瘁，亲老表陈情，忠孝两能全，公不读书明大义；
生增家国光，死失士民望，特防百莫赎，我为当世哭斯人。

再一联：大伦竟两全，解战甲而戏彩衣，出则尽忠，入则尽孝；
备福惟一老，辞将门以登紫府，生也可荣，死也可哀。

四联是：功德普民生，千古勋名光史册；
将星沉衡岳，满天秋雨哭英雄。

……

父亲的离世，对平素非常敬重父亲的唐群英的精神上是个莫大的打击。父亲那忠君报国，作战勇敢，为官清廉，待人友善的高大形象，时刻在她的脑海翻腾。与父亲相处的日子里，她目睹了父亲对其父母的孝敬以及和睦乡邻，处事公道、热心公益的日常小事，尤其深切体会父亲对自己的关爱。她泣不成声，以无限敬仰和深深的怀念之情，写下了一首《忆父》诗：

跃马挥戈苦战还，轻名淡利隐衡山。

扶危济困乡邻仰，习字攻书日月安。

慨叹吟诗如谢女，焉期舞剑胜木兰。

缘何益寿无灵草，父逝英年泪岂干。

　　几天过后，唐群英把初作的《忆父》翻了出来，觉得还不如意，特别是后两句，未能体现父亲生前遗愿，再经推敲改成：

　　　　　铁马金戈百战还，轻名淡利隐家山。
　　　　　扶危济困乡邻颂，习武攻书岁月安。
　　　　　儿愧吟诗步谢蔡，父期舞剑胜英兰。
　　　　　洋奴未灭音容杳，慈训长怀泪不干。

注：

[1] 见《衡山县志》670 页。

[2] 见衡山《治坪唐氏七修族谱》卷十八。

[3] 旧时，乡村农夫用的木制手推独轮车。

# 第三章 荷叶悲欢

## 门当户对

唐群英与曾国藩堂弟曾传纲的这门亲事，是她父亲生前订下的。20岁那年秋天，唐群英遵母命与湘乡荷叶树德堂曾传纲完婚。

曾传纲家境殷实，其祖父曾晓峰靠勤俭发家，建造了一处全用青砖砌筑的两层楼房，起名树德堂，共有大小46个房间分隔为4个单元，设有8个天井，还有一个很精致的小花园，合成一个宅院。屋后青山环绕，院前塘水荡漾，大槽门上端书写"树德堂"三个大字，两侧冠对：树建资经济，德修企圣贤。这副蕴含先辈对后人殷切嘱望的对联：体现着"树立功业须凭借经世济民之力，德行修练应仰视古圣先贤之光"的意思，寄托着树德堂世代传统的优良家风。

曾传纲的父亲曾志能，家学渊源，文质彬彬，是当地颇有名气的士绅。

唐群英夫家，湘乡荷叶树德堂（今双峰）

曾母葛氏，心地善良，秉性随和，能委曲自己，成全他人，是典型的贤妻良母。曾传纲在兄妹五人中居第二。兄长曾传琛已经娶妻。家里除有父母以外，还有一个三妹和四弟曾翌朝、五弟曾涤秋。这是一个和谐的富有人家。

曾传纲在严谨家教环境中长大，博学多才，谦恭正直，又善解人意，唐群英对这里的一切，都感到称心如意。她比曾传纲大3岁，按旧时习俗，仍以纲兄、陶妹互称，常在一起和诗对弈，弹琴吹箫，过着美满愉快的婚姻生活。

两年后，生下一个女孩，因为是天亮时分落生的。小两口就给她起名叫亮亮。她生得聪明伶俐，活泼可爱，全家人都视为掌上明珠。刚会开口说话，夫妻俩就教她学背唐诗。

## 结识秋瑾、葛健豪

秋　瑾

荷叶是个才女成堆的乡村。唐群英嫁入荷叶，很快就融入了这才女的圈子里。

唐群英的二姐希范，已先她嫁到荷叶曾氏另一户书香人家，住神冲北斗堂，丈夫叫曾纪和。希范自然是唐群英最亲近的荷叶人了。

在荷叶，唐群英还结识了秋瑾和葛健豪这两位当代杰出的女性。

秋瑾，原籍浙江绍兴，比唐群英小4岁，出身官宦人家，其祖父和父亲皆以举人功名出任正五品地方官。秋瑾自幼随家人在外地居住，先是随祖父在福建厦门，后是随父亲在湖南常德、湘潭。秋瑾天赋聪颖，秉性刚烈，读书敏悟，写得一手好诗，又善骑马舞剑，有一股超凡脱俗的气慨，少女时期即写下了"红颜谁说不封侯"的惊人诗句。21岁时，奉父母之命与湘潭富商王黻臣之子

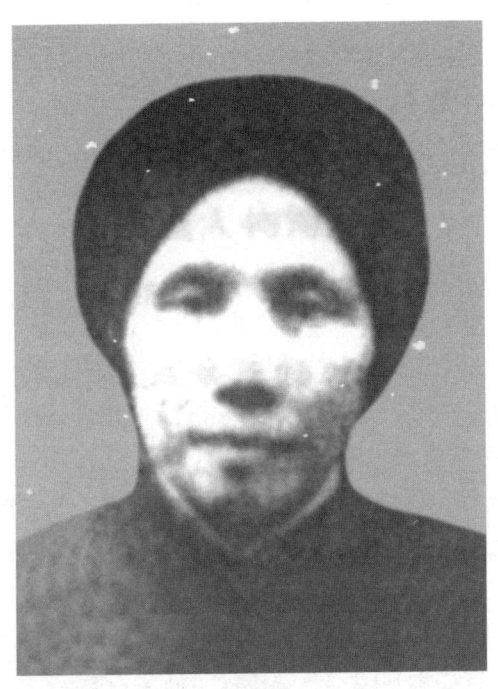

葛健豪

王廷钧成婚。王廷钧是曾国藩的表侄，老家在荷叶神冲老铺子，与唐希范夫家是近邻，经常走动，因而结识了唐群英。秋瑾婚后，虽与丈夫不很和睦，但经常陪其回荷叶老家居住，和唐群英过从甚密。

被后世赞誉的"荷叶三女杰"中，还有一位叫葛健豪。唐群英、秋瑾成为挚友以后，经希范的引见与葛健豪相识。

葛健豪，原名葛兰英。比唐群英大6岁，出生在荷叶桂林堂，她的婶娘是曾国藩的侄女。葛健豪从小受到良好的家庭教育，知书达礼，贤慧厚道，既有大家闺秀的风范，又有血性男儿的侠义。由于与唐希范有亲戚关系，年龄相近（比唐希范大3岁），又志趣相投，常有往来。葛健豪16岁嫁到永丰镇富商蔡家，29岁随经商的丈夫蔡蓉峰去了上海。因不能容忍丈夫不求上进且又滋长了十里洋场的坏习气，34岁回到荷叶，丈夫只好给她盖了"光甲堂"作为住宅，另置水田30多亩，作为生活来源，住了下来。当年她住永丰镇时，常常带着孩子回荷叶，即使搬到上海，每年也必定时回娘家探望，更何况后来定居光甲堂，于是便有了与唐群英、秋瑾常相往来的这段情缘。

葛健豪是一个很有理想、很有毅力的女人。54岁还同儿女蔡和森、蔡畅等一道赴法国勤工俭学。当年，湖南《大公报》曾报道她这一举动"是吾湘一点生机"，赞为"勇猛精进难得之人"。[1]后来，她的儿子蔡和森、女儿蔡畅、儿媳向警予和女婿李富春都成了中国共产党的领导人。她虽不是中共党员，却立传于《中共党史人物传》（第六卷），表彰其一生功绩，被誉为伟大的"革命母亲"。

# 姐妹唱和

唐群英姐妹和葛健豪、秋瑾，不仅是亲缘相连的亲戚，相距咫尺的近邻，而且成了琴棋书画的知音，志同道合的挚友。若按曾家的亲缘关系，她们不是一个辈分，但由于出了五服，加上年龄相仿，所以，都以姐妹相称。

唐希范的家是她们常聚的地方，如切如磋，谈论家事、国事、天下事，畅叙个人经历、前途、理想，或传阅经典书籍，或品评历史人物，论古比今，吐胸怀，抒抱负，抑或吟诗填词，弹琴吹箫，击剑高歌。因为志趣相投，往来非常密切，这四位具有民主进步思想的女性，互相影响。

1897 年（光绪二十三年）5 月 28 日，秋瑾在荷叶生下第一个男孩，起名王德源。这次王家大办三朝酒，葛健豪、唐希范、唐群英都来祝贺。半个月后，她们又再次约会前来看望秋瑾。此时正值莲荷含苞怒放，唐希范忽然来了诗兴，说："今日诸姐妹又一次在神冲盛会，试以荷花为题，步韵唱和一番，大家意下如何？"那说话的口气，有如大观园"海棠诗社"社主一般。

"好呀！我恰巧写了两首咏莲的七律，请姐妹们指教，就作为引玉之砖吧！"秋瑾连忙响应。

"那就请瑾妹念来，让我们一新耳目"。"社主"急切地说。

秋瑾掏出诗笺，合辙押韵地念了起来：

### 咏红莲

洛妃乘醉下瑶台，手把红衣次第栽。

应是绛云天上幻，莫疑玫瑰水中开。

仙人游戏曾裁火，处士豪情欲忆梅。

夺得胭脂山一座，江南儿女棹歌来。

### 咏白莲

莫是仙娥坠玉珰？宵来幻出水云乡。

朦胧池畔讶堆雪，淡泊风前有异香。

国色由来夸素面，佳人原不藉浓妆。

东皇为恐红尘浣，亲赐寒簧明月裳。

秋瑾念完之后，"社主"即催促大家和诗，并安排先和第一首《咏红莲》。

"瑾妹这诗写得如此之好，犹如崔颢题诗黄鹤楼，谁敢步后尘呀！"唐群英听得入了迷，一时没有回过神来。不过，待大家都进入诗境之后，她的和诗还是先出来了：

> 浓抹淡妆玉镜台，红霞万朵水中栽。
>
> 如痴若梦珠光闪，含笑凌波蓓蕾开。
>
> 不美长堤千树柳，偏崇峻岭一枝梅。
>
> 各领风骚时各异，心灵相系送香来。

葛健豪也有了一首，但自谦不肯吟诵。秋瑾抢过诗笺一看，连说好诗，随即吟了出来：

> 岂知今日赋兰台，蜀锦吴绫未敢栽。
>
> 怕损洛神衣带舞，甘随湘女画图开。
>
> 胭脂不染红如火，浊水虽浸洁若梅。
>
> 多谢浣纱人未折，年年自有好音来。

最后，大家把目光投向唐希范："现在该你压阵了！"希范稍作思索，即念了出来：

> 绿塘摇艳接楼台，国色天香倩孰栽。
>
> 根是泥中琼玉结，花承露下碧珠开。
>
> 秋风乍起先成果，香气永存未逊梅。
>
> 藕断丝连情意洽，三湘女杰送春来。

一句"三湘女杰送春来"，引来了一片喝采声。或许是因为，这情景交融的妙句，暗含了当事人的心境吧。

接着是为秋瑾的《咏白莲》作和。

葛健豪声明："你们才思敏捷，倚马可待。我来得慢，以后再交卷吧。"

唐群英先成一首：

> 盘心碎点列珠珰，疑是水仙返故乡。
>
> 脸傅清霜衣剪翠，手盈团雪发飘香。

　　　　湘中不减吴中盛，楚女难超越女妆。

　　　　清苦莲心同一格，秋风明月舞霓裳。

　　唐希范也吟成一首：

　　　　岂爱饰金佩玉珰，栖身乐在米鱼乡。

　　　　湘妃雨后疑观雪，周子灯前似溢香。

　　　　自是风流高雅气，何须粉黛艳红妆。

　　　　天仙若美人间美，应采芙蓉作锦裳。


　　大家诗兴未央，又互相品评一番，秋瑾说："希范姐的结尾很有新意，余味无穷。群英姐的'楚女难超越女妆'一联很妙，你把杜甫《壮游》诗中的"越女天下白"一句化进来，用以形容白莲，太好了！"

　　又一日，葛健豪、唐群英、秋瑾相约再次在唐希范家聚会。谈论些许，便从屋里走出来，到河边散步。河水潋滟，波光粼粼。葛健豪提议大家共同背诵唐诗，唐群英建议背诵杜甫的《自京赴奉先县咏怀五百字》。

　　"杜陵有布衣，老大意转拙。""社主"唐希范带头背出了开头两句。

　　"许身一何愚，窃比稷与契。"葛健豪背出下面两句。

　　"居然成濩落，白首甘契阔。"秋瑾接着往下背。

　　"盖棺事则已，此志常觊豁。"唐群英继续背。

　　……

　　"中堂舞神仙，烟雾蒙玉质。"唐希范背。

　　"暖客貂鼠裘，悲管逐清瑟。"葛健豪背。

　　"劝客驼蹄羹，霜橙压香橘。"秋瑾背。

　　"朱门酒肉臭，路有冻死骨。"唐群英背过，情不自禁议论起来："唉，'朱门酒肉臭，路有冻死骨'，多么鲜明的对比！过去如此，现在竟有过之而无不及啊！"

　　葛健豪也愤慨起来："这都是慈禧太后造成的！"

　　秋瑾一跃而起："说得对！腐败的满清政府在中日甲午战争中遭到惨败，举国上下大为震动。烈士家属在啼哭，受伤士兵在呻吟，老百姓在挣扎，有志之士在怒吼！可是西太后呢，却在大修颐和园，庆祝自己的六十大寿！大家想想，历史上有这样荒唐的朝廷吗?！"

　　听着秋瑾越来越大的声音，唐希范有点担心，见有人走近，她连忙劝秋瑾低声一点。

"我恨不得作雷霆之声，让普天下都听到!"秋瑾情犹未已，愈发慷慨激昂。

# 失女亡夫

不幸的事情发生了，1896年的一个隆冬深夜，女儿亮亮突发高烧，此时正是凌晨4时左右，外面还风大天黑，一时无法去接郎中，[四]就只好先用"灶心土"泡水、莲子心煮水等民间偏方尽力帮助亮亮退烧清热。

天刚麻麻亮，曾传纲便安排人去轿行请轿子接郎中。轿行要大天亮才有轿夫，又要走十几里的山路，才到贺郎中家。到了上午10点钟，老郎中终于到家啦!

待贺郎中仔细看了以后，断定亮亮得的是风寒症，且病情已很严重。曾传纲马上安排人按照郎中开的药方去街上抓药。万万没有想到，药抓回来了，亮亮却永远地闭上了眼睛。

顿时，一家老少哭作一团，唐群英夫妇更是悲痛欲绝。一连几天，唐群英都是以泪洗面，寝食难安。经过丈夫忍痛的劝慰，公公婆婆及娘家亲人的温情体贴，秋瑾、葛健豪等朋友的亲切开导，帮助她逐渐走出了那段愁云惨淡的日子。

当唐群英心绪慢慢安定下来，恢复了往日平静的时候，又一场残酷的灾难向她扑来。1897年秋天的一个上午，正在书房读书的曾传纲，忽然倒在椅子背上，不省人事。唐群英送茶走进书房时，只见他脸色苍白，目光呆滞，嘴巴无力地张合着，像是要说什么却又说不出来。唐群英一时不知所措地叫喊着，公公婆婆和小雪也都进来了，大家急忙把传纲抬到床上，公公赶紧安排人去请郎中。可是接郎中的人还未出门，传纲就已停止了呼吸。

按当地一种流行的说法，这即病即死叫做"促症"，可能是现在所说的"脑溢血""脑卒中"或是"急性心梗"一类。这时的曾传纲，才23岁就猝然而去，全家人都陷入深深的悲痛之中。

失去可爱的女儿不到一年，现在又失去了亲爱的丈夫，26岁的唐群英痛不欲生。在深夜难眠之时，她望着曾传纲的遗容，哭泣着作了一首《悼夫》，述说自己的孤寂和哀思:

孤灯独影绣衾单，万缕哀思夜更寒。

壮志宜酬君忍逝，红颜不幸我偷安。

　　　　苍天有眼千山暗，大地无门一枕酸。

　　　　凤纸招魂难解恨，祈求驾鹤返人间。

　　然而，唐群英不是那种沉沦于悲痛而不能自拔的女人，当想起传纲秉烛苦读的情景，想起夫妻相约报国的志向，她更要坚强起来。"不再嫁人，但要重新做人"，去完成丈夫那未竟之志，勇敢地挑起两副人生重担，产生了大归的念头。

　　秋瑾将自己的一首《咏梅》诗抄给唐群英以为安慰，诗云：

　　　　举世竟言红紫好，缟衣素袂岂相宜？

　　　　天涯沦落无人惜，憔悴欺霜傲雪姿。

　　　　冰姿不怕雪霜侵，羞傍玉楼傍古岑。

　　　　标格原因独立好，肯教富贵负初心？

　　唐群英看过这首诗，很受鼓舞，更坚定了大归的决心。

# 大归新桥

　　按照中国千百年来的传统习俗，女子都要按"三从四德"做人，尤其是大户人家的女子，要不失名门闺秀的体统，在家从父，出嫁从夫，夫死从子。丈夫死了，也要在夫家守节终身，方称节妇。"守节"之人，完全没有自己的独立人格，只能终日缟衣素裙，常年青灯孤枕，独守空房，深居简出，即使在家庭乡里也不允许抛头露面、见客会友，更何谈踏上社会，报效国家、尽国民之责呢！

　　唐群英自幼才识超群，志向远大，认为妇女也应像男子一样担当"天下兴亡"之重任，决心到社会上干一番大事业，跟秋瑾、葛健豪结识交往之后，又曾相约在国家民族需要之时，携手同行，展翅而飞，不甘被"守节"套在这个无所作为的小天地，决定大归。她的这个想法，最先得到乾一弟和希范姐的理解与支持。

　　在办完曾传纲的丧事不久，一天，秋瑾和葛健豪同来安慰唐群英，群英情不自禁地袒露自己"大归"的想法，立即得到她俩的赞同。

　　秋瑾说："活生生的一个人怎么能坐以待毙？什么曾家的权势，什么"三从四德"，都不要理会，走自己的路，去干一番事业。"

　　葛健豪也说："秋瑾说得对，自古道身正不怕影子斜，让别人说去吧。

你拿定主意冲出牢笼，就赶快与娘家人商量。"

唐群英顶着"命苦剋子剋夫""不守妇道想改嫁"等风言风语，就与大姐希孟、二姐希范和弟弟乾一密商自己今后的去留（在湖北任职的二哥维藩，和家务缠身的五妹未能参与）。当时乾一和希范支持她想回三吉堂的意向，希孟从古礼出发，主张她留在曾家守节。

随后，姊弟三人同回三吉堂，向母亲禀告各自的想法。母亲起初也认为唐群英应遵古礼守节。乾一和希范引经据典地向母亲和大姐作解释说：即使按照古礼，也有"大归"之说，即女子在丈夫死后可以归宗娘家，断绝与夫家的一切关系。爱女心切的母亲动心了，曹太夫人当即表示："只要不违礼法，不失曾、唐两家面子，自然要救希陶走出苦海！"希孟也想到，陶妹生性刚烈，坚持要她守节曾家，若生不测，为时就晚了。大家取得一致意见，母亲又叮嘱乾一写信征询哥哥维藩的意见，自然也得到支持。

这时，就由乾一出面与曾家交涉办理唐群英的回归事宜。经过多次磋商，总算得到曾家的理解，达成共识。另择吉日作为唐群英回归的日子。

大归之前，唐群英怀着悲痛的心情，一身缟素，由小雪陪同，带着供品、香烛，分别来到曾传纲和亮亮的坟前，泣不成声，默哀祈祷。

光绪二十四年（1898）农历二月十四日上午10时，树德堂祖堂里，烛光摇曳，香烟袅袅，人们静默，气氛肃穆。唐群英站在香案前，随着三响磬声，向神位三拜致祭，接着又恭敬地向二老三拜敬礼。然后，她一步一回头地向两位公婆和前来送行的父老乡亲一一辞别，缓缓移步迈出树德堂的槽门，乘上迎接大归新桥娘家的轿子，离别了曾家。

唐群英回归，见慈母因父亲辞世悲伤过度，加上操劳三吉堂诺大一个家业，老人家明显的老了许多，深为忧虑。一天，与回家省亲的范姐商议，为祝愿慈晖永驻，拟将屋前原以松木垒砌的水井，改用麻石砌筑，四周用三合土夯实，避免塘水渗透，影响水质。此议得到诸兄弟姐妹的一致赞同，于曹太夫人六十大寿前竣工，起名益寿井，与先父少垣公的仁寿亭相辉映。后来，曹太夫人果然享年79岁，传为佳话。此井水清冽而味甘，凡同饮此井水之乡邻，亦多为高寿的寿星，益寿井名溢四乡。

该井迄今已逾百年，四周常浸塘水，污染水质。值唐群英逝世70周年之际，我们兄弟倡议重修，得到当地政府和乡邻的积极支持。重修后的益寿井，衡山县文物部门刊碑作记，成为省级文物保护单位——是吾家之附属景点。

注：[1] 见1920年5月14日湖南《大公报》。
　　[2] 旧时乡村称医生为郎中。

# 第四章 立志"换风""钓天"

## 天下兴亡，人皆有责

1898 年（光绪二十四年）春节过后，27 岁的唐群英冲决封建罗网，忍着丧女亡夫的悲痛，告别婆家，回到三吉堂，重新走上新的生活之路。

唐群英大归不久，葛健豪带着 3 岁的蔡和森特地到三吉堂看望她，留下了赞美与鼓励挚友的诗句"岂甘雌伏守红楼，冲破牢笼雄纠纠"。[1]

回到娘家，唐群英住进是吾家书屋，埋头攻书。除了大量阅读古代名著以外，还不断读到乾一弟和秋瑾妹为她寄来的《救亡决论》《变法通议》《女界钟》《猛回头》《革命军》以及英国的《天演论》等新书，这些书使唐群英眼界大开，尤其是看过康有为《大同书》的部分手抄本关于《妇女之苦总论》，引起强烈共鸣。她反复看了康有为在书中所说的封建制度对妇女们的"忍心害理，抑之，制之，愚之，闭之，囚之，系之，使不得自立，不得任公事，不得为仕图，不得为国民，不得预议会，甚至不得事学问，不得发言论，不得达名字，不得通交接，不得预享宴，不得出观游，不得出室门"，封建社会这六个"之"和十二个"不得"，简直把妇女捆得死死的。更有甚者，"斫束其腰，蒙盖其面，刖削其足，雕刻其身"，使妇女们身陷"弥天大冤""沉弱之苦"，使男女不平等成为"天下最奇骇、不公、不平之事"。唐群英觉得，这本书所述及的妇女之苦，把自己多年积压在心底，想说又说不清楚，说不明白的话，通透地说了出来，并且给予理论上的分析和评论。她想，应该是改变这种封建世风的时候了。

当即铺开宣纸，挥毫写下始作于荷叶的《抒怀》的五言绝句：

> 斗室自温酒，钓天谁换风？
> 犹居沧浪里，誓作踏波雄。

这是唐群英决心为改变妇女命运和为国尽"责"的宣言，表明她要是冲出闺阁，做一个换风易俗、"踏波"闯浪的弄潮儿。

唐群英这首立志要为民族、为国家、为妇女大众做一番事业的《抒怀》诗，初稿前两句原是"斗室漫温酒，钧天欲换风"。送给胞姐希范看时，唐希范提笔将"欲"改为"谁"，群英拍案叫"好！'欲换风'太直率了，显得狂妄；'谁换风'含蓄而有余味，范姐，一字师！一字师！"希范说："上句'斗室漫温酒'安闲潇洒，是好诗，但与下句'钧天''换风'的气势颇不相称；而且……"群英抢着说："并且'漫'与'谁'对仗不工"，说着将"漫"字改成"自"字，希范点头称好。这就是脍炙人口至今不衰的名句："斗室自温酒，钧天谁换风"中的一段小故事。

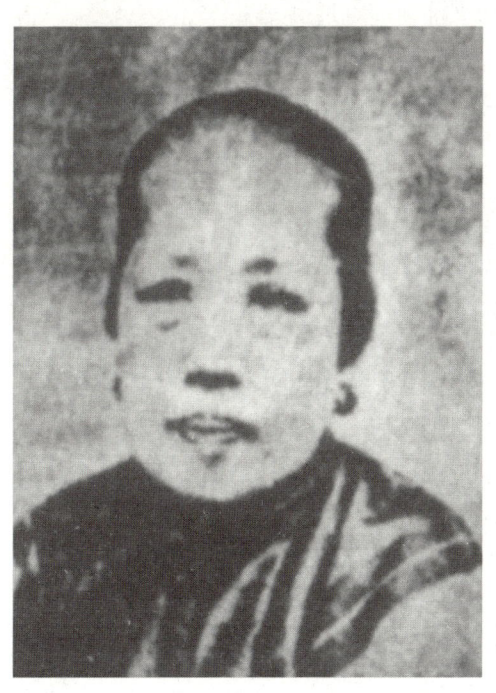

郭筠

郭筠是曾国藩次子曾纪鸿的妻子，当地有名的才女。经葛健豪提议，她特邀比自己年少近30岁的这位年轻有志而突遭不幸的族亲唐群英，来富厚堂散心调养，同来的还有唐希范。唐群英非常感激郭筠的美意，相比于富厚堂的美景，唐群英更为属意的是方记藏书楼的藏书。在这里，她享受了沉浸在书海的一段美好时光。

唐群英对于父亲1878年确定的"多积德、多读书、多劳作"三吉堂的家训，总感到还欠缺完整。但她一直也想不出该怎么"完整"。这次，在富厚堂作客时，她看到曾纪泽书写曾文正公的"八本"家训："读古书以训诂为本；作诗文以声调为本；事亲以得欢心为本；养生以少恼怒为本；立身以不妄语为本；居家以不晏起为本；居官以不要钱为本；行军以不扰民为本。"受到启发，当即与希范姐议及此事，回家后，她征得曹太夫人同意，又与维藩兄、乾一弟磋商，将父亲提出的"多积德、多读书、多劳作"，改为"多积德，为人之本；多读书，成才之本；多劳作，立业之本。"[4]这样，就将"三多"中表述为人、处事、治家的各个方面和各个层次的内涵完整地表述清楚了："积德"是为人之本，也即是以孝为先，以悌重序，以忠报国，以信服人；"读书"方能改变人生，改换门庭，更能改造社会；"劳作"不仅是勉励家人成家立业，更是鼓励家人勤劳务本。这也是唐群英这次富厚堂之行的收获之一。

1901年秋，秋瑾回湘，唐群英应邀前往湘潭由义巷相聚，听她讲述在京亲历八国联军入侵之乱，深恶痛绝，认为"国之兴亡，匹妇亦应责无旁贷"，对"天下兴亡，匹夫有责"的提法，不以为然，并气愤地说："当今国家受辱，我们女子不能坐视不理。天下兴亡，人皆有责。"[5]秋瑾对唐群英的慷慨陈词深表赞同。

9月下旬，秋瑾抱着刚满月的女孩王灿芝回到荷叶神冲，希范特邀她一道去三吉堂作客。秋瑾那不凡的谈吐，豪爽的性格，给曹太夫人留下了美好的印象，好客的老人家挽留她一起在这里住了五六天，大家都聊得很开心。

# 游岳《抒怀》

唐群英除了深居是吾家书屋博览群书以外，有时也到四周乡邻走走，搞些民情调查，尤其爱和妇女谈心交朋友。哪家妇女有什么难事她都爱管，谁有什么心事也都爱找她倾诉，经过唐群英一开导就弄明白了。特别是有些受了气，感到不公平的纠心事，都愿意找她评理，所以，当地妇女都把唐群英看作是自己的"精神台柱"。

1902年（光绪二十八年）南岳香期之时，二姐希范回娘家来了，正好乾一也在家，曹太夫人便提议，让他们陪希陶去南岳烧香还愿（唐群英大归之初，母亲曾在圣帝面前为她祈福）。

农历七月二十八日清晨，唐群英带着堂侄女玉莲，和姐弟分乘三顶轿子朝南岳出发了。当日傍晚，她们住进南岳山下东湖小镇的一家客栈。入夜，唐群英把自己当天沿途的所见所闻所思所悟，写成七律《游岳途中抒怀》：

> 衰梧老柳半倚斜，隔岸渔樵三两家。
> 水净沙明初过鹬，树摇枝乱暮栖鸦。
> 湘云缥缈征帆迥，山色迷离客路赊。
> 回首夕阳增旅思，碧云深处尽昙花。

唐希范看后，很是赞赏妹妹的诗才，精巧雅致、深沉含蓄地描绘了南岳暮秋的景象，但也觉得妹妹心中还有一丝对人生旅途的隐忧。于是提笔写出一首慰藉她的和诗，《步韵和陶妹〈游岳途中〉》：

> 风高路陡夕照斜，指点浮云不见家。
> 着力弯弓难射雁，搜肠索句乱涂鸦。
> 渔歌徐伴笛声起，诗意偏随游兴赊。
> 莫道霜秋艳色少，停舆携手采山花。

翌日，登祝融峰，在看过藏经殿后，唐希范再经推敲，将末尾两句改为：十里飘香游客醉，藏经殿后白兰花。

多次登临南岳衡山的唐乾一，是此次姐弟还愿之旅的"保镖"兼"导游"。近午，唐群英一行在西岭饭铺歇轿进餐。这时，唐群英蓦地见到有诗在壁，举目细看，原来是乾一弟17岁那年乡试中举，畅游南岳时写下的一首《题壁诗》。她饶有兴致地念了起来，小玉莲也凑过来谛听。

> 曲径依稀远寺钟，林涛起伏岭重重。
> 风摇古树迎金凤，雾卷深山藏玉龙。
> 五岳神奇夸独秀，三湘绚丽揽从容。
> 崇侯此日应无憾，记否当年数九峰。

弟弟的诗，引发了唐群英的诗兴，当即应和一首：

### 过小西岭题壁依坤弟原韵

> 何处山僧响午钟，深林未入复重重。
> 云封岳岭迷归雁，日漱湘流锁卧龙。
> 小憩得闲心更静，兴酣索句意偏浓。
> 谁知阿弟曾题壁，愈惹诗情到上峰。

姐弟唱和的诗情画意，把新桥唐家的书香雅趣带到了衡山之上。接着，他们又沿路看了藏经殿、钓鱼台、摇钱树、同根生等景点。时近黄昏，姐弟们歇息于祝融峰侧的上封寺。次日黎明时分，姐弟们和众多游客一起，站立在观日台上，等候着日出美景的出现。顿时，一轮火灿灿的大火球从云海中晃动着跳荡而出，霎时乾坤豁然开朗。观日台上发出一片欢呼。唐群英也兴奋起来："以前从书上读到'人生不游南岳，游南岳而不观日出，辜负此生'的说法，今日身临其境，才知这话一点也不过分！"乾一接着说："这南岳衡山的气候变幻莫测，观日出的不一定每次都能看到。这是两位姐姐的福分啊！"

看过日出后，姐弟们进入矗立在山顶巨岩之上的祝融殿，依次进香朝拜，捐献"功德"，又到殿前的香炉里焚化了带来的香封，"即将无限意，寓此一炷烟"。完成了母亲的一桩心愿。

# 南岳救刘琴

祝融峰下侧有一座会仙桥，又叫试心桥。

这一天，唐群英一行在祝融殿进香完毕从会仙桥经过时，只听得阵阵闹声。唐群英转身前去，但见一年轻俊美的少女独立在岩石上，眼里泪花点点，神情忧伤至极。

一些好心人，围在会仙桥的两端，七嘴八舌地劝说："姑娘，别想不通。""小妹子，有什么难处，跟我们说说，大家帮助你！"一个大汉欲前去搭救，那少女厉声拒绝："不要来，你上前一步，我就跳下去！"

这一切，唐群英都看在眼里，便返身往回走，绕到姑娘的后面。那姑娘呆呆地凝望前方，并未发觉身后的来人。

片刻，姑娘咬了咬牙，发出凄惨的喊声："爷爷！孙女没法活下去了，跟你来了。"说罢，正欲纵身一跃，却被唐群英双手抱住。

小玉莲说："姑姑这个办法，想得真好！"

一位壮实的汉子忙上前帮忙扶持，不由得敬佩地说："你这位大姑想得周全，做了一件好事！"

唐希范和大家都纷纷上前，安慰这位悲伤的小姑娘。

唐群英挽着这个被救下的少女，离开人群，来到一个僻静的地方。两个人在一块巨石上坐了下来。面对勇敢搭救自己的这位亲切和气的姑姑，少女敞开心扉，一字一泪地吐出了自己的苦楚和愤懑。

这少女叫刘琴，是年16岁，家住湘潭花石，7岁时父亲去世，不久母亲改嫁，她牵着双目失明的爷爷常年在南岳镇一带流浪，爷爷给人算命，她卖唱。几个月前，爷爷不幸病死。早几天，她到祝融殿为爷爷还愿。昨晚，遭两个歹徒奸污。求生无路，入地无门，才想到这个不知夺了多少性命的会仙桥跳下去，一死了之。

唐群英对小姑娘说："听你这么一说，我弄明白了。我很同情你的不幸遭遇。但是，你想过没有，你这一跳，值得吗？世间的丑恶还在，你是红日刚出头啊，怎么就走绝路呢？"

刘琴又哭了起来："姑姑，感谢你救了我，可我又能怎么活呀！"

"小琴，既然你叫我姑姑，我就把你当亲侄女。跟我回三吉堂。你会唱歌，已识得一些字，我再教你读书，将来给你找个合适的人家……"

"姑姑，您太好了，可我没脸见人啊。"

唐群英理解刘琴的意思，就凑近她的耳朵，压低了声音，恳切地说："你放心，那两个歹徒的事，我永远不会向任何人讲"，这事只有你知我知。我要是骗你，天诛地灭！"

刘琴忙伸手捂住唐群英的嘴："姑姑！您千万别这么讲！这个鬼世界，人吃人，没想到还能遇上您这么好的人！只是，我的心已经跟爷爷去了，人还是要跟爷爷去。"

唐群英见一时劝不好刘琴，就顺着她的话说："如果有一个清清静静，不吃人的干净世界，你愿不愿意去呢？"

"哪里有这种好地方呢？"

"有，这南岳山就是个清净的世界。"

刘琴想了一会儿，最终表示愿意在南岳出家为尼。

这时，唐希范、唐乾一带着小玉莲过来了，他们已经劝走了会仙桥边的人群。唐群英向他们简单介绍了刘琴的情况。然后，按唐乾一指点，走到半山亭侧的紫竹林。

唐群英一行进入山门，拜过菩萨，献上功德银二元，随住持到老尼厢房饮茶。唐群英向住持说明来意，与刘琴相依为命的爷爷最近去世了，剩下的一点钱又被人偷走，小姑娘走投无路，痛不欲生，经再三劝慰愿皈依佛门。住持对刘琴的皈依要求，表态却有些吞吞吐吐："施主雅命，小庵哪有不从的。只是，佛门清苦，戒律严格，怕刘姑娘……"

唐群英正难以作答，只见刘琴走到住持面前，扑通一声跪倒在地，声泪俱下："师傅，刘琴已吃尽世上的酸咸苦辣，死都不怕了，还怕什么戒律！

请师父放心把我收下，今后刘琴如果违反规矩，甘愿挨千刀万剐！"说着就连磕三个响头。

住持连忙把她扶起："阿弥陀佛，善哉！善哉！老尼收下你了。"

唐群英与姐弟商议一下，拿出10块银圆，双手捧给住持："我与刘琴萍水相逢，此次登山又未多带银钱，这点小意思作为刘琴的香烛费，请住持收下。"

住持推辞："施主见义勇为，救了她的性命，又给她指点迷津，已是功德无量，怎好再让施主破费！"后见群英姐弟心诚意切，便收下了。

刘琴在紫竹林出家之事，就这么定了下来。但唐群英仍有些牵挂，又拿出两块银圆给刘琴，说是留作不时之需。刘琴含泪婉拒，几经推却才收过银元，转请住持代为保管。大家都放心了。

住持率众尼把唐群英一行送出山门。刘琴远送到二里路外的半山亭，与大家洒泪而别。唐群英回头说："小琴，日后我会再来看你"。

这次南岳之行，给唐群英增添了生活勇气，却并未给她增添快乐，相反地给她带来烦恼，更激发她忧国忧民的情感：秀丽的风光，陈太妃为什么要皈依佛门？张丽华为什么要束髻还宫？刘琴为什么要跳岩自尽，这些事件揭露了多么复杂、多么严重的社会问题！三日游触目最多的是"香客"，沿路上络绎不绝，通屑达旦；为什么这么多人信奉这位泥塑木雕的"南岳司天昭圣帝"……这又令她增添了一段新愁。

《女界钟》封面

## 巾帼当不让

唐群英胞弟唐乾一，聪颖过人，诗、文、书法皆为世人称赞，清末名士曾熙赠其联曰："逸才横四海，清度冠时英"，盛赞这位三湘少年才子的豪迈才华。受洋务运动及维新思想影响，唐乾一中举后，毅然告别"八股文"，抛弃科举仕途，于1904年2月赴日求学，探寻兴国之道，考入日本法政大学攻读法政学系。在此期间，经常为阿姐群英寄回许多进步的革命

邹 容

书籍，如陈天华的《猛回头》《警世钟》和邹容的《革命军》，提到的革命钢领时指出："全国人民不分男女，一律平等，无上下贵贱之分，人人都享有生命、言论、思想、出版等自由权利，同时也有纳税、服兵役和忠于国家的义务。"令唐群英非常振奋。尤其是读过兴中会会员金天翮（笔名金一）所著《女界钟》中发出的"女权万岁"的呼喊："国于天地必有与立，与立者国民之谓也。而女子者，国民之母也。""欲新中国必新女子，欲强中国必强女子，欲文明中国必先文明我女子，欲普救中国必先普救我女子。""权力之于人，犹空气之于天地"。"民权与女权如婵联附萼而生，不可遏抑也。"《女界钟》的分析，紧紧把维护女权与进行革命连在了一起，使唐群英耳目一新。

陈天华在《警世钟》中开导中国妇女投身救国革命，他说："中国人四万万，妇女居了一半，亡国的惨祸，女子和男子一样，一齐都要受的。那救国的责任，也应和男子一样，一定要担任的。中国素来重男卑女，妇女都缠了双足，死处闺中，一点学问没有，哪里晓得救国？但是现在是扩张女权的时候，女学堂也开了，不缠足会也立了，凡我的女同胞，急急应该把脚放了，入了女学堂，讲些学问，把救国的担子也担在身上，替数千年的妇女吐气。你看法兰西革命，不有那位罗兰夫人吗？俄罗斯虚无党的女杰，不是那位苏菲尼亚吗？就是中国从前，也有那木兰从军，秦良玉杀贼，都是女人所干的事业，为何今日女子就不能这样呢？我看妇女的势力，比男子还要大些，男子一举一动，大半都受女子的牵制，女子若是想救国，只要日夜耸动男子去做，男子没有不从命的。况且演坛演说，军中看病，更要女子方好。妇女救国的责任，这样儿大，我女同胞们，怎么都抛弃了责任不问呢？"这对唐群英很受启发，救国重任，我们女子也应担当，责无旁贷。

"女权"之议，痛快淋漓，如醍醐灌顶。曾经亲身反对缠足、反对虐妻、反对守节的唐群英，更坚定了改换封建世风、探寻强国之路的信心和决心。

# 唐氏家族的"曹太君"

秋瑾很了解唐群英此时的心情和处境。在她和丈夫王廷钧闹翻后，决定赴日去求学之时，特于1904年初，给唐群英来信相约同往，并附诗一首：

> 杨柳中庭月，来宵只独看。
> 分离从此始，相见定年难。
> 溆浦灯将尽，窗前泪未干。
> 明朝挂帆去，谁伴倚栏杆。

本来，唐群英从乾一弟在东京经常传来日本的信息，了解了日本在明治维新后国家出现了繁荣景象，就非常向往。又在秋瑾从日本的来信中，得知在东京的中国留学生已有几千人，仅湖南籍的就有400多人，而且其中女学生也不少，就更坐不住了。

这时，她已33岁了，此时不走，更待何时！只是维藩哥在外为官，乾一弟已留学日本，家中尚有年老的母亲和年幼的外甥伯珏需要照料，更何况母亲尚在病中，远渡东洋这一步真的很难迈出啊！

她只好给秋瑾回信，说明自己眼下的难处，并附《回赠秋瑾》一首：表明向往"结伴游"心意。诗曰：

> 荷叶花开夏复秋，西风不识自登楼。
> 孤灯瘦影难成梦，冷月寒霜不胜愁。
> 易髻而冠谁解恨，如蚕作茧我何忧。
> 生为人杰岂无路，且许芳馨结伴游。

1904年7月，唐乾一得知母亲患病，很是牵挂，就利用暑假回国省亲，当得知陶姐急于想赴日求学的心情，他作出一个惊人的决定，推迟回校，以侍奉母病为由，请假在家，让姐姐先走一步。

曹太夫人是一位知书达礼，又聪慧贤能的女人。她很了解女儿的志向和心思，也一直把这个归宗的女儿视同男儿一样看待。起初，老人家还真舍不得女儿远去，可是为了群英实现自己的理想，只好割舍母女之情。她知道女儿这次出国求学，一去就是好几年，需要花费大笔费用。唐群英出发之前，曹太夫人作出一个出人意料的决定，把家有的230多亩田产，一分为三，由维藩、乾一和群英共同分享。也好了却自己再为女儿的牵挂，让群英日后的学习和生活没有后顾之忧。事先，曹太夫人分别征求两个儿子的意见，都表示赞同母亲的做法，之后，她又找近房几位长辈商量，求得支持。没想到，唐群英对一分为三的分配方案，提出了异议。谦让地说：哥哥、弟弟都已成家有子，生活负担重，应当多分一些，自己只是独身一人，有一点就足够了。两个儿子坚决遵从母亲的意见，坚持按原议分定。推来推去，还是唐群英出了个主意，她只要那三分之一的一半，另一半留作公产由母亲掌管。后经族人多次磋商，最终采纳了群英的意见。

在那个女儿没有财产继承权的年代，可以说唐家作出的这个决定，是一件罕见的新鲜事，这说明，曹太夫人是个开明大度，又敢于担当的女人，她一言九鼎，不仅果断决策接纳唐群英大归娘家，而且还给她分得一份田产，支持她成就自己的事业。所以无论在儿女心目中，还是在唐氏家族中曹太夫人都享有很高的威望，是杨家将里佘太君式的人物。所以，近房族人和乡邻的老老少少都尊称她为曹太君。

唐乾一

## 踏波东瀛

唐群英满怀感激之情，告别慈母、兄弟姐妹和父老乡亲，于1904年（光绪三十年）初冬，离别故土，踏上东渡日本求学的征程。曹太夫人还特地安排乾一护送姐姐到上海，她才放心。

行前，唐乾一写了一首五言歌行诗，为陶姐壮行：

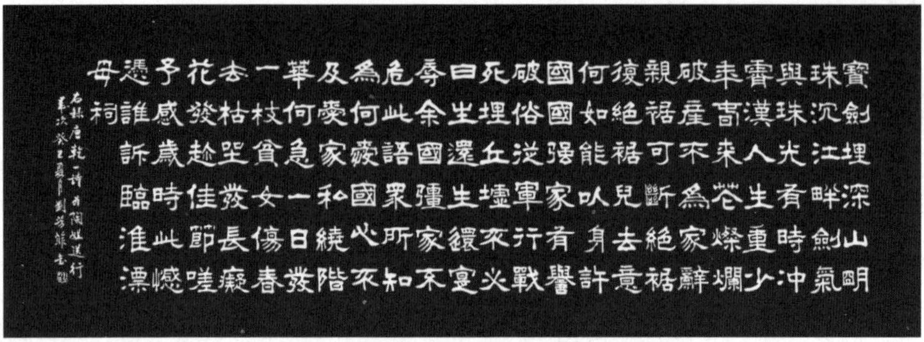

唐乾一送唐群英壮行诗碑刻

宝剑埋深山，明珠沉江畔，剑气与珠光，有时冲霄汉。
人生重少年，春来花灿烂，破产不为家，辞亲裾可断。
绝裾复绝裾，儿去意何如？能以身许国，国强家有誉。
破俗从军行，战死埋丘墟，不必曰生还，生还实辱余！
国强家不危，此语众所知，为何爱国心，不及爱家私。
绕阶花何急，一日发一枝，贫女伤春去，枯坐发长痴。
花发趁佳节，嗟予感岁时，此憾凭谁诉，临淮漂母祠。[4]

诗中所表达的，正是姐弟献身革命的豪情壮志。他毫不避讳地把留学日本比作“破俗从军”寻求救国强国之道，“战死埋丘墟”“不必曰生还”的两句，充分显示了姐弟二人以身许国的坚定信念。

这是唐乾一1914年使用的铜墨盒，盒面由他自己手书并请人镌刻的黄宗仰《赠任公》（梁启超号任公）诗中的后四句：“笔退须弥一塚攒，海波为墨血磨干。欧风墨雨随君手，洗尽文明众脑肝。”表明要用自己的心血研磨为墨，书写革命历史的衷怀，写下了《湘事记》。

（作者注：黄宗仰是金山寺首座禅师，早年参与反清救国运动，人称“革命和尚”。他与梁启超交往甚密，有《赠任公》八律一首，其前四句为：洗刷乾坤字字新，携来霹雳剖微尘。九幽故国生魂死，一放光明赖有人。）

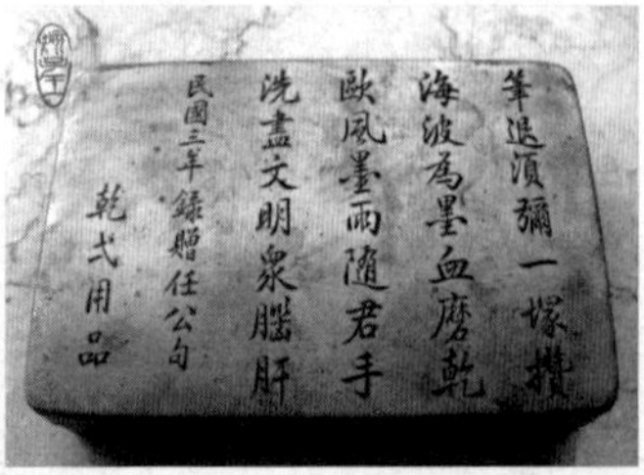


唐乾一生前用过的铜墨盒

注：[1] 见衡阳《新视报》2009年第49期第29页。
[2] 见《唐群英家风揄扬集》第7页。
[3] 见《唐群英史料集粹》第91页。
[4] 见《女权运动先驱唐群英》第63页。

# 第五章　投身民主革命

## 留学日本

1904年农历十月初四上午，唐乾一把姐姐送上日本云海号客轮，看着唐群英渐渐远去，就立即找到上海邮政局，给已在东京的姨外甥赵恒惕拍电报，这才放心赶回衡山。

这几天，唐群英时不时来到甲板上，凭栏远眺，思绪万千，这毕竟是她平生第一次离家远行啊！

经过四天的海上航行，终于顺利到达日本横滨港。唐群英与同舱结识的一位女友刚下船，便看到不远处一个挥手高呼"陶姨"的青年汉子。他便是应约而来的赵恒惕。

赵恒惕是大姐希孟夫家的侄子，比唐群英小9岁，他们在家乡就时常见面，所以并不陌生。这时正在日本陆军士官学校第六期炮兵科学习的赵恒惕，接到舅舅唐乾一电报后，就做好了接应唐群英的充分准备。把陶姨安排在位于东京神田区骏河台神田川的中国留学生会馆，这里除有住宿设施外，还设有图书馆、阅览室和专为初来日本的中国留学生补习日语的教学。唐群英入住的第二天，就抓紧开始了日语学习。

第一个星期天，秋瑾就来到会馆探望久别的唐群英，热情地陪她到处走走，让唐群英熟悉周边的环境。

1905年春，唐群英考入东京青山实践女子学校，与秋瑾成了同窗好友。在这里唐群英又结识了两位湖南老乡，一个是仅比她小1岁的张汉英，一个是比她小9岁的王昌国，都是醴陵人，她们很快就成了好朋友。

## 拜会黄兴、孙中山

早在出国之前，唐群英就听乾一弟讲过黄兴，非常敬佩他的为人。所以，

黄 兴

开学不久，就急着想见黄兴。

1905 年 3 月上旬一天，唐群英由赵恒惕陪同到神乐坂黄兴寓所。他们一见如故，交谈中使唐群英对革命前途充满信心。是年 5 月，经黄兴、赵恒惕介绍，唐群英加入了华兴会。同时结识了华兴会的宋教仁、陈天华、刘揆一、刘道一等一批湘籍革命志士和华兴会的其他成员。

7 月 23 日是个星期天，唐群英和唐乾一、赵恒惕和刘揆一等几个衡山老乡在黄兴家里作客，坐定不久，他寓所的日本主人末永节通报说有人求见。黄兴忙外出，旋又转回身和大家打招呼，说他去去就来。

黄兴去了将近两个小时，回来见众人还没散，高兴地告诉大家，刚才见到孙中山先生，接着说："孙先生认为，今天的形势，应联络人才，组成革命政党，形成统一的革命力量，万众一心，团结一致，就一定能推翻专制制度，建立文明民主的新国家。"[1]

听到这里，大家都感到很振奋，黄兴接着谈了自己的看法。他说："孙先生学识渊博，致力革命多年，坚贞不渝，海内外无不敬仰，我愿我们华兴会和他所领导的兴中会结成同盟，请孙中山统一领导，共同推翻帝制，恢复中华。你们几位的高见如何？"[2]

刘揆一认为孙中山领导的兴中会，多次起义都没成功，对他本人又不十分了解，不赞成急于联合，更不赞成由他统一领导，唐乾一也是这个观点。唐群英则认为革命不是一省两省的事，应该全国统一行动，联合起来力量大，这是很明白的道理，表示赞成联合。赵恒惕坐一旁没有作声。黄兴满怀热忱谋联合，没料想就这么几个人的闲聊，都出现分歧。倒是入会不久的唐群英的热情支持，对他是个很大的鼓舞。

7 月 28 日下午，黄兴带着唐群英同去拜会孙中山。唐群英是继黄兴、宋

孙中山

教仁、陈天华之后，第四个会见孙中山的华兴会会员。黄兴向孙中山简要介绍唐群英的情况。着重说明她主动要求加入华兴会，目前是华兴会唯一的女会员，她非常赞成联合。孙中山听后高兴地说："群英女士是第一个走进革命队伍里来的女同胞，是榜样，是二万万女同胞的带头人……"[3]唐群英谦逊地说："我从小痛恨男尊女卑，反对缠足，立志转换这种风气"，接着说："群英认为天下兴亡，匹夫匹妇应该同样有责——人皆有责。我此次出国求学，就是为强我中国尽一份责任。"

黄兴说，"天下兴亡，人皆有责"的观点，可谓真知灼见，值得提倡。

"对啦！"孙中山击掌说："革命的目的，是推翻帝制，建立民国，把国家建设得强盛起来，使全国同胞的生活富裕起来，男女平等，安居乐业。"[4]

唐群英听到这里，兴奋地说："二位先生的高见，说到我心坎里了。我愿为革命付出任何代价，赴汤蹈火，在所不辞！"

孙、黄同时点头赞许。当即确定唐群英参加两会联合的筹备工作。

## 参与筹建同盟会

为了慎重起见，黄兴与宋教仁、刘揆一两位副会长商议后，于7月29日上午在黄兴寓所召集在东京的华兴会会员会议。因会上仍有不同意见，最后议决：不以华兴会组织名义"并入"新的革命同盟，而以会员"个人自由"的自愿原则加入联合。决定由宋教仁制定登记册，由自愿加入者签上自己的名字，把名单带到预备会上。下午，孙中山、黄兴与宋教仁、陈天华、张继、程家柽等聚会商议会议的具体事宜。

孙中山在日本东京与部分同盟会员合影（前排左一为唐群英）

　　筹备会议于 7 月 30 日下午在东京赤坂区桧町三番黑龙会会所召开，兴中会与华兴会的主要成员，以及各省的革命志士 70 余人参加同盟会成立前的这次预备会议。会议由黄兴主持，推孙中山为主席，中山先生以"革命团体联合之理由，组成统一的革命组织之必要"演讲约一个小时，大家都非常赞同，并就组织名称统一了意见，定名"中国同盟会"，接受孙中山提议的"驱除鞑虏，恢复中华，创立民国，平均地权"为同盟会的革命宗旨。孙中山起草的盟书，经黄兴、陈天华修改后，定为"当天发誓，驱除鞑虏，恢复中华，创立民国，平均地权，矢信矢忠，有始有卒，如渝此盟，任众处罚"。参加会议的人群情振奋，纷纷表示要立刻加入中国同盟会。黄兴顺应大家的要求，提议把这天定为中国同盟会组织成立之日，请与会者签下自己的名字，以示正式加入，当即由孙中山领导大家举右手宣誓。曹亚伯第一个签名后，其他与会者也陆续签名，唐群英是中国同盟会这批入会的唯一女会员。会上公推黄兴、陈天华、宋教仁、汪兆铭、马君武、居正、刘道一、邓家彦八人组成会章起草小组，约定在成立大会上提出讨论通过。

　　经过半个多月的准备，8 月 20 日，中国同盟会在东京赤坂区灵南坂日本人坂本金弥家召开成立大会，到会者 100 余人，其中有唐群英、何香凝、方君英三位女会员，在这次成立大会上唐群英是"第一个签名女会员"[5]。会上通过了章程，公推孙中山为总理，黄兴为执行部庶务，居协理地位。

参加会议的人，事前都履行了严格的入会手续，并在会上举手宣誓。

# 送别秋瑾

唐群英

中国同盟会预备会开过不久，8月7日由孙中山、黎仲实介绍何香凝加入同盟会，并将何香凝家作为孙中山先生的收信地点和秘密开会的场所。

同盟会正式成立以后，组织发展更快了。9月4日，唐群英与冯自由介绍秋瑾加入同盟会；一个月后，唐乾一和赵恒惕也由唐群英与刘道一介绍加入了同盟会。除了不少男会员陆续入会以外，方君英、燕斌、刘青霞、张汉英、王昌国、吴木兰等女学生也先后加入了同盟会。特别是留日的士官学生都是成批地集体加入同盟会。使同盟会的组织迅速扩大。

9月，唐群英与秋瑾、方君英、陈撷芬、林宗素、蔡蕙、吴木兰等参加同盟会在横滨设立的弹药机关，学习制造弹药。不久，唐群英又与张汉英等同在东京神乐坂武术会，学习操练枪法。

为了建立革命宣传阵地，11月26日同盟会机关报《民报》创刊，大部分经费都是会员个人赞助的。唐群英与秋瑾也各捐洋200元，支持办报。

同盟会力量日益壮大，开展革命活动更加频繁，使清廷和日本当局感到异常恐慌。

这天，唐群英与胞弟乾一相聚时，谈起母亲对群英和乾一姐弟同渡东瀛的支持，十分动容；接着议起三吉堂家风中"忠君报国"一事，唐群英提议

發刊詞

孫文

《民报》第一号封面和发刊词

改为"忠心报国",乾一表示认同。

不久,日本文部省颁布了《清国留学生取缔规则》,限制中国留学生的革命活动,剥夺言论自由,禁止集会结社,检查往来书信,强制他们遵守清朝法令,因而引发了中国留学生的强烈不满,有抗议罢课游行的,甚至还有主张退学回国的,争论不休,有的日本报纸就讥笑中国留学生是"乌合之众"。陈天华不堪忍辱,连夜写下"绝命书"于12月8日在东京大森海湾蹈海自尽,用以身殉国的精神来激励大家"坚忍奉公,力学爱国"。

正在越南的孙中山,非常关注《取缔规则》引起的学潮,特发来电报,不赞成留学生"全体回国",而应从容应对,边斗争、边学习,以学成报国。这封电报对唐群英很受启发。

在女学生中,也曾发生激烈的争论。

12月下旬的一天,已决心退学回国的秋瑾,与唐群英、张汉英、王昌国几位好同学在海边的草坪上,和姐妹们进行了一次"告别"式的谈心。她说:"这是一个限制我们爱国活动,剥夺我们自由权利,侮辱我们人格的《规则》,我无法忍受,我决定罢学回国"。

张汉英不赞成罢学回国,主张"无限期罢课,《规则》一天不取消,我们就一天不复课,来他个誓不罢休"。

王昌国接着说:"我们是为学业而来,若中断学业回国,岂不前功尽弃,牺牲太大了!"

"陈天华连生命都投到大海里去了,牺牲大不大?"秋瑾提高了嗓门,

"我们还能在这里忍辱求学?"

唐群英经过思考后，坦诚地说出了自己的看法。她说："回国与罢课，是反抗的两种形式。回国似乎显得更坚决。如果咱们就这么回国，不仅学无所成，而且还有落入清廷魔掌的可能，不回国不等于向日方屈服妥协。我赞成用罢课的方式表示抗议，但我不同意无限期罢课，那样会产生涣散和松懈的情绪，于斗争不利……"

这时有人问："要是日本政府坚决不取消《规则》，我们又怎么办呢?"

唐群英接着说："《规则》限制公开活动，我们可以用隐蔽的方式进行活动……"

在一旁的秋瑾有点听不下去了，冲口说了一句："好一个冠冕堂皇的中间派!"

唐群英不愠不怒地说："瑾妹，你我相知多年，我知道你刚毅顽强，敢作敢为，我很佩服你。你说我是中间派，我不会计较。那么我是否可以说你是极端派呢?"说着，她温婉地笑了。

秋瑾回应了难以捉摸的一笑。

唐群英（二排左三）与日本东京青山实践女校部分师生合影（二排左二为张汉英、左五为王昌国）

后来，唐群英与秋瑾又私下为此事交谈了多次，但仍是谁也没有说服谁。

12月25日，秋瑾乘"长江号"客轮从横滨回国。唐群英特地赶来送行，秋瑾握着唐群英的手说："陶姐，你我相交这么多年，今日一别，再见可能很难了……"

唐群英忍住内心的难受，故作轻松地笑着说："不过两三年，我也要回国的，见面的日子长着呢。"

"我决心回国是搞武装起义，成功与成仁很难预料。以身许国，杀身成仁，是我的夙愿。陶姐，咱们再见自然难了……"

唐群英更加握紧秋瑾的手说："瑾妹，不要这样说。革命成仁的决心自不可少，但更要有成功的信心。我们的目的是成功，不是成仁。希望你一定谨慎从事，不可急于求成，你先从容准备，等我回来，我们并肩作战！"

"好！风萧萧兮海水寒。"秋瑾借《易水歌》的诗句改为"海水寒"，表达自己的心境。

唐群英忙接上："秋侠此去兮待我还！"将秋瑾要说的下句"壮士一去兮不复还"挡住了。然后抚着秋瑾的肩背，深情地说："瑾妹，荆轲刺秦王不是成功的历史，即使刺杀成功，暴秦仍在，有多大意义？所以……"秋瑾接上说："所以，我们要学揭竿而起的陈胜、吴广！"两人紧紧拥抱，珍重握别。

秋瑾回国后，准备武装起义，不幸事泄被捕，于1907年7月15日在浙江绍兴英勇就义，壮烈牺牲。消息传到东京，唐群英顿时昏倒，经宋教仁等送医院急救，醒来后她作了一首挽联泣挽秋瑾：

革命潮流是秋风吹起，自由花蕊要血雨催开。[6]

# 抗争胜利

陈天华追悼大会过后，同盟会党部立即召开会议，除了有各省同盟会代表以外，还约请各校留日学生代表参加，经过深入讨论，决议"各校联合会"和"维持留学界同志会"都予解散，仍以"留日学生总会"作为协调联络机构，改选胡瑛为总干事，确定抗议活动以罢课示威方式为主，基本统一了大家的思想。经过了多次抗议示威和斡旋交涉，使有关当局以让步的姿态修改《取缔规则》，一场学潮风波终于结束。1906年1月15日各校复课，留学生仍像以前

陈天华

一样能够正常进行各种活动。

　　不久，湖北籍女留学生李元，发起成立留日女学生组织，经过两个多月的奔走联络，于9月23在东京正式成立"中国留日女学生会"，第一批入会的会员就有70余人，大会选举李元担任会长，燕斌、唐群英为书记。该会"以联络情谊、交换智识、推广公益为宗旨"，提倡"远渡重洋，游学异国"的姐妹之间的互助互励，共同为提高女权、振兴中华而努力。会员在成立大会上都郑重宣告："愿共牺牲个人之私利，尽力到死，务为我女同胞除奴隶之徽号，革散沙之性质，以购取最尊严最壮丽无上之位置，勿使至二十世纪之中，犹不入世界优胜民族之列也。"

# 诗壮《洞庭波》

　　1906年10月18日，革命刊物《洞庭波》在上海出版的创刊号上，发表了唐群英为之撰写的一组催人奋进的诗文。她在诗的前面写道："黄公克强组织同盟会于日本，与宁君太一等设立报馆，颜曰《洞庭波》，征集党人诗文，予课余拟绝句八首以附刊"。其诗如下：

## 其　一

莽莽乾坤何处家，两年栖息走天涯。

文明未播中原种，美雨欧风只自嗟。

## 其　二

三条烛尽钟初动，九转丹成鼎未开。

世界汹汹人扰扰，不知谁是济时才？

### 其　三

霾云瘴雾苦经年，侠气豪情鼓大千。

欲展平均新世界，安排先自把躯捐。

### 其　四

精卫难填东海恨，女娲犹补奈何天。

年来怕听伤时事，热到胸头受煮煎！

### 其　五

中原逐鹿亡消息，巨海龙蛇苦大千。

撮得罗兰真种子，灵苗催放九华巅。

### 其　六

胡首何日始魂消，百计窥人等禳枭。

煮豆燃萁情更惨，媚孤威假虎狼骄。

### 其　七

仇雠未报子孙忧，况复新仇益旧仇。

四万万人沉梦觉，早将遗恨雪千秋。

### 其　八

孰煮黄粱梦未醒，九重恩重许朝廷。

愿身化作丰城剑，斩尽奴根死也瞑。

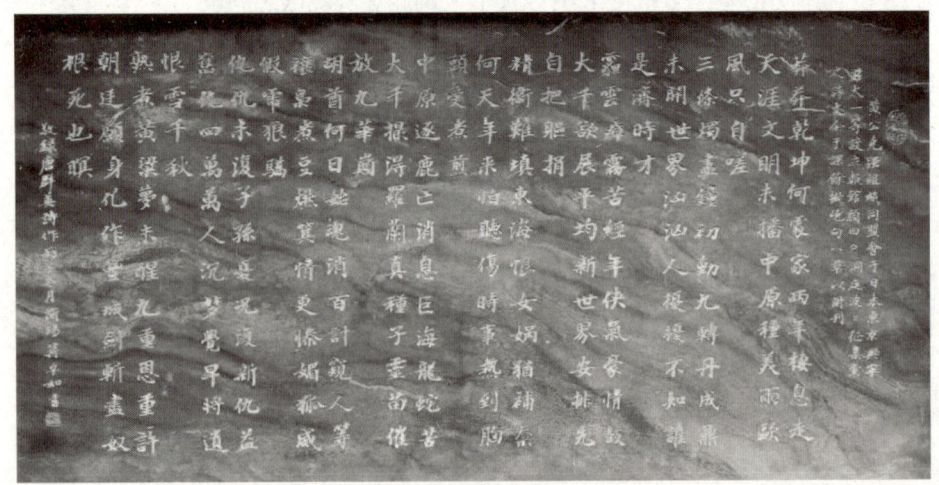

唐群英为《洞庭波》创刊号撰诗一组之碑刻

　　唐群英虽自14岁开始写诗，且多佳品力作，但公开呈现于报章，这还是第一次。在这八首七言绝句中，表明了作为一个革命党人对于国家危厄命运的忧虑,对于人民悲惨生活的痛心,对于同盟会事业的信念,对于自由平等世界的憧憬,特别是期待国人梦醒早雪遗恨的渴望,以及"安排先自把躯捐"的战斗意志。满腔激情,一片丹心,催人奋进,令人感佩。这一组将咏絮之才、阳刚之气、钧天之志、爱国之情完美融合的诗作,为革命党人广泛传诵。孙中山读了此诗之后曾说:"凡我同盟会员,都应该是丰城剑,都应该有斩尽奴根死也瞑的雄心壮志!"人们赞赏唐群英是一位侠气豪情的女战士,才华横溢的女诗人。

1907年夏,《中国新女界杂志》第二期又刊登了唐群英抒发革命者胸襟的《感怀》诗三首:

其 一

感时抚事意徘徊,美雨欧风海上来。

会见铜驼陷荆棘,英雄遮莫动悲哀。

其 二

满目河山一望收,夕阳凭吊古荒丘。

离骚声断天无际,屈子终怀万古愁。

其 三

痼疾羌夷患已成,哀鸿血染杜鹃声。

那堪重读神州记,方寸灵台活水烹。

这《感怀三首》深具历史沧桑感和忧患意识,幽咽怨断之声与雄豪之气,充溢着河山之愁与英雄之慨,忧国忧民之心与救时救国之志交织翻涌,浑然一体,体现了爱国主义与英雄主义的完美结合。

# 孙文赠诗

1907年3月4日,孙中山被日本当局驱逐出境,准备去越南避难。行前约见唐群英,面授机宜,希望她学成回国能有所作为。

年底,唐群英在成女高等学校速成师范科毕业了,受同盟会总部委派,准备回国策划武装斗争。行前,她特地写信给孙中山谈了自己回国的打算。不几天,只收到孙中山寄来的一首五言诗:

此去浪滔天,应知身在船。

若返潇湘日,为我问陈癫。

# 唐群英传
## TANG QUN YING ZHUAN

日本东京成女高等学校校舍

却不见另有回信，诗中提的陈荆，还故意用他的诨号。唐群英很快意识到，这是孙先生为了防止泄密才这么做的，真是用心良苦啊！孙中山很少作诗，可见孙先生对唐群英的厚爱之深。唐群英细心领悟诗意，体会孙中山凭借日本策划革命之艰难，欲求寄人篱下而不可得，"浪滔天，身在船"正是有家难奔，有国难投心情的反映，也寓有在惊涛骇浪中要同舟共济之意。"为我问陈癫"显然是暗示自己回国以后，去找陈荆配合行动。唐群英从这首诗中，感到了领袖的关切、期望、嘱托和指点，同时也感受到革命党人之间真挚的革命情谊。

这年9月，唐群英与方君英、何香凝等加入由张继发起的社会主义讲习会。

1908年1月，唐群英回到三吉堂，看望母亲和久别的亲人。得知母亲去年大病一场，瞒着自己却牵挂自己，已经和乾一夫妇商量好，把他们新生的小儿子遂九，过继给自己作抚子。听到这里，唐群英非常感动，这是怕自己日后孤单啊！她陪母亲过完春节，便直奔醴陵找先期回国的战友张汉英，表明自己的来意，相约一道去找陈荆。

陈荆，又名树人，湖南湘乡人，在陈家排行第九，因不修边幅，又爱骂坐，人称陈九癫子。陈癫是他的诨号。他是一个很有革命抱负的人，早年受梁启超

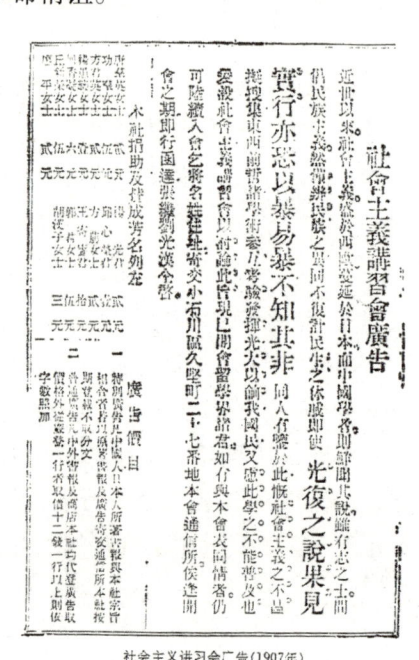

社会主义讲习会广告（1907年）
（采自《天义》第6卷）

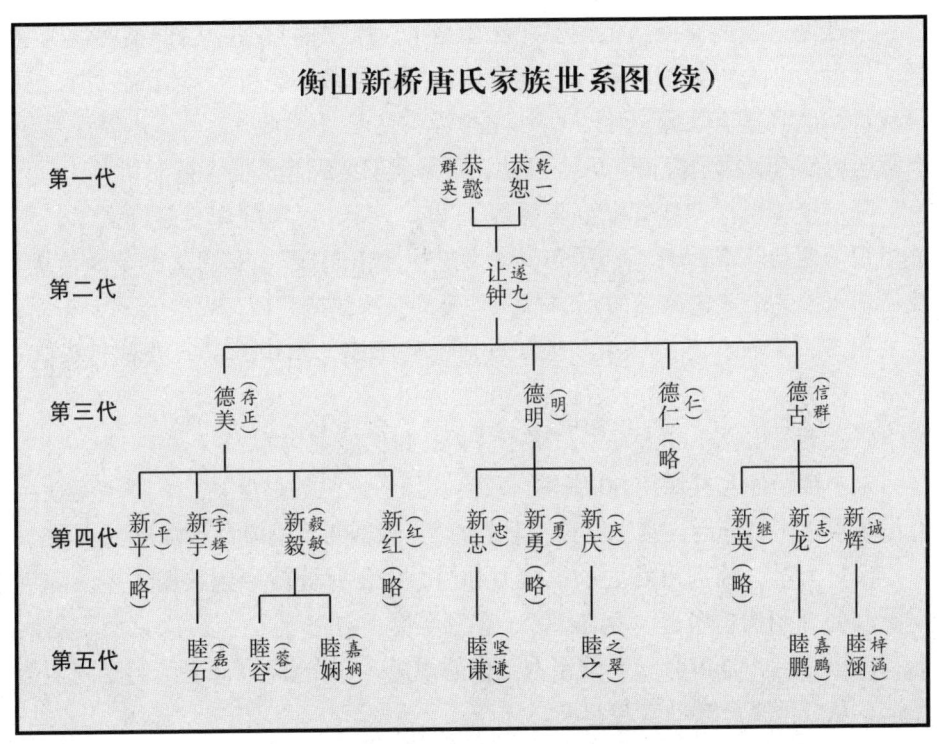

衡山新桥唐氏家族世系图（续）

变法维新思想的影响，投身民主革命，是同盟会早期会员，曾在日本东京与蔡锷一道入日本士官学校骑兵科学习军事；他为人坦诚、豪爽，深得孙中山信赖。1904 年，受孙中山委派回国，协助黄兴四处奔波，参加过多次武装起义，算得上是一位智勇双全的"侠士"。

3 月中旬某日，唐群英与张汉英约好在长沙会面，同去湘乡青树坪（今属双峰）找到"陈癫"，此时，陈荆正在家中养病。经过商议，三人决定分头作些社会调查，寻找时机策动起义。会商后张汉英仍回醴陵，陈荆继续在家养病，唐群英赴江西赣州一堂兄家里住下，以教员身份作掩护，进行秘密的革命活动。

# 策划永丰起义

唐群英与张汉英约好，于 1909 年春节过后，到青树坪十竹山长塘大屋陈荆家里会面，具体商议起义事宜。

　　一进屋，陈荆安排两位盟友在厅屋坐下，刚喝两口茶，唐群英就直奔主题。她说："去年灾荒严重，今年遍地饥民，抢米和吃排饭（饥荒时期，贫民成群结队到富有人家坐吃，叫"吃排饭"又叫"吃大户"——作者注）的风潮各地都有，群情激愤，人心思动，正是我们组织起义的大好时机。"

　　陈荆接着说："我们湘乡青树坪、永丰一带，民风强悍，崇尚武术，帮会组织哥老会非常活跃。早几年就爆发过"劳田起义"，有起义的革命传统。我认识永丰一个武艺高强的万国栋，是天符庙的住持和尚，哥老会的大头领，党羽很多，又收有不少徒弟。他早就对官府不满，组织起义，要他打头阵，错不了！"

　　张汉英急忙说："太好了，事不宜迟，我们就去找他。"

　　永丰镇距湘乡县城约90华里，政治、经济地位都很重要，乾隆年间就在此设了县丞衙属分治，县丞官称"县右堂"，管辖湘乡里即今双峰全境。

　　次日大早，陈荆出发去永丰接万和尚，中午时分就回到长塘大屋。陈荆向万和尚介绍唐群英是"陶玉梅"，张汉英是"江冬英"（初次见面不露真名，以防万一，是革命党人做秘密工作的规矩——作者注），说她们受同盟会派遣，从长沙来此策动武装起义。

　　其实，万和尚早就想起义反清，只是恐怕孤掌难鸣，才迟迟未动。此次有同盟会策动呼应，他表示愿意赴汤蹈火，一马当先。

　　唐群英高兴地说："陈老师是军事上的行家，又有多次起义的经验；万师傅是武林高手，又是会党领袖，手下好汉众多。有你这两位起义领袖合作。这次同盟会与哥老会联手起义，我们抱定了必胜的信心！"

　　经过四人慎重商议，确定了此次起义的步骤。首先是拿下永丰县丞衙门和团防局的百十条枪；永丰得手后，西取宝庆县城；拿下宝庆，再与江西、贵州的会党联系，同时争取同盟会从长沙方面驰援呼应，造成全国影响。

　　万和尚顿时眼界大开，他兴奋地说："永丰这一炮一定要打响，但是，敌方有百十条枪，我们只有刀棍，武艺再好也抵不过枪弹啊！同盟会若能给我们弄几支手枪，才能十拿九稳，不然就只有六成把握……"

　　陈荆、张汉英都望着唐群英。唐群英考虑后说："万师傅的意见很有道理，我们应该做万无一失的准备，不过……"她做着扣板机的手势，"这家伙眼前还没有，我当尽量去搞。请以半月为期好吗？"

　　"那好，"万和尚说，"我要四处通知会友、徒弟，也需要一些时间，一言为定。"商议后，就立刻分头行动。

唐群英与张汉英火速出发，取道长沙直奔上海，去向宋教仁、谭人凤等汇报情况，争取同盟会中部总会的支援。

万和尚也抓紧联络党羽。他找的第一个人就是谭义生。谭是本地哥老会的另一个首领，人称"永丰第二条好汉"，他和万国栋的"山堂"活动，早被官府注意，都是县丞挂了号的"不安分的强人"，只是没有证据，无人告发，不好动他们。这一天，正好谭义生与邻居王乙友因两家小孩打架闹起了纠纷。王乙友挟嫌报复，向衙署密告谭义生是哥老会头目，县丞立即差人逮捕了他。这是他们在陈荆家会商后第八天发生的事。

陈荆听闻谭义生被捕、万和尚失踪的消息，大吃一惊，以为起义事泄，连忙避匿亲戚家观察动静。几日后，打听得谭义生丝毫未涉及起义之事，才放心回家。

又过了几天，唐群英、张汉英从上海取得五支手枪归来，刚一进门就被陈荆引到内屋，把谭义生被捕、万和尚不知去向，原原本本地倒了出来。他们没想到会发生如此变故，好在只是一场虚惊。当天晚上，三人商讨了下步的行动计划，只好另择时机。

# 发动花石起义

1910 年春节后不久，湘潭花石一带好些揭不开锅的乡民，成群结队到当地大老财袁老仨家吃排饭，上门的人一天多过一天。袁老仨勾结团总周正祥，派团丁抓走了为首的四个人，这其中有两人是哥老会首领黄大鹏的把兄弟。黄大鹏救人心切，约万和尚于农历二月初八，同去衡山白果赵家湾找赵大老爷向团总说情放人。

一大早，两人来到赵家湾，不巧赵大老爷没有在家，却意外地见到了唐群英。原来，赵大老爷名叫赵艺圃，是唐群英的大姐夫。早几天唐群英来看大姐希孟，还没回家才凑巧在这里相遇，万和尚喜出望外，惊呼"陶大姐，真不料在这里见到您"接着转过身忙向黄大鹏介绍说："大鹏，这位就是我和你讲过的，同盟会派来领导我们起义的陶大姐。"

唐群英忙把他俩引进后厅，问明来意后，然后示意要他们离开，并约定下午去花石镇华祝堂黄大鹏家会面。

吃过午饭，唐群英向大姐告辞，说要去花石镇会一位校友，希孟派轿子送妹妹出门。出门后，轿子直奔花石镇，不一会儿到了黄大鹏家。唐群英打发轿夫回去，就急着详细了解团防局抓人之事，并仔细研究救人方案，决定趁机策动起义。唐群英提议由黄大鹏派一名精干的人去湘潭县城打听清军情况，并随时掌握团防局的动向；派一名走路快的人拿着她的亲笔信，到湘乡青树坪十竹山去请陈荆；请万师傅亲自去三吉堂找曹太夫人，就说是为唐群英来提那口黑皮箱（内有五支手枪和二百发子弹）。经过商议，大家一致赞同，并分头行动。

本来，他们三人议定，待陈荆一到便择日起义。黄大鹏忽然打听到团防局长周正祥决定于 2 月 12 日上午就要把这四名带头"闹事的刁民"押送县城。可直到 11 日下午还不见陈荆来。唐群英急忙与万和尚、黄大鹏合计，不能等了，必须在当晚提前行动。

唐群英打开黑皮箱，取出四支手枪，给万和尚和黄大鹏各一支，并分发了子弹。因张汉英另有任务此时未来，她索性把这多余的一支手枪也插在腰间，另一支是留给陈荆的。

晚上 9 时，按照预定方案，唐群英带几个人在团防局外面负责警戒；万和尚悄悄走到团防局门前，先行解除卫兵武装；接着由黄大鹏带领他的手下精兵冲进团防局去抓周正祥，并收缴所有团丁的枪支，释放被押的兄弟，同时派人去把袁老仁也抓来团防局。唐群英反复交代，不到万不得已，不要开枪，免得打草惊蛇。果然非常顺利，一切都按预先的计划进行，没有遇到抵抗，并收缴各种枪支 132 条和大批弹药，一下子就大功告成。

12 日上午，陈荆到了，大家都很高兴，唐群英忙将留下的最后一支手枪交给陈荆，和他磋商后，决定趁热打铁，立即召开大会。

下午，由唐群英在花石镇主持了"花石起义军"成立大会，参加的群众有两千多人，他们看到插在台前的"花石起义军"大旗很受鼓舞。唐群英首先报告了昨晚为民除害的胜利消息，接着讲到组织武装起义的重要意义，号召大家参加起义军，有钱的出钱，有力的出力。顿时引发了雷鸣般的掌声。最后她宣布"花石起义军"的指挥官是陈荆同志，副指挥官是黄大鹏同志和万国栋（万和尚的名字）同志。会场上又一次爆发了热烈掌声。

新任指挥官陈荆走到台前，叫人把周正祥和袁老仁押上来，群众中有人大喊把这两个罪大恶极的家伙杀来祭旗。两人噗通跪下磕头求饶。陈荆趁机当众审问他们，并给他们指出赎罪之路，见他们认可出粮出钱，便转向大家说："革命要用钱粮，如果他们真心赎罪，也可饶他们一命。暂且收押，看他们立功赎罪的表现再作处理！"

　　会后，一批热血的青壮年人蜂拥到指挥部报名参加起义军，登记下来有五百多人，编为五个支队，每队百人左右。第一队挑选曾经当过兵的，共有128人，正好每人可配一支枪，由陈荆亲自率领，作为战斗主力；二、三队归黄大鹏率领；四、五队归万国栋率领；都使用刀、棍、梭标。剩下的组成一个小分队直接由唐群英领导，负责侦察、传令、战地救护和后勤保障。各队抓紧训练。

　　13日早晨，唐群英和正、副指挥官带着小分队长王东生到花石周边侦察地形后，下午，唐群英召集正、副指挥官和各队队长开军事会议。根据陈荆的提议，选定沿花石至湘潭大道离花石镇四五里处的山头埋伏，阻击敌人。会议决定由黄大鹏带领他的第二队留守指挥部，相机接应，其余的全到一线分段埋伏。一切听从陈荆号令，等敌人走近埋伏区，指挥官鸣响第一枪才开始打枪；听冲锋号音再出击。为了节省子弹，不许乱开枪。

　　次日清晨，唐群英叫黄大鹏选派一个机警可靠的人送一封信到长沙，向同盟会报告花石起义的准备情况，请他们策划在长沙起义响应。

　　14日深夜，陈荆已睡入梦乡，侦察小队长领着一名侦察兵来报告，发现一队100多人的官兵，天黑时到了离花石15华里的盐埠，在那里宿营。陈荆立即起床，去报告唐群英，然后传令各队，加派哨兵，严密警戒；明日黎明听哨音集合，分赴阵地。

　　天亮，起义军已按计划埋伏好，严阵以待。等到9点时分，才发现远处有串稀稀啦啦的队伍，缓慢地蠕动着，等他们大摇大摆地走到跟前。陈荆喊声"打"！几乎在同一时间发出枪响，十几个敌人应声而倒，敌人慌作一团，纷纷趴在大路上乱放枪，相持约半个小时，起义军由于高居有利地形，又击毙10多个官兵，陈荆下令发起冲锋。

　　军号吹响了。一时间，杀呀！冲呀！捉活的呀！敌人闻风魂飞魄散，爬起来就往后跑，起义军一排枪，又放倒10来个，刀、棍、梭标随后追杀，万国栋连枪都不开，习惯用他的钢刀，连砍五六人，其余的敌人急忙远逃。唐群英对着这堆边鸣枪边退却的逃兵，左右开弓，又撩倒四五个。"双枪女将"就此传开，名震一时。

　　打扫战场，敌人遗尸48具，丢下轻机枪一挺，步枪54支，子弹200多发。起义军仅死一人，伤两人，首战大捷。

　　祝捷大会后，当地士绅和殷实人家纷纷捐钱捐粮表示慰问，加上周正祥和袁老仨的赎罪钱谷，共得银洋4000余元，谷子近300担。唐群英和陈荆、万国栋、黄大鹏商议后，请地保配合，给当地老百姓发平粜谷 100 担，其余留作军需。起义军每个队都分到了 10 多条枪支，全体战士每人发银洋 5 元。军心民气更为高涨。

次日，侦察小分队探知，败退的湘潭县巡防队官兵退守不远处的盐埠，并已派人前去县城求援。唐群英和陈荆分析这一情况，敌军不甘失败，肯定还要反扑，于是召集队以上骨干紧急会议，作好再战的部署。

果然，湖南巡抚岑春煊接到败军求援报告，当即命令巡防军统领黄忠浩，急派一个巡防营加一个炮队，务必"剿灭乱民"。由管带何得彪率领巡防营约 500 人，两天就到了盐埠，随即对花石起义军发起强攻。两军相持两日，双方各有伤亡。第四天敌军炮队赶至，全线发起炮攻，起义军无法抵挡，伤亡惨重，黄大鹏的阵地全线崩溃，万国栋不幸阵亡。陈荆只好下令后撤，但敌军却疯狂地向他们扑来，唐群英、陈荆咬紧牙关，砰砰砰三响，放倒最前面的 3 个，其余的敌人又逼近了。唐、陈不约而同地双枪齐发，前排的几个又应声而倒，后面十多个人看形势不妙，掉头就跑。陈荆报仇心切要追过去，被唐群英一把拉住，说："敌众我寡，不可徒然送死，报仇的日子在后头……"

这场经过精心谋划的花石起义，虽准备充分，初战大捷，但经不起敌军重炮还击，在敌众我寡的情况下，还是失败了。

陈荆受伤只好暂时回家休养待命。唐群英于三月初三（1910 年 4 月 12 日）到了长沙，找到位于落星田的同盟会招待所"定忠客栈"，对上暗号后被"老板"袁剑非安排住下。

袁剑非是同盟会员，以"老板"身份做掩护的。他向唐群英讲了不少长沙连日发生米潮的新闻，接着又领她去找同盟会负责人陈强和陈作新，他们密商之后，形成共识，都想利用长沙抢米风潮，群情激愤的大好时机，策动起义。于是唐群英到湖南分会找到主持人曾杰商谈此事，又一同去找另一位负责人龙养源同志，大家的想法完全一致，只可惜负责军事方面的焦达峰，此时正在汉口，群龙无首，错失了良机。

曾杰忽然想起黄兴给唐群英的一封密信，忙从密箱取出交给唐群英。她打开一看，原来黄兴在广州的一次武装起义也不幸失败。为了保存革命力量，黄兴密令唐群英再赴日本，开展留日女学生运动，蓄集力量，以待他日东山再起。

唐群英立即动身，回到三吉堂，陪年老的母亲住了几天，又匆匆地赶路，再一次踏波东瀛。

# 再渡扶桑

1910 年 6 月，唐群英来到日本东京，迅与黄兴会晤，决定以考入东京音乐专科学校作掩护，尽快把久已解体的留日女学生会恢复起来，开展留日女学生运动。

经唐群英多方联络，把一个解散多年的"留日女学会"，于 1911 年 3 月 5 日在东京重新恢复，唐群英当选会长。为配合"留日中国国民军会"开展活动，她立即与燕斌等人筹办《留日女学会杂志》，亲任主编兼发行人。创刊号于 4 月 27 日正式发行。《留日女学会杂志》为综合性季刊，"以注重道德、普及教育、提倡实业、尊重人权为宗旨"，设论说、译著、科学、文苑、小说、诗词、图画等 10 个栏目。

该刊的发刊词中指出：当今"天地为黯，英占片马，俄人伊犁，法迫蒙自之警报，纷至沓来……女界同胞，正宜当此国家多难，危急存亡，厄在眉睫之秋，与男子奋袂争先，共担义务，同尽天职。则不失天职，即能得自由之先声，今日义务，即他日权利之张本"。"发爱国之忱，谋独立之道。……大志所在，不以失败而变计，不以艰难而丧气，目的一日未达，即此志一日不懈。"号召女界投身革命救国的斗争。

这个刊物一面世，就极大地振奋了年轻留日女学生的革命热情，为辛亥武昌起义前夕众多留日女学生回国参战奠定了思想基础。该刊流传到国内后，在女学生中也产生了相当影响，为报界所借鉴。该刊宣传的许多观点，也为后来的妇女解放运动所遵循。

一日，唐群英和一群女同学在一起游园，坐在草坪上闲谈起来。有中国学生，也有日本学生。在谈到中国现状时，中日双方的同学争论不休。有日本同学说："我们国家经过明治维新以后，强盛起来。你们中国太落后了，是中国人太无能，把一个东方大国弄得这么贫穷。你们这些外来同学的艰难处境，的确很可怜，真值得同情……"这些话，人家不一定出于讽刺，但听起来却觉得很难堪。人家讲我们贫穷落后又都是事实。这时熊守一（中国留学生，后来回国担任过北平女子西洋画校校长——作者注）站起来说："戊戌维新失败，说明贵国明治维新的路子在中国走不通。要救中国，只有革命。"唐群英接着说："说得好！不是中国人无能，是清政府无能。中国要富强，就必须推翻现行的国家体制，也就是说救国必须革命……我们中国出了

唐群英创刊的封面

一个孙中山先生，中国革命在孙中山先生领导下，举行多次武装起义，不幸都失败了，但是革命党人并不灰心丧气，而是前赴后继，相信革命一定会成功。"[7]

一阵热烈的掌声过后，唐群英继续说："我们的革命是需要友人的同情和支持的，但不需要别人的怜悯和恩赐。请收回'中国人无能''中国人可怜'的观点。"然后是一阵更加热烈的掌声。

时过不久，在中国留学生的一次集会上，唐群英专门作了《爱国、争平等和女子自立》的演讲。她阐明国家命运和个人前途的关系，强调一个好学生，必须要有爱国的思想。唐群英说："没有国家的强大，就无所谓个人的前途。因此，我们每个留学生都要有远大的抱负，要明确学习是为强国而学习。再就是要争平等。现时的中国，男女很不平等，原因也很简单，就是我们女子不能独立生存，要依赖男子生活。须知平等权利不是等来的，要靠我们自己去争取，不能靠别人恩赐。现今国家有难，我们女子不能坐视不理，要多尽义务，为国家多出力。尽了义务才能有社会地位，有了社会地位就会有权利，也才会有男女平等。"[8]接着，她又讲到如何自立的问题。唐群英说："人要自立于社会，一定要有立足社会的本领。本领从哪来？靠求得知识，靠有劳动技能。我们到日本求学，飘洋过海远离父母，好不容易呀！一定要珍惜宝贵的时光。只有刻苦用功，掌握了知识，学会了本领，才能立足于社会。"[9]这番话说得同学们个个精神振奋，成为大家勤奋学习的精神力量。

"南社"是中国近代史上成立最早、规模最大、影响最广的一个反清革命的文学团体。其成员普遍受到孙中山思想的影响，在1667名社友中，同盟会员约占十分之一。唐群英与张英是 1911 年 8 月 19 日在东京加入的早期会友，其入社书的编号分别为 193 和 194。唐群英当时的主要精力都投身于革命实践，14 年间，南社举行过 18 次雅集，唐群英竟没有参加过一次团体活动；在出版的 22 集《南社丛刻》（相当于会刊）中，唐群英发表的诗作也很少，但著名掌故大王郑逸梅却认为"她的诗才，民初各报刊纷纷载其诗，亦不类巾帼口吻"而称赞唐群英为"南社社友之杰出者"。[10]

望月台位于南岳衡山祝融峰顶祝融殿西侧，登台俯视，即可看见当年刘琴跳崖的"会仙桥"。几年过去了，唐群英仍十分怀念这个被救的少女，于是，以《望月台》为题，写了一首通俗易懂的白话诗，诗云：

刀削怪石，耸入云天，云蒸雾绕，难辨容颜。
你吞噬了多少可怜的人，年年岁岁，岁岁年年。
伫立在你的头顶上，万千思绪可曾间断？
巨险的望月台，告诉我，亘古以来你是獠牙狼犬?!
紫竹林里的木鱼声声，缓缓地为你催眠；
祝融峰的烟雾缭绕，轻轻地带你进入梦幻。
善男信女的虔诚之态，点点滴滴可入心田？
仙境的望月台哟，告诉我，他们心里的秘密可曾窥见?!
山风呼呼，野草茵茵，云雾里酝酿的阴谋又要重演：
含情脉脉的姑娘，眺望远方许久，纵身跃入深涧。
南岳山上，处处风光令人醉，唯有你却令我阵阵心酸。
残酷的望月台，告诉我，他们摆脱了什么忧烦?!
天地悠悠，栏杆拍遍，死人的灵魂何处显现？
但见野狗狺狺，鸱鸦翩翩，
多少人发自肺腑的呼叫：解决丑恶岂能靠那一纵瞬间。
可悲的的望月台哟，告诉我，何日你才是登临人的感叹！[11]

回国前交给燕斌，准备登在《留日女学会杂志》第二期。这是唐群英试写的第一首白话诗。

1911 年 9 月初，唐群英奉命回国参与策划武装起义。她首先想到被救在南岳出家的刘琴，决意动员她一起参加革命。果然如愿，刘琴同意下山。得知她在山上这几年还学会武功，唐群英很高兴，连声赞好，带着刘琴一同急

# 唐群英传
## TANG QUN YING ZHUAN

### 女子後援會北伐軍救濟隊

戰事開始，女界羣起效力，救護方面，除赤十字會救護隊，及赤十字會第二團協助會等等團體外，何有女界熱心人士組織之女子後援會北伐軍救濟隊。救濟隊之主旨，係爲隨同北伐軍遄赴戰地救護受傷兵士，戰事結束後，即改爲赤十字會。醫師看護中西人士均有，惟中國護士較多，有男性二十，女性四十八。以白色菊花爲隊徽，其醫師護士幷訂有因公犧牲之規約。如有被敵傷斃者，會中認子撫恤金，外籍醫師每人二萬元，中國醫師每人一萬元，護士則每人恤金一千元云。

女子后援会北伐军救济队

忙赶到上海，找到先期回国的张汉英，同去同盟会中部总会宋教仁处报到。武昌起义枪声打响，唐群英响应黄兴号召，于10月26日与张汉英在上海发起组织"女子后援会"，并担任会长，一面派人分赴各地募集军资，义捐钱粮，支援前线；一面又挑选刘琴等年轻体壮的部分会员，组成"北伐军救济队"加强训练。在关键时刻，唐群英亲自带领这支女子军小分队，加入江浙联军，配合何奇伍团投入攻克南京战役，刘琴在实施战地救护中表现得非常勇敢，直到"南北议和"才中止活动。

唐群英为中华民国的建立作出了杰出贡献。

注：

[1] [2] 见《唐群英的传奇故事》第 98 页。

[3] 见《唐群英的传奇故事》第 99 页。

[4] 见《唐群英的传奇故事》第 100 页。

[5] 见《中国妇女通史》第 32 页。

[6] 见《唐群英年谱》第 18 页。

[7] 见《唐群英年谱》第 139 页。

[8][9] 见《唐群英年谱》第 140 页。

[10] 见《唐群英研究文集》第 260 页。

[11] 见《女权运动先驱唐群英》第 107 页。

# 第六章 创立女子参政同盟会

## 准 备 参 政

大總統誓詞

傾覆滿洲專制政府華固中華民國圖謀民生幸福此國民之公意文邁之以忠於國爲眾服務至專制政府既倒國內無變亂民國卓立於世界爲列邦公認斯時文當解臨時大總統之職謹以此誓於國民

中華民國元年元旦 孫文

孙文总统誓词

1912 年 1 月 1 日，孙中山在南京就任中华民国临时大总统。2 月 1 日，唐群英与张默君、程颖、陈鸿璧作为女界代表，受到孙中山的亲切接见。孙中山先生在与唐群英握手时说："你们都不愧是创立民国的巾帼英雄！"[1]

同日，张继为唐群英赠诗：

烽烟看四起，
投袂自提兵。

接着，黄兴、宋教仁也积极为唐群英请功，后来，民国政府以唐群英"有功于国家"而授勋"二等嘉禾章"。

推翻帝制，建立民国，有革命女性的一份功劳。对此孙中山曾给予高度赞扬："女界多才，其入同盟会奔走国事百折不回者，已与各省志士媲美。至若勇往从戎，同仇北伐，或投身赤十字会，不辞艰险；或慷慨助饷，鼓吹舆论，振起国民精神，更彰彰在人耳目。女子将来之有参政权盖所必至。"[2]

南京临时政府在孙中山领导下，提出"改革

二等嘉禾章

61

专制政体，完成共和，四万万人都有主权来管理国家大事"[3]，在其主持制订的法令措施中，就有"保护女权，禁止买卖奴婢，禁止缠足畜娼，提倡女子参政"的条款。况且"同盟会从建立开始，已把男女平权作为一项基本原则在党内首先实行。在发展组织中，不论性别，凡会员皆得选举、被选举为总理及议员及各地分会长，被指认为执行部职员及支部部长"[4]这对中国女界是个极大的鼓舞，从而迅速掀起一个女子准备参政的热潮。

1912月1月28日，孙中山出席临时参议院成立典礼后合影

# 舌战群儒

同盟会历来主张男女平等。孙中山认为："我汉人同为轩辕子孙，国人相视，皆伯叔兄弟诸姑姊妹，一切平等，无有贵贱之差，贫富之别"[5]。然而，1912年2月初，由参议院起草的《中华民国临时约法》却没有"男女平等"的条文，消息传出，立即引起革命女性的普遍关注。唐群英以"女子后援会"会长的名义，联络张汉英与湖南的王昌国、南京的吴木兰和上海的林宗素、沈佩贞等女界领袖，议决将女子后援会、女国民会、女子同盟会、女子参政同志会和女子尚武会，联合组成中华民国女子参政同盟会，筹备大会于1912年2月20日在南京举行，到会女界代表200余人，此外还有男性嘉宾80余人。大会由临时主席徐清主持，唐群英代表发起人报告开会宗旨，她

提出"要求中央政府给还女子参政权""其方法应联合全国女界，各举代表来宁组织统一机关部，以厚团体而利进行"[6]，与会人员一致赞同。是月26日，唐群英向临时参议院递交《女界代表唐群英等上参议院书》："兹幸神州光复，专制变为共和，政治革命既举于前，社会革命将起于后，欲求社会之平等，必先求男女之平权；欲求男女之平权，非先予女子参政权不可"，因此"请于宪法正文之内，订明无论男女一律平等，均有选举权及被选举权。或不须订明，即请于本国人民一语，申明包括男女而言。另以正式公文宣布以为女子有参政权之证据。"[7]

临时参议院对于女界代表提出的这些建议，根本不予理睬。在3月11日公布的《中华民国临时约法》，将原来的"人民一律平等"改为"中华民国人民一律平等，无种族、阶级、宗教之区别"而不提男女平等，女界大哗。唐群英联络女界同仁，于3月18日以唐群英、张汉英、张昭汉、王昌国、徐清、陈鸿璧、林宗素、蔡蕙、张嘉蓉、童文旭、裘贵仙、周文法、程颖、岳尧、施瑞仙、周其永、葛文媛、沈佩贞、李俊英、张佳宾、沈明范、陈英、王道宏、李思贤、吴木兰等25人联名发出《女子参政会上孙中山书》："此约法者，虽属临时，为期甚暂，然与宪法有同等之效力，亦即将来成文宪法之张本，国家组织、人员与政府之权利义务系焉，胡

唐群英上参议院书

可轻易出之？苟有疵戾，非国家之福也……吾女子之要求参政权也，既已一再上书参议院，求其将女子与男子权利一律平等明白规定于《临时约法》之中。今观此项条文，不独不为积极的规定，反为消极的取消。是参议院显欲与吾侪女子为意气之争，而不暇求义理之正。"故而诚恳建议："或请删去，'无种族、阶级、宗教之区别，'一语，以为将来解释上捐除障碍；或即请于'种族、阶级、宗教'之间，添入'男女'二字，以昭公允。呈请大总统据情提议，以重法律，以申女权，无任迫切待命之至。"[8]

3月18日，临时参议院开会，对唐群英等所呈上书的批复："应候国会成立，再行解决，以昭慎重"。其实，"主张男女平权"，不仅在同盟会纲领上就已明确，况且南京临时政府成立时，也提到"提倡女子参政"。而议会的这番批示，实质上是一种推托之词。次日，唐群英、张汉英、沈佩贞、沈明范、刘琴等20余人，闯入临时参议院议事厅，求见议长，林森以"事体重大，应候国会成立再行解决"为辞，予以推诿，引起女界异常愤懑。孙中山闻讯，甚感不安。遂于20日上午召见唐群英，婉言相劝，要"坚忍耐劳至再三，将来或能达此目的……"[9]事后，唐群英遵照孙先生嘱咐，会同张汉英、王昌国、蔡蕙等分头疏导，要求大家列席会议时，务必冷静处事，切莫为无意识之暴举，受人指责。

20日下午，唐群英带领20余人列队再次到参议院会场求见林森议长，要求列席旁听，竟然遭到拒绝。唐群英等非常气愤，有几个火气旺的年轻女子沈明范、刘琴等冲出队伍，砸碎议院玻璃窗，推倒阻拦的门卫，大家涌入议事厅旁听席。唐群英安排女会员们坐定，并听了一会儿，又再三叮嘱大家要冷静沉着，然后，因另有事与张汉英一同离开了会场。有些议员出言不逊，说："女子程度不及，不能遽予参政权"，"男女特性不同，予以参政，会使家庭事务荒弃，社会秩序之不足维持"，"女子无国家思想，无政治能力，与此政事，会误国机"等等，王昌国忍不住说了一句："推翻帝制，建立民国，民不分男女，都应平等，女子参政，天经地义。"接着，她反驳道："你们口口声声讲民国，但谈到女子参政，就不以女子为国民……"顿时，会场气氛紧张起来，有的议员甚至说："女人懂什么？只知柴米油盐，生儿育女，管好家务才是正事，还闹着什么参政，简直是瞎胡闹"，"一些西方国家开通较早，尚且没有女子参政的先例，况我中国乎？"也有的说："对于此问题，第一则以今日非其时，第二则将来女子程度果高，其宜否参政，尚在研究之列"等等，沈佩贞气愤地说："在前线打仗，冲锋陷阵的有我们女子，在后方搞宣传、搞救护的有我们女子，女子哪点不行？"她又接着说："你们这些议员大人，有的晚上打麻将，白天开会打瞌睡，发言打官腔，几个又有什么治国安邦的高见？要么就对我们女子说三道四，左一个不能参政，右一个参政必然误国，我才不信你们这套呢！"顿时，会场乱了起来，有的议员指着沈佩贞说："你出口伤人，泼妇骂街，那还不了得！"[10]于是，拍桌打椅的乱作一团，会议不欢而散。

21日上午，王昌国向唐群英通报昨天会议实况，唐群英称赞地说："你和佩贞驳得在理，就是要理直气壮地和他们论个明白。"接着和王昌国再次赴参议院议场，议院门卫严加把守，无法入内。遂转道总统府拜见临时大总统。孙中山当即应允代向参议院斡旋。

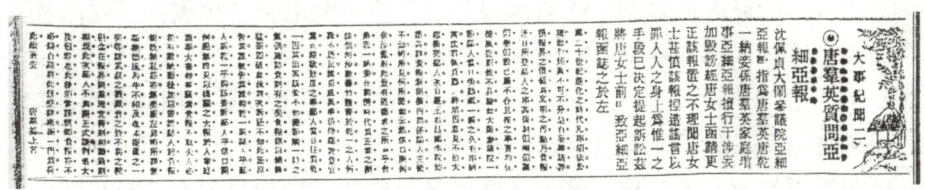

唐群英质问亚细亚报

22日，唐群英看到《亚细亚报》歪曲真相报道为唐群英指使沈佩贞"大闹参议院"，这是唐群英意想不到的。她认为这将不利于争取社会的同情与支持。遂与蔡蕙同赴总统府，向孙中山陈述"事件"真相，要求孙总统明察是非，主持正义，继续支持女权斗争。并于25日发表书面声明，以正视听，质问《亚细亚报》："大闹参议院一节，鄙人当日旁听祇一范之久，有事回寓，沈君佩贞听之终席，因意见不合，大起冲突。鄙人次日经王君昌国来说，始悉其详。贵报新闻栏内，谓系鄙人主使，不知何所见，何所闻而云，然信口开河，含沙乱射，此岂有道德者之所为乎……"

## 组织女界大联合

在女权斗争危难关键之时，孙中山却在4月1日正式解任临时大总统，南京临时政府解散。临时参议院迁往北京。女权斗争更加艰难，唯一让唐群英感到温暖和受到鼓舞的是，孙中山解任的第二天，就亲自到唐群英住地与女子同盟会话别，鼓励大家继续努力。接着又收到"伦敦女子政治及社会联合会"由章士钊夫人吴弱男转来的电报："上海静安寺路念九号章夫人转支那

正面　　　　　　　　　　背面

中华民国女子参政同盟会会员徽章

女子参政团鉴：全英激进女子参政团对于支那妇人之苦战奋斗，敬申祝意。并愿彼辈防止男子垄断政治权利，速见成功，使妇女政治上之平等，首为支那妇人得，开世界女子参政之新纪元，作全球文明各国之模范。伦敦女子政治及社会联合会。"[11]

当日，唐群英便以女子参政同盟会名义给予复电："伦敦女子政治及社会联合会鉴：远隔二万里，蒙以一致之同情，来电慰藉，敬代同人深表感谢。现在同人等均誓以死力达目的，速改约法条文。尚求海外各团体联络一致，以谋进行。南京女子参政同盟会本部。"[12]

为了更好地开展工作，经过一番紧张的筹备，中华民国女子参政同盟会于4月8日在南京四象桥湘军公所正式成立。大会由唐群英主持，明确提出该会宗旨是"实行男女平等，实行参政"。由张汉英宣布政纲并解释会章条文，然后分组讨论，大家热情很高，气氛十分热烈。大会通过了由唐群英主持起草的《女子参政同盟会简章草案》《女子参政同盟会宣言书》和《女子

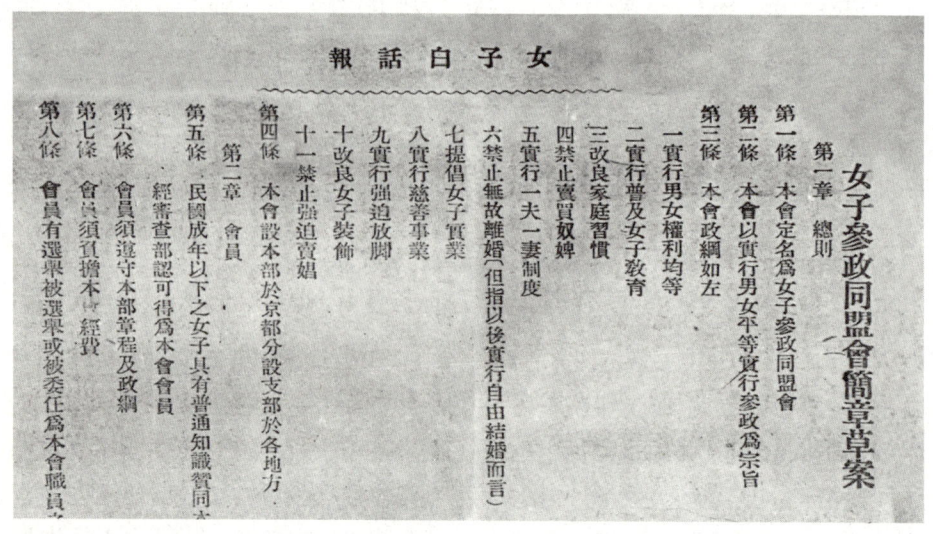

女子参政同盟会简章草案

参政同盟会致各省都督电》。会议选举唐群英为会长，主要领导成员有张汉英、张昭汉、吴木兰、王昌国、沈佩贞、徐素贞、蔡蕙、李芝等，并举定各部职员：

总务部：张汉英、李坚、童文旭、陈振志、苏本楠、周其永、朱剑侠、叶森；

交际部：吴木兰、林复、欧汤骏、吴家侠、陈芬、秦宝镜、王德湖、王道宏；

政事部：唐群英、朱霞、刘康琳、王志新、杨清如、胡涤尘、许徵、张嘉蓉、刘琴；

教育部：王昌国、徐榕青、王寅、徐振坤、黄逾梅、张佳宾、蔡汉侠、汪筱琴、黎若、施瑞山、朱子秋、王钰、张昌权、胡保华；

实业部：沈佩贞、刘其超、袁笃修、王谨、徐清、刘诩国、刘国瑜、胡清；

财政部：徐素贞、陈瑛、陈云仙、沈明范、李苏瑛、岳垒、汤纯、丁文娟、史济榛；

审查部：蔡蕙、李俊英、魏绍兰、黄誉珍、苏本岩、丁静、杨俊杰；

文事部：李芝、范时敏、叶惠昭、周文洁、陈澹如、张佳慵、陈莹、欧阳雅文、程健霞。

十一条政纲是：一、实行男女权利均等；二、实行普及女子教育；三、改良家庭习惯；四、禁止买卖奴婢；五、实行一夫一妻制度；六、禁止无故离婚（只指以后自由结婚者）；七、提倡女子

女子参政同盟会宣言书

67

实业；八、实行慈善事业；九、实行强迫放脚；十、改良女子装饰；十一、禁止强迫卖娼。

4月10日，发表《女子参政同盟会宣言书》，这实质上是对全国女同胞发出的"号召书"，也是女子参政同盟会的宣战书和决心书。《宣言书》历数近代妇女在习惯、教育、财产和法律等诸多方面之不平等，号召"公民之半"的妇女团结起来，"冲决网罗，扫除障碍"，愤然宣布：为争此"政治上之地位当挟雷霆万钧之力以趋之，苟有障碍吾党之进行者，即吾党之公敌，吾党当共图之"，"道高一尺，魔高一丈"[13]，不获胜利，誓不收兵。

紧接着，又于4月12日，以女子参政同盟会的名义，向各省都督、各政党、各报馆发出通电："民国初奠，百度维新。宣布政纲，宜昭公允。南京参议院派充之议员，规定《临时约法》，剥夺女权，群英等迭次上书要求改附条件，诸议员纯以专制手段欺我同胞，意欲二万万之聪颖后裔，永远沉于黑暗世界。忍心害理，一至于此！不图民国成立之日，犹有压制之毒焰。所有南京参议院所布之《临时约法》，我女界绝不承认。特此申明。"[14]

通电发出以后，各地报社抢先发表，在社会上引起强烈反响，女界人士感到扬眉吐气深受鼓舞；同盟会中一些老盟员，表现出极大的同情与支持；议员中大部分反对"女权"者却没料想女子参政同盟会竟有如此胆量，公然发出"绝不承认"《临时约法》的呼声，感到不可思议，表现出极度的恐慌和不安。

唐群英领导的女子参政同盟会，称得上是中国历史上第一个有纲领、有组织、有理论指导又有实践活动的妇女组织，其旗帜之鲜明，斗争之尖锐，态度之坚决为世人所钦佩，时人叹为"五千年来女权之曙光""中国妇女运动的第一声"！

刚上台的袁世凯，对唐群英发起并领导的这场轰轰烈烈的女子参政运动，深具戒心，多方阻扰，公开反对女子参政同盟会到北京开展活动。他在致南京的国务院总理唐绍仪电中明示"应将其举定代表一二人来京，不得令其全体北上，以免种种窒碍。"[15]又致电黄兴"设法阻止"。

唐群英不顾袁世凯阻挠，首先安排好张汉英留守南京处理日常工作，就于5月与王昌国、沈佩贞、沈明范、刘琴等"联袂北上"，继续向袁世凯要求参议院承认女子参政权。

一到北京，唐群英等广泛接触女子团体的战友，拜会同盟会的志士同仁，多方联络议员，积极开展女权活动。

宋教仁

南北议和后，原来反清的一些团体组织的成员，纷纷功成身退，其组织无形中瓦解，而各界人士又相继组织政党准备参政。

同盟会正式改为政党时（1912 年 3 月 3 日），议决仍用中国同盟会作为党名，选举孙中山为总理，黄兴、黎元洪为协理。在通过的《总纲》中，阐明："以巩固中华民国，实行民生主义为宗旨"并提出九大政纲：一、完成行政统一，促进地方自治；二、实行种族同化；三、采用国家社会政策；四、普及义务教育；五、主张男女平权；六、励行征兵制度；七、整理财政，厘定税则；八、力谋国际平等；九、注重移民恳殖事业。新的《总纲》仍将"男女平权"一条列入政纲，这就为唐群英等的女子参政运动提供了论据，增加了底气。

不料，宋教仁为了尽快实现各党联合，组成大政党，竟然对他党提出与同盟会总纲相左的很多意见都作妥协，就连关乎妇女切身利益的"平权"问题，事先不与女界沟通就予接受。

甚至连 7 月 16 日在中国同盟会本部召开的改组会议，也避开女会员。唐群英闻讯，非常气愤，迅与王昌国、沈佩贞、刘琴等赶到会场，质询宋教仁："此次同盟会合并，何以不知会女会员，擅由一般男会员做主？且合并之后，何以擅将党纲中'男女平权'一条删去？显系蔑视女会员，独行专断。此等合并，吾辈女会员绝不承认。"[16]

与此同时，又探悉改选后由吴景濂主持的临时参议院，在拟定的国会选举法中，也规定只有男子才有选举权与被选举权。唐群英认为"此乃切肤之利害"，必"出死力以争之"，在与北京女子参政团"筹商"补订《女子选举法》时指出："各种之私权公权等，实天赋人之原权，无论男女人人本自有之，无待他人畀予或吝予"，斥责参议院拒绝承认女子有选举权与被选举权，是"全用特殊压制剥夺其应有权利",实乃"违背约法,蹂躏人权",简直是"灭绝人道""不以女子为人"。因此,只有"再呈钧前,伏乞深加查核,速将'女子选举案'提出订明,颁布施行,给予女子选举权与被选举权。"[17]结果还是被否决了。自然更加激怒了广大女界。

经过上次对宋教仁的质询,8 月 13 日再次召开的改组会,总算通知女会员参加会议了,但仍然没有恢复主张"男女平权"。唐群英对此极为不满,再次声明"如果去掉'男女平权'就反对与他党合并"。沈佩贞说:"这是宋教仁受人愚骗,甘心卖党。"王昌国大哭大骂:"同盟会为无数同胞血泪沟成,汝辈丧心病狂若此"。并动手打宋教仁,说宋"太看女子不起,今日特为二万万女同胞出气。"[18]一般男会员垂头丧气,无敢争辩。后由张继婉言劝解并许以"从长计议",才平静下来,刘琴一旁看到此景,心情非常兴奋,后来她到处和别人讲,越讲越解恨,越有信心。

女子参政同盟会面临双重斗争任务。一方面要向袁世凯争取女子的选举权与被选举权;一方面要反对同盟会在改组为国民党时抛弃"男女平权"主张。尤其是后者,这类似"后院起火"被娘家人出卖,更使唐群英感到痛心。是日晚,唐群英与沈佩贞等召集女会员紧急会议,在通报情况时指出:"同盟会改组变更政纲,以求利禄。既负革命死难烈士,今日又复削除男女平权,竟将女界捐资助饷之义抛于九霄,陷女界永受专制,殊堪痛恨",[19]唐群英决定致电同盟会各省支部女会员"迅筹对待办法"。

经过女子参政同盟会的连续斗争,和一些同情、支持女界的议员介绍,11 月参议院被迫召开大会,把唐群英等提出的《请愿书》提交大会。但尚未开议,多数议员即群起反对,责怪介绍人不该介绍,请愿委员会不该受理,更不该向大会提出,并称此案已经"否决",再次提出"实与法律不合"。有的甚至还说:"请愿书的内容有许多侮辱参议院的话,万万不能讨论";有的说:"约法只大总统有交复议之大权,若是复议,便是以大总统的大权交给了女界",尽管有的议员一再说明在南京时"并未否决"。同时此次请愿与那时也不相同,是要求女子有选举权,不应拒绝讨论。有的还以秋瑾为例,说"女界中为革命牺牲生命者不少",[20]自应享有选举权,但大多数议员仍无动于衷,坚持"无成立之价值"。结果,未经讨论,女界要求补订《女子选举法》案即被打消了。

# "两记耳光"

8月25日，是同盟会改组为国民党的日子。

上午，同盟会本部在湖广会馆举行欢迎孙中山抵京仪式。在此仪式上，唐群英等即毫不客气地当场指斥国民党不应将同盟会政纲中男女平权一条删除。

下午，国民党成立大会正式举行。"男女平权"仍被丢到一边。女会员们提出强烈抗议，唐群英在众多女会员簇拥下，走上主席台质问宋教仁说："国民党政纲中删除主张男女平权一条，实为蔑视女界，亦即丧失同盟会旧有之精神，因而要求向女界道歉，并于政纲中加入男女平权内容。"宋一时语塞，默不作答。盛怒之下，唐群英扇了宋教仁一记耳光，林森想出面调解，唐群英心想，你不过也是一丘之貉，所以，不容开口也顺手赏了林一记清脆的耳光，顿时会场轰动。女会员们愤然离场，以示抗议。随即散发《驳诘同盟会传单》抨击宋教仁等。

8月27日，唐群英与沈佩贞谒见孙中山，面陈专函，请求对"力争男女平权"的斗争继续给予支持。孙中山婉言"事实上之困难"。

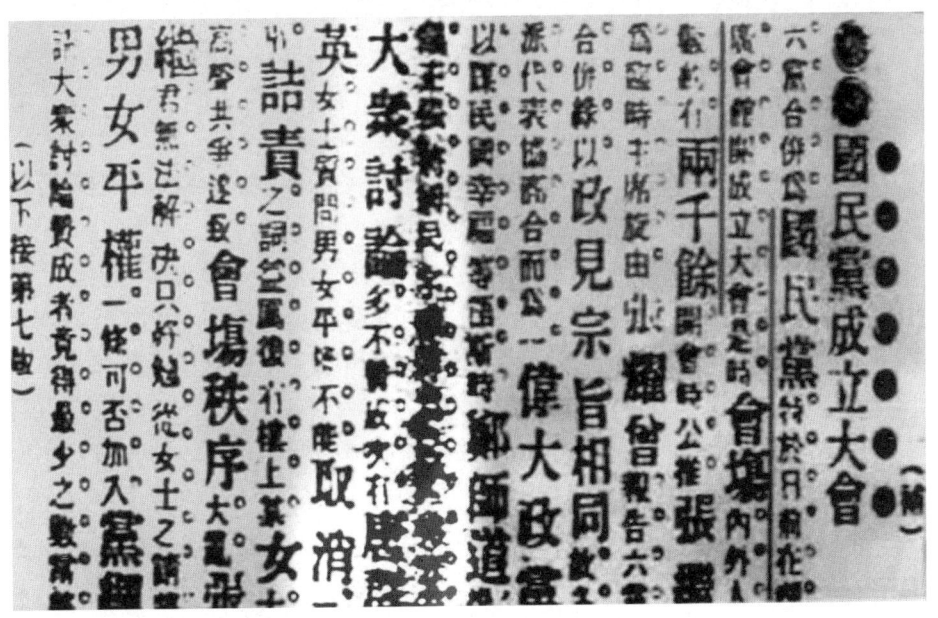

1912年8月27日《国民时报》

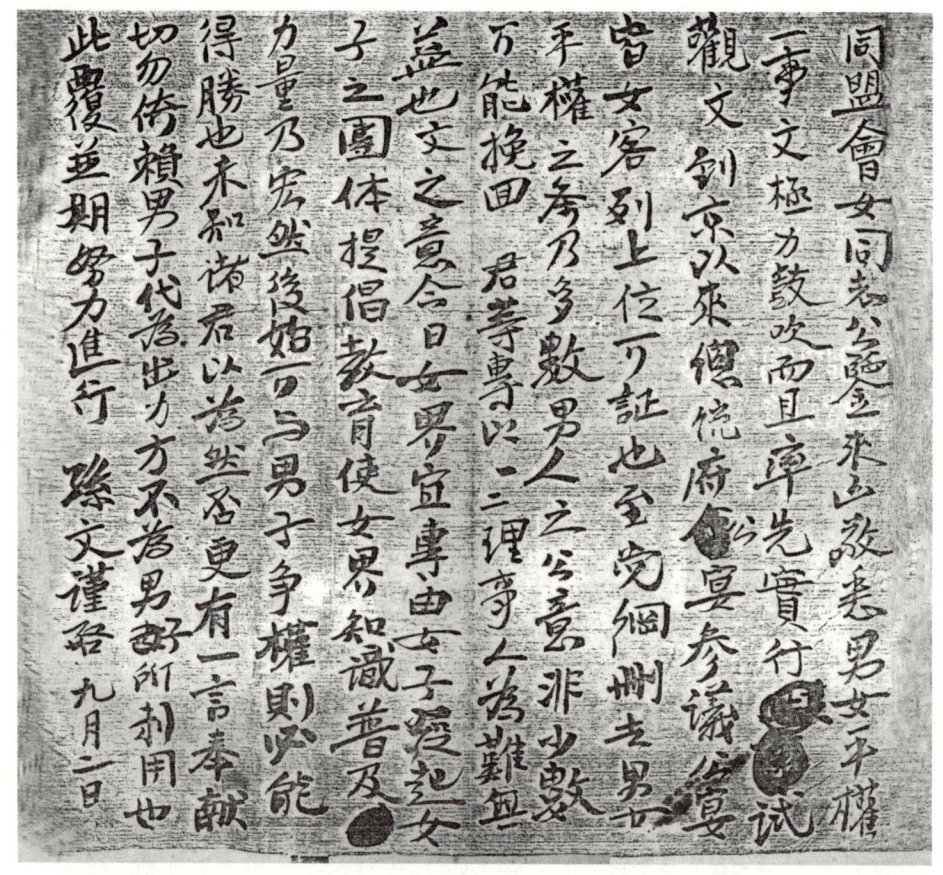

孙中山先生给唐群英等女会员的复函

9月1日，唐群英在京主持召开有200多人参加的联席会议，号召女界切勿动摇，继续努力，表示要"必达到男女平权，女子参政而后已！"

9月2日上午，唐群英接到孙中山当日派人送来的亲笔复函中提到："党纲删去男女平权之条，乃多数男人之公意，非少数可能挽回，君等专以一二理事人为难，无益也。文之意，今日女界宜专由女子发起女子之团体，提倡教育，使女界知识普及，力量乃宏，然后始可与男子争权，则必能得胜也。未知诸君以为然否？更有一言奉献，切勿倚赖男子代为出力，方不为男子所利用也。此复，并期努力进行。"

唐群英看后深受启发，又找来孙中山在总结会上的讲稿，仔细品读（当时全体女会员愤然离场，并未在场听到——作者注），他说："男女平权，本同盟会之党纲。此次欲组织坚强之大政党，既据五大党之政见，以此条可置为缓图，则吾人以国家为前提，自不得不暂从多数取决。然苟能将共和巩固完全，男女自有平权之一日。否则，国基不固，男子且将为人奴隶，况女子乎？"又说："男女平权，实属天经地义。但现在国势危急，当先设法巩固政府。盖有国家，不患无平权之日。若有平权而无国家，虽平权将无所有。惟本人亦深望诸君赞助女界达此目的，并深信吾国女界必终能达到此目的也。"[21]唐群英理解了孙中山对女界"必能得胜""置为缓图"给予的支持与事实上的无奈，理解了宋教仁为组织强大政党内阁付出的苦心与艰辛。经过认真反思，唐群英感到很愧疚，这"两记耳光"虽说是逼出来的无奈之举，但毕竟不是理智之举、文明之举，反倒自责起来，是自己处事缺乏冷静。男尊女卑是个根深蒂固的社会问题，不是一两记耳光就能打掉的，一时的冲动并不能解决问题。于是，她决定暂且放弃党内的女权之争，耐心说服战友，团结一致对付袁世凯的专制独裁。并连夜召集在京女子参政同盟会领导成员会议，商讨贯彻意见：一、发表宣言，表明态度；二、创办女学女报，提高女界知识；三、在北京成立本部，加强运动领导。

9月4日，唐群英发表《女子参政同盟会代表唐群英宣言书》，表明争取女子参政的决心不能动摇。"身可杀，此心不可死，头可断，此权不可亡"。但就目前而言，"因女界程度幼稚，事实上暂难达参政之目的""理想上有莫大之希望，事实上未免有暂时之让步"，只要"我辈诚能同心一志，充足实力，不患不有夺回我女权之一日。"再三强调要坚定信心，凡我女子要自强自爱，"毋谓人强，自立即强；毋谓人智，多学则智"。[22]

9月5日，唐群英分别拜会宋教仁和林森，登门交换意见，主动检讨8月25日的失礼之举。宋教仁、林森也都讲明各有为难之处，对未及时与女界通报情况沟通思想，以致引起误解把事情闹大，表示歉意。对"一记耳光"不予计较，但愿共同合作把事情办好。唐群英心领神会，表示赞同。

在生活实践中，唐群英深感为人处世之艰难，若没有宽阔的胸怀和容人的气度，处理不好人与人的关系，则很难成就事业，尤其是通过这次的"两记耳光"与宋教仁交换意见之后，更有所悟。她联想起父亲生前提到的四字家风，不意间加上"宽容处世"一节，变成"忠、孝、诚、宽、厚"五个字，完整地说就是："忠心报国，孝敬长辈，诚信立身，宽容处世，厚道待人。"[23]使三吉堂家风更加完整。

9月14日，唐群英在主持女界欢迎黄兴来京会上，黄兴发表了热情洋溢的讲话，他说："女界同胞亦有一部分尽心尽力于革命事业者……今日团体改良，我女子同胞趁此机会，五千年来所遗传之苦恼，从此可以铲除，与男子同享共和幸福。"[24]给女会员以极大鼓舞。

9月19日，女子参政同盟会在北京湖南会馆举行欢迎万国女子参政会会长美国嘉德夫人的大会。首先由唐群英致欢迎词，然后请嘉德夫人发表演说，接着由沈佩贞、王昌国、傅文郁依次发言。沈佩贞介绍女子参政运动的由来："去岁革命时，女子已组织女子北伐队，而促中华民国之成立。是今日之共和，女子亦出代价以购之，并非男子一方面独构成之者也。去岁革命时，既未尝以我等为女子而摈于革命同志之外，岂今日共和告成，我等女子不能享受共和之幸福耶？"王昌国阐述了女子参政之要旨："略谓女子之要求参政，应先从教育着手。"傅文郁则说明女子参政同盟会开展活动的设想，"我等今日之所以为积极进行者，实于宪法未定之前，早运动焉而收其效果耳。若宪法既定，我等虽欲运动，不已迟乎？"嘉德夫人听后深表赞同，会场上洋溢着中外妇女同心协力共同争取平等新世界的友好气氛。

大会之后，嘉德夫人一行与唐群英等又就妇女参政问题进行了交流研讨，双方达成了许多共识。嘉德夫人希望唐群英将争取女子参政权的情况及时通报与万国女子参政会，并说"政府若有碍难的时候，尽可用函电磋商，自当竭力相助。"她还勉励中国女界联合起来，结成一个大团体，以早日加入万国女子参政同盟。嘉德夫人对这次中国之行非常满意。回国后不久，就发来电报："以中国女界程度之高尚，性情之诚挚，为欧美人所佩服，将来女子参政之成就，必以中华为最完美。"[25]

我国女子参政运动的深入开展，引起世界妇女组织的广泛关注，被赞为"在东方作第一声惊人之鸣！"

注：

[1] 见《女权运动先驱唐群英》第 116 页。

[2] 见《孙中山全集》第二卷，中华书局 1982 年版第 53 页。

[3] 见《国父全集》第二册，台湾版第 69 页。

[4] 见《中国妇女通史》第 21 页。

[5] 见《中国妇女百年奋斗史》第 44 页。

[6] 见《女界参政同盟会纪事》，1912 年 3 月 2 日《天铎报》。

[7] 见《时报》，1912 年 2 月 20 日。

[8] 见《时报》，1912 年 3 月 23 日。

[9] 见《女子参政之捷音》，1912 年 3 月 23 日《天铎报》。

[10] 见《唐群英年谱》第 22 页。

[11] 见《时报》，1912 年 4 月 5 日。

[12] 见《时报》，1912 年 4 月 5 日。

[13] 见《时报》，1912 年 4 月 10 日。

[14] 见《民声日报》，1912 年 4 月 12 日。

[15] 见《袁世凯电阻女子团北上》1912 年 4 月 4 日《大公报》。

[16] [17] 见《同盟会女会员之愤激》，《大公报》1912 年 8 月 16 日，《女子大闹同盟会》，《民立报》1912 年 8 月 18 日；《燕支大闹同盟会》，《时报》1912 年 8 月 19 日；《王政党合并改组续闻·女会员大展威风》，《申报》1912 年 8 月 20 日。

[18] 见《女子参政同盟会参政请愿书》，中国第二历史档案馆藏件。

[19] 见《女政客之失望》，1912 年 8 月 26 日《民立报》。

[20] 见《女子参政同盟会浙江支部致国民党本部电》，1912 年 8 月 30 日《民立报》。

[21] 见孙中山：《在国民党成立大会上的演说》，《孙中山全集》第二卷第 409 页。

[22] 见《女子参政同盟会代表唐群英宣言书》，1912 年 9 月 4 日《民国新闻》。

[23] 见《唐群英家风揄扬集》，第 7 页。

[24] 见《唐群英史料集粹》，第 77 页。

[25] 见《嘉德夫人致张默君女士书》，第五期《神州女报》。

# 第七章　奋争男女平权

## 重整旗鼓

在唐群英、王昌国、沈佩贞等的精心策划下，中华民国女子参政同盟会，于1912年10月20日在北京成立本部，唐群英当选总理，继识一、王昌国分任协理，李汉杰为书记，沙慕新为庶务，沈佩贞为交际，王云樵为调查，安排刘琴充当联络员。推举黎元洪夫人吴汉杰为名誉总理。唐群英在成立大会上发表了演讲。她首先指出成立的紧迫性，是"因为明年二月间便要开正式国会，我们的会再迟一两个月，纵然成立也就没多大益处了。"继而讲到成立本部的必要性"参议院既不订定女子选举法，便是不承认女子有完全人格，便是不以人类对待我们……女界被数千年的压制，外面什么事都不能讲求，现在参政的程度实在不够，这也是不必遮掩的。被选举权暂且不与他们男子争，难道选举的资格都不能够吗？无选举资格，便是无人权，既无人权，便称不得人。"所以必须"组织团体，坚持到底，上书参议院，要求女子的参政权。一次争不到，二次再争，二次争不到，三次四次以至无数量次，不达目的是万万不能止的。"并且明确我们"面前最要紧的，就是急选代表，分赴各省组织支部，以为本部后援。"至于争取参政权问题，要使"参政权想完全达到目的，必须先准备实力，一件是要有参政的知识，一件是要有独立生活的能力。这两件事，便是从教育上着手，多开些法政学校与那实业学校，令那有常识的女子讲求政治、练习实业。五年、十年之后，程度日高，便可与男子并驾齐驱了，事事不仰给于男子，那时候参议院想再剥夺女子的参政权，也就没得借口了。"

## 创办女子报刊

这时的唐群英，已在调整思路，把争取女子参政作为一项长期任务坚持下去，不急于争参政权，而首先争选举权，同时着重于准备实力，提高妇女的整体素质，然后再与男子争取平等权。

早在筹备成立本部之先，唐群英就着手筹创报刊，积极联络刘青侠、刘青湘、沈佩贞、王昌国、张昭汉、张汉英、陈鸿壁、陈撷芬、杨季威、张玄贞、蔡蕙、沙慕新、李恒、李坚、冯克嶷、继识一、李佩兰、倪汉信、柳振坤、吴素贞、沈仪彬、李樵松、郑峙鹄、张星华、沈明范、田郢慧、叶慕班、陈振志、表希皓、蔡汉侠、张嘉容、张嘉宾、李俊英、朱澹、林宗素、朱永刚、傅文郁、陈竹漪、张传麟、王云樵等41人为发起人，于9月20日在《民主报》刊登创办《女子白话报》启事，称"本报为女界组织而设，内容分设政治、教育、实业、时事、丛录五门，每月三期，旬日出版一次"。在《简章》中明确"为普及女界知识起见，故以至浅之言，引伸至真之理，务求达到男女平权的目的"《女子白话报》的出版得到黄兴、李平书、宋教仁、刘揆一、陈其美、温世霖、谭延闿、陈炳焕、陈家鼎、杨时杰、白逾桓、田桐、周震麟、朱德裳、黎尚雯、程家柽、蒋翊武、余焕东、仇鳌、唐乾一、李汉丞、陈遵统、李肇甫、常怡、席绶、唐晦云、杨煜奇、常纹、唐棣、唐国斌、凌钺、马其俊、吴中英、张良坤、郑师道、赵显华、

唐群英创办《女子白话报》启事

77

胡熙寿、彭邦栋、叶莒兰、刘基炎、王驹、余钦翼、陈强、张伯亚、陈焕南、钱敏、徐大能、夏仁澍、李嘉瑗、钱嘉猷、钟大声、鲍化龙、傅仁、唐燮煌、晏起、覃振、易象、刘耀禧、骆鹏、赵缭、仇蒙、陶鞠通、江辛、张振仁、黄彭寿、周声浚、刘菘衡、马中鼎、张瀛秀等69名军政要员及文化界、新闻界知名人士的赞同与支持。

接着，唐群英发表了《唐群英创办白话报意见书》：

亘古今，塞天地，立人极。道乌乎在，曰顺与逆。平等也，自由也，此人类之初生，天所畀赋者也。法律也，权宪也，此维持人道之公共主义也。无古今，无中外，合乎此则为豪杰，为英雄，悖乎此则为无权宪，无法律。不自由，不平等，倒行逆施，非所立于今之世也。人也者，对于世界动物之最高者也。故其生也，自呱呱堕地之时，至奄奄垂死之日，无论男女，皆立于平等。此准之中西学统，无待研究者也。自天高地卑乾健坤顺之说出，瞀儒陋士，肆其邪焰，以女子无才为美德，以服役男子为天职，积非胜是，长夜漫漫，坤维不张，女权遂剥，弥纶千古，浸淫五洲，夫非咄咄怪事欤。然综四千余年之积毒，一旦扑之正之，割除而剔灭之，夫岂易易。则筹备之方法，进行之手续，有非可卤莽从事者。去夏伊黎片马，受逼英俄，旅日同胞谓战而失地，犹胜于不战而割地，于是全国国民军之发起，群英亦于同时发起女学会于东京，编辑女学杂志，按季出版，欲发启女子爱国之热忱，以尽后援之义务。一期出版，颇受社会欢迎。二期稿甫脱，而武汉义旗将高举矣，群英遂回国，奔走于长江流域，尽力革命事务。幸而天眷华胄，政变共和，女子参政之声，达于全国，即西来女杰，莫不极表同情。但物有本末，事有终始，苟不为根本之筹备，稳健之进行，虽欲为女界二万万同胞，谋无疆之幸福，多见其无效也。夫暮鼓晨钟，而入人之耳鼓者，以其音之清醒也。稗官野史，而为人所乐闻者，以其言之浅显也。钜制鸿篇，高而难读，杂家小说，浅而易知。故社会之转移，习俗之改变，收功于深远之文章者少，收功于浅近之小说者多。歌大风于聋者之侧，置明珠于盲者之前，虽竖子亦知其无补也。当兹女学未发达之日，女权未伸张之时，示以高文则难达，演为白话或易懂。不必拘于文义，须为彼所乐观。不贵尽我之聪明，而贵开彼之新智，使听者如闻暮鼓晨钟，观者如见稗官野史。俾吾二万万女同胞，智识增进，能力扩充，于女界或不无少补欤。吾知晦内硕儒，必乐于赞成。复其固有之平等自由，大同博爱之地位，吾女界尚其勉游，尚其勉游。

这个《意见书》发表以后，引起社会上的普遍关注。许多政要名流纷纷发来祝词、贺诗。

在筹办《女子白话报》的同时，唐群英与沈佩贞和王昌国，还在北京创办了"女子工艺厂"和"中央女子学校"，旨在培养女子的实业技能，提高女界的文化知识水平。

唐群英很赞成同盟会兴办实业，积极支持其弟乾一在北京与宋教仁、仇鳌等开办了一家"共和国印刷股份有限公司"。

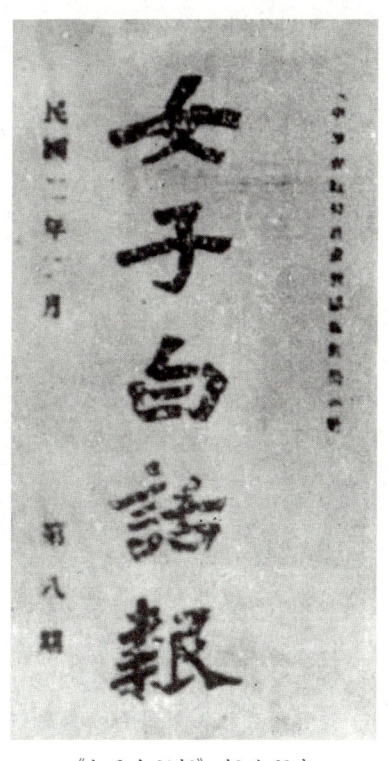

《女子白话报》报头题字

1912 年 10 月 21 日，"女子参政同盟会本部"成立的第二天，《女子白话报》在北京正式发行。每期都发表部分政要名流的祝词、贺诗或题字。

唐绍仪的祝词：

> 大钧播物，厥惟阴阳。秀美清淑，
> 禀气维皇。孰质不美，孰才不长，
> 孰智不瞻，孰谋不藏。世道交衰，
> 专制豪强。以此坤柔，役彼乾刚。
> 蜷伏蛟龙，屈蛇蛰藏。垂四千载，
> 女界无光。卓哉女士，创设报章。
> 词达理举，言浅义彰。热心进化，
> 锐意改良。精神发达，权力扩张。
> 凡我同胞，继续进行。毋习汝聋，
> 毋安汝盲。教由首善，以及僻乡。
> 道德知识，人人发扬。男女平权，
> 前途可望。

宋教仁的祝词：

> 惟天生民兮，曰男与女。厥权维均兮，群类攸处。叔世不道兮，卫言昌举。视女为奴兮，视男为主。天秩紊乱兮，人理丧沮。有大人起兮，反厥本首。女权是尊兮，与男絜矩。跻众生于平等兮，无差别之可语。颂大道之为公兮，庶太平之可睹。祀兹偏兮，载斯大义，不胫而走。

张根仁的祝词：

> 秋瑾去后，巾帼萧条。女界无主，旗鼓飘摇。赖有唐君，幽闲静穆。推阐女权，昌明女学。言论恬淡，金口木舌。画舞散花，妇孺歌泣。纸

# 唐群英传
**TANG QUN YING ZHUAN**

贵汾洛，价重连城。千秋万岁，大报唯华。

谢寅杰的祝词：

世界万国，日进文明。民愚则弱，民智斯雄。天演公例，不二法门。

翳我女界，二万万人。同具耳目，同此见闻。同为人类，同是国民。

当此民国，共和告成。权利义务，理应持平。为男玩物，为国蠹虫。

几疑人格，不足重轻。俨然男子，具备万能。俨然女子，事事皆庸。

回首往事，历历堪陈。即论革命，曾著奇勋。鉴湖秋侠，咸仰高风。

即论军事，曾作先锋。申江振臂，四海同声。即论筹饷，私囊先倾。

苦口劝募，百计经营。惟政界事，严禁与闻。如总统府，如顾问官。

如参议院，如代表团。如颁爵赏，如派出洋。选举被举，概夺其权。

自去手足，自撤篱藩。为公理蠹，贻世界讪。茫茫前路，设想何堪。

我唐女士，恺恻慈祥。女中人杰，女界孙黄。志愿宏大，普渡慈航。

创设旬报，力为提倡。尊重人道，判辟鸿荒。原本真理，发为文章。

词力求显，义不厌详。黑暗女界，顿放光芒。女权万岁！女道大昌。

李汉丞的祝词：

顾亭林曰：天下兴亡，匹夫有责。

李汉丞补之曰：国家安危，匹妇有责。

同是心思，同是智力。何男独优，何女独劣。四千年前，女界幽黑。

教不及施，政不能饬。无非无仪，中馈是职。专断压制，长此缄默。

嗟我女子，宁不爱国？惟其化浅，遂成锢塞。伟矣唐君，女中之特。

伸张女权，启牖女识。凭兹真理，演为浅说。始布京师，渐传四域。

教育风行，醉心道德。平等自由，卒达目的。

温世霖祝词：

天赋人权，男女平等。雄飞雌伏，惑人闻听。

推原祸始，专制作俑。贵报出现，振聩发聋。

为夫子铎，为警世钟。女权人道，从此昌明。

陈圣任祝词（部分）：

千古女豪杰，彤史俱流芳。谁谓女子弱，不及男子强。

群英唐志士，灵秀钟衡湘。渊源承家训，学博东西洋。

方之苏菲亚，志趣逾坚刚。比之罗兰氏，才气相颉颃。

客年大革命，奔走呼号忙。或馈关中饷，或列驱铁行。

功成无懋赏，俯伏各自伤。不自由宁死，不平权宁亡。

创设日报社，苦心先提倡。女子二百兆，同心齐改良。

学堂开知识，实业振工商。天足健身体，自立免依傍。

嘉德渡海来，晓日出扶桑。不得参政权，寝馈毋或忘。

醴泉出幽涧，芳阑生道傍。天地同覆载，颅趾同圆方。

岂忍女同胞，长此居晦盲。出语裂金石，撝藻成圭璋。

见猎我心喜，聊贡筐舆筐。敬祝雌伏凤，咸作雄飞凰。

郑师道祝词：

自有地天，人格称民。万有平等，利济众生。不偏不倚，种族合群。

女为民母，首教家庭。家齐国治，政策乃成。由是之道，邦本安宁。

反兹立国，即为不平。同胞同袍，行止何分。白话名报，女界现身。

菽粟水火，社会本根。国家监此，表里光明。额手共颂，和洽同人。

袁德宣祝词：

一声霹雳，响彻亚东。女界既振，英雌而雄。

报林崇拜，民国之功。罗兰出现，慑彼那翁。

甘华黼祝词：

贵报出版，撞自由钟。可以发聩，可以振聋。首重女学，次及女红。

实业世界，惟商与工。二十世纪，竞争场中。优胜劣败，男女皆同。

孰为雌伏，孰为飞雄。苟不自立，殊负我躬。安坐而食，如寄生虫。

天演淘汰，人不我容。共和肇建，专制扫空。临时约法，宪典是宗。

无分男女，一秉大公。权利义务，本无重轻。正式选举，女忽区分。

事出意外，理不折衷。参政团内，无女迹踪。可耻孰甚，贻笑邻封。

乃有英杰，判群鸿蒙。发行女报，教育正宗。参政同盟，慎始谋终。

苦心孤诣，唤醒愚蒙。愿我女界，自扪心胸。无为奴隶，无安尊荣。

急起直追，择善而从。无才为德，说殊惑人。一洗此耻，一挽颓风。

人格完全，教育斯崇。驾凌欧美，光我亚东。恢复女权，惟贵报功。

郭坚忍祝词：

女权不振，种由斯弱。女教不昌，何由强国。

懿与贵报，如鸣天铎。警醒伏雌，启开黑幕。

出幽冥界，无拘无缚。免半开化之讥诮，革专制之残恶。

懿与贵报，功深再造。婆心苦口，尊崇人道。

是男是女，谆谆善导。先觉觉人，简明录要。

化除陈见，宗旨和平。联合全球，利权平均。

　　预祝前途，必进文明。开自由之花，达参政之盟。

　　我姑姊妹，其速进行。

**唐乾一祝词：**

　　白话传真理，赤心卫女权。

**寰球大同民主党祝词：**

　　庆我寰球，人道乔迁。男女平等，同参政权。有声有色，白话名言。

　　相彼西欧，只二千年。嗟我民国，溯纪轩辕。近五千载，文化在先。

　　专制传染，蒙蔽地天。革命开导，黑幕全掀。邑姜布化，国脉绵绵。

　　协和万邦，种族无编。倾心祝颂，世界新鲜。

　　《女子白话报》最初设有"政治""教育""实业""时事""丛录"五个栏目。五个栏目围绕一个中心，力图从多方面帮助妇女"智识增进，能力扩充"。"政治"栏旨在传播关于国家的知识，促使妇女树立国民意识；"教育"栏探讨女子教育问题，以图推进女子教育事业；"实业"栏着力灌输实业思想，引导妇女逐步走向自食其力之路；"时事"栏重在介绍国内外政坛及女界大事，意在开阔妇女眼界；"丛录"栏主要登载女子参政运动的资料以及妇女问题的专著。该报后又增设了"谐谈""小说""时评"等栏目，内容更为丰富生动。

　　作为女子参政同盟会的言论机关和宣传阵地，《女子白话报》的内容和风格，如同女子参政运动的声威气势一样，鲜明，尖锐，深刻，不畏权势，具有很强的思想性和战斗性。

　　其第一期的《女子参政同盟始末记》一文，首当其冲地介绍了女子参政运动的来龙去脉："世界上的女子，几千年来都受男子的压制，不知道参政是怎么样……女子有政治的思想，是由法兰西起首。法国当大革命之后，主张平等自由，女子的权利思想可就发达了。争参政的议论，一天比一天激烈，风声所到各处，女子没有不打算参政事情的，像那德、意、英、美各国的女子就起来学样，也想参政了。现在，这样的潮流已经到了我中华民国……像那同盟会五大政纲，本有男女平权一条……南京政府成立，叫做共和政体。面子上虽说是男女享平等的幸福，骨子里国民参政权女子丝毫没有……由这么着就发起女子参政的同盟会……由这么着女子参政可就大活动了。"

　　第二期的重点消息《女子参政同盟会（本部）成立志盛》，全文引述了唐群英那篇铿锵有力的演说，表示争取参政权的女杰们"一次争不到，二次再争，二次争不到，三次四次以至无数量次，不达目的是万万不能止的"[1]战斗精神。

第三期《参政院之黑暗》（作者开云系唐群英笔名）一文，毫不留情地指出："临时政府成立的时候，那参议院的议员，都是由各省仓猝选举出的，所以，参议员的程度，很是参差不齐。他们反对女子参政，开口便说程度不够。试问，参议院的那班人，有几个够参议员的资格。……不料崭新的民国，竟有这昏昏沉沉、奇奇怪怪的参议院，真是可为痛哭流涕了。……人民是国家的元素，人民的组织半是女子，约法上所载的国民，便概括男女在内，可见女子与男子立于平等地位……民国的法律，人民非有犯罪的行为，没有剥夺公权的道理。参议员剥夺女子的选举权，便是看待女子和罪犯一般了……

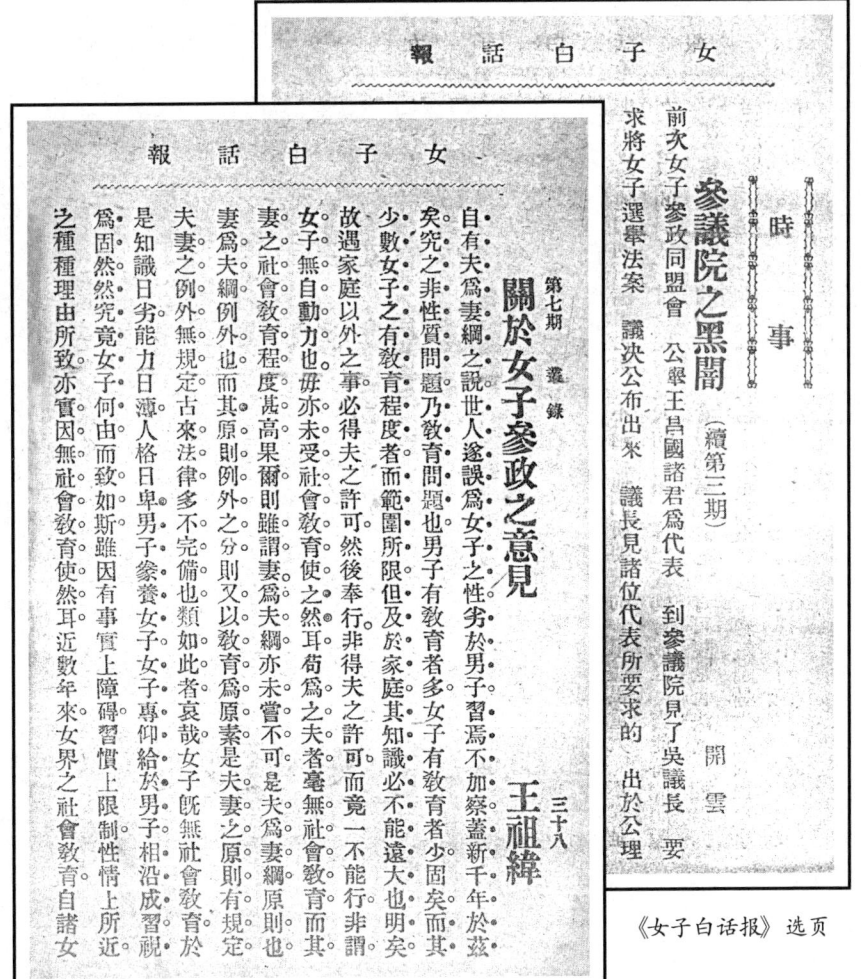

《女子白话报》选页

我二万万女同胞呀！还不齐心起来，大家负点责任，恐怕这凉血动物的议员，就要鱼肉我们了……"

第九期所载鲁克煜的长文《男女革命是增进社会的幸福》，则是从社会学的角度深入浅出地论述了性别平等的意义，其中观点可谓历久弥新且四海皆准。该文认为，要实行男女平等，"此事研究起来，在学术上，是要养成女子自立之能力；在真理上，是要破伪道德之迷信。大家知道，君民之不平等是强权所致，就知道男女之不平等，也是强权所致。……专制君主用愚黔首的手段，强权男子就用愚女子的手段，实在同一强的欺弱。……看来，女子要得真自由，自能自立始；能自立，自与男子平权利始；平权利，自破强权除伪道德始。"

对于袁记政府种种倒行逆施，《女子白话报》或直接抨击或嬉笑怒骂，笔锋所指毫无顾忌。给人印象最为深刻的是刊登在第六期上的《蝇营狗苟》一文。其文曰："不蝇营，不狗苟，不伺候，不奔走，何以有总统？不蝇营，不狗苟，不伺候，不奔走，何以有总理？不蝇营，不狗苟，不伺候，不奔走，何以有总次长？不蝇营，不狗苟，不伺候，不奔走，何以有大一二勋位？……乃读昨日大总统命令，自今以后，不许人蝇营狗苟！大众听着：前之政府国务员，可以蝇营狗苟；而今而后，决不许你们再蝇营狗苟！"其尖锐犀利，直刺官场腐败丑行。

《女子白话报》因每月1日、11日、21日出版，最初曾名《女子白话旬报》。

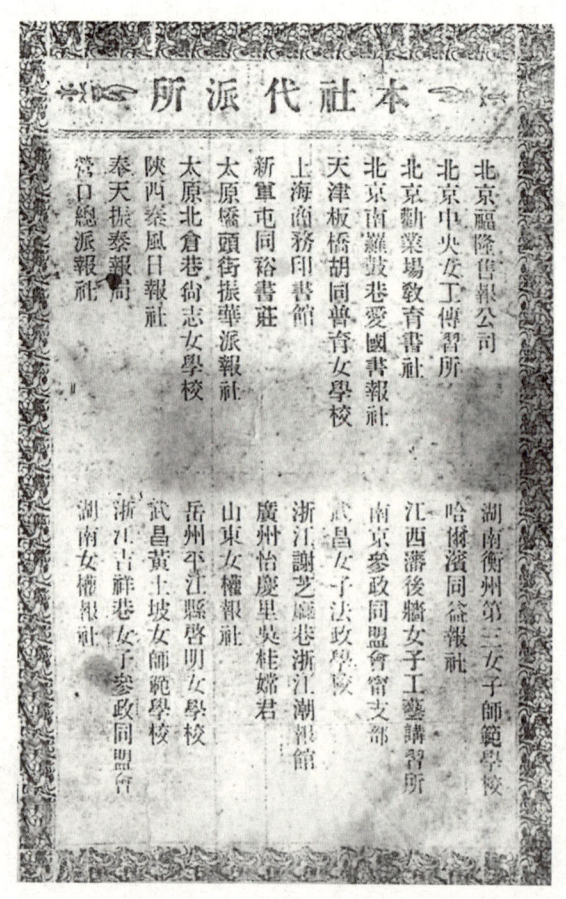

《女子白话报》代派所名录

第 8 期起，改为半月刊，正式更名《女子白话报》。因唐群英事务繁忙，在她的主持之下，该报第 4 期（1912 年 11 月 21 日）起由沈南雅担任总编辑；又因她转赴湖南开展地方工作，第 8 期（1913 年 1 月 1 日）起由陈圣任担任总编辑。该报在北京、天津、上海、太原、西安、沈阳、营口、哈尔滨、南昌、南京、武昌、广州、杭州、衡州等地设有"代派所"（代销所），一时影响颇大。1913 年初女子参政运动落潮之后，该报面临极大困难，仍坚持出刊至 5 月，共出 11 期。之后，该报馆专门办理湖南《女权日报》在京发行事宜，同年 11 月被内务部勒令封闭。

《1905—1949 北京妇女报刊考》一书在其"总述"中，称民国初年（1912—1918）是北京妇女报刊"萌芽时期的持续"，"资产阶级妇女解放理论及女子参政运动的宣传，既为前此所未有，亦构成此期之基调。女权运动先驱唐群英创办的《女子白话旬报》，既标志着本期的开始，也可推为此期的代表。"该书在关于《女子白话旬报·女子白话报》的专题介绍中说："《女子白话报》作为女子参政同盟会的宣传阵地，以女子参政为中心内容，用浅显的白话文字，向女界灌输新思想、新观念，是一份进步的妇女刊物。"

《女子白话报》创刊不足一个月，1912 年 11 月 16 日，唐群英又在北京创办了杂志体的《亚东丛报》，"以提倡女权，发挥民生主义，促进个人自治为宗旨"。

这《亚东丛报》系由已经停刊的《亚东新报》改版而成，而《亚东新报》则有着特殊的来历和相当的社会知名度。它是宋教仁 1912 年 4 月 27 日就任民国首任内阁的农林总长后，因不满袁世凯的政治倾向，在从政之余与同盟会老战友仇鳌等人共同创办的一份日报，目的在于"监督政府，指导国民，巩固共和政体，注重民国主义"。宋教仁常以"桃源渔父"的笔名，在报上发表长篇论文，宣传他的政党政治主张。该报被认为是当时革命派在北京的四大报刊之一。随着时局的变迁，《亚东新报》计划停办，社长仇鳌因为赞赏唐群英的胆识和才华，便将报馆的全部设施转赠予女子参政同盟会，以为她们建立宣传阵地之用。

唐群英为表示《亚东丛报》与《亚东新报》的传承关系，以及对老战友的感激之情，特在《亚东丛报简章》中说明："本报原名亚东新报，日出三张，嗣以内部变更停刊多日，现改组为杂志体，名曰亚东丛报。"并且明确了《亚东丛报》与《女子白话报》的从属关系："本社附设女子白话报，自民国二年正月起，白话报大加改良。"

《亚东丛报》每月底出一厚册，内容包括社论、译著、选论、法令、人

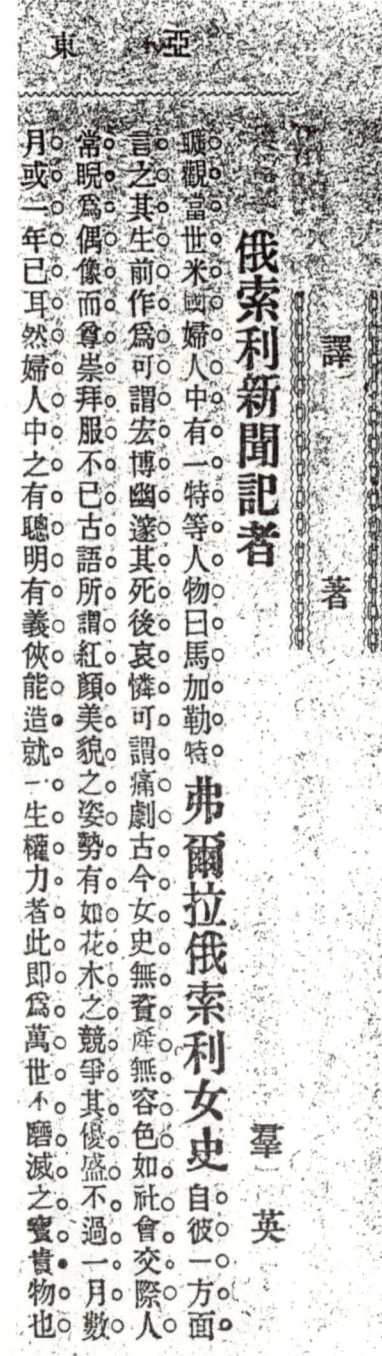

唐群英译著

事记闻、时评、专辑、女子教育、女子实业、选瑜、文苑、谈丛、小说、图画、广告等栏目。编辑人员方面，除聘请专门名家主持笔政外，还寄语海内外宏达，延聘通才，分任编造，立志为杂志界放一异彩。

该报于第一至第三期中，分别载有群英（唐群英又一笔名）发表的《斯地尔政治记者》《俄索利新闻记者》和《第二摩特讲演者》三篇译著。

对于志向不凡的《亚东丛报》，各界人士也发来不少祝词、贺诗，表示赞许寄予厚望。

**黄兴祝词：**

> 湘衡女杰，震旦之灯；
> 悬之女界，发大光明。

**宋教仁祝词：**

> 四千余年，黑暗专制，
> 女族沉沦，甚于男子。
> 振聩发聋，女士任之；
> 女士而外，谁期扶之？

**刘揆一祝词：**

> 惟我衡岳，挺生女杰。中外流通，
> 新旧合辙。推翻专制，与有伟烈。
> 愤兹女界，沉汪悲黑。乃撞黄钟，
> 大声发皇。景仰女士，乡里之光。

**周永庭贺诗：**

> 血花飞舞事如烟，大好河山胜昔年。
> 唤醒女胞二万万，竟恢天赋自由权。

**郑师道祝词：**

> 女学湮晦，垂五千年。物极必反，
> 合于坤乾。华胥复旦，光我亚东。

觥觥女界，巾帼之雄。

《神州女报》于 1907 年 12 月为纪念秋瑾被害创刊于上海。该报以提倡女学，扶植东亚女权，开通见气为宗旨。由于革命色彩浓厚，受到清政府压制，以及经费不足，于 1908 年 1 月停刊。1912 年 11 月，在张昭汉、唐群英等人努力下复刊。经理为张昭汉，唐群英、汤国梨任编辑。唐群英请孙中山为复刊号写了"发达女权"的题词。

遗憾的是，1913 年 11 月在袁世凯对革命派的全面打压下，女子参政同盟会所辖报馆被封闭，《亚东丛报》与《女子白话报》同遭扼杀，湖南《女权日报》也禁止在京发行。

## 怒斥袁世凯

参议院的态度，进一步激起了女子参政同盟会的更大愤怒，公开宣称参议院为"女界公敌"，必须报以"激烈的手段"。

孙总理为《神州女报》复刊的题词

郑师道对唐群英婉言相劝："以先生为共和建国之功劳，在女界之威望，当个议员或是在政府中担任要职，何足道哉！自当与议长耐心细说。如此激愤，反倒事与愿违。"唐群英气愤地说："我不是为个人争个什么一官半职，而是为了全中国妇女之前途。如若大家都沉默不语，不带头抗争，则谁为女界扬眉吐气？我二万万同胞姐妹岂不永远受压？"故别人猜疑也好，攻击也罢，她都毫不在意，为了争取妇女解放的斗争，而一往直前。

12 月 9 日，在与新任议长吴景濂的"辩论"中，唐群英声色俱厉地说："当民军起义时代，女子充任秘密侦察，组织炸弹队，种种危险，女子等牺牲性命财产，与男子同功，何以革命成功，竟弃女子于不顾！"并声称："凡反对女子参政权者，将来必有最后之对待方法。即袁大总统不赞成女子有参政

袁世凯

权，亦必不承认袁为大总统。"王昌国愤怒地说："将来中华民国之民法，凡关于女子之权力，若不采用德国制，女子等必用武力解决此问题。"[2]吴景濂瞠目结舌，无言以对，从此避而不见，仅派一招待员敷衍。

为对付女子参政同盟会的更大反抗，袁世凯采取两面派的手法，一方面授意内务部饬内外总厅对参议员加以"缜密保护"，各级议会原有的女议员在改选中全部落选；一方面施以拉拢和收买的惯伎，收买沈佩贞为袁的"顾问"。沈被收买后，自称"到总统府及步军统领衙门，其卫军莫不举枪立正。"[3]加上她生活上又不检点，好走极端，并有极强的权力欲，为反对派提供了攻击的口实，也严重地影响了女子参政同盟会工作的开展。例如在要求参政权遭到挫折时，她曾鼓动说："未结婚者，停止十年不与男子结婚；已结婚者，亦十年不与男子交言。"[4]竟把婚姻作为对付男子的手段。不少会员因不满沈佩贞的作为而纷纷提出退会。

面对严重的斗争形势，当晚唐群英召开女子参政同盟会领导成员会议，决定从地方谋求发展，建立牢固的"根基地"，发动各地能有更多的妇女投入参政运动，以为本部之后盾。这些主张，得到与会成员的极力赞同。并决定张汉英暂留北京，协同继识一等处理一些遗留问题。她带着刘琴先期回湘办理湖南的事情。

当天下午，唐群英按照预定计划，带着刘琴启程回湘。

行前由刘琴陪同到照相馆拍了一张全身照，以作纪念，并写下《咏梅》一首：

> 冰封雪冻百花残，疏影横斜独傲寒。
> 岂乞春风添色彩，香飘四野自开颜。

## 转移阵地

早在四个月前，唐群英就委派何步兰在长沙组建女子参政同盟会湖南支部，因封建阻力大，会址无着落等原因，迟迟难产。唐群英于 1912 年 12 月中旬返湘。

12 月 16 日，湖南妇女界假省教育会举行欢迎大会。听说唐群英回到湖南，长沙女界欢欣鼓舞，奔走相告，到会人数竟达五千之众，极一时之盛。凭着唐群英的号召力和影响力，不到三天时间，即于同月 18 日，在长沙成立了女子参政同盟会湖南支部，会员 800 多人，由唐群英兼任支部长，何步兰、丁佩兰、周天璞、刘亚兰、王钰、郑业竟、刘琴等当选执事。会址设在南门外天妃宫。

此照系唐群英离京前夕摄于北京，原载1916年美国世纪出版社出版的《现在的中国》一书

1913 年元月，张汉英回到长沙，向唐群英通报浙江、上海、北京等地均已设立支部的情况，唐群英非常高兴，并与张汉英商量，让她留下共同抓好湖南支部工作。

湖南支部成立后，经常开会演说，宣传女子参政，反对包办婚姻，鼓励女子上学读书，提倡妇女剪发、放脚，自立自强。这些活动在一定程度上冲击了封建的家族关系和社会秩序，招致顽固势力的忌刻，长沙各报大多一片反对之声，尤以官办的《长沙日报》为甚。妇女界对于攻击的言论和造谣中伤的不实之词，要求表白澄清，各报都拒绝登载。

一日，《长沙日报》刊登唐群英将于某月某日与郑师道结婚的启事。张汉英看了这个启事，感到莫名其妙，马上找到唐群英，"你个人这件大事，怎么我一点蛛丝马迹都没看到。"

刘琴听了，也惊奇地问："姑姑，您这可能吗？"

唐群英只是一阵冷笑，继而是置之不理，想任其不攻自破。后经张汉英提醒，意识到这不仅是对其个人的人身攻击，而是借题发挥，搞乱参政同盟会的阵脚时，她才决定和张汉英、周天璞、何步兰、刘琴等前往报社质问，要求查明真相。报社说："是早几天，郑师道先生拿来的广告启事。"

唐群英说："哪有结婚当事人未到报社签约，就能登出结婚广告的……"

郑师道是唐群英多年共事的一位比较开明的友人，历来倾慕唐群英的才华，在唐群英创办的《女子白话报》《亚东丛报》，他都发过祝词，称赞唐群英是"光我亚东"的"巾帼之雄"，尤其对唐群英为争取女子参政的问题上，曾旗帜鲜明地在议会上发表过支持唐群英的言论："女子投身革命，实有功于国家，她们提出参政，也是理所当然……"在这些问题上，唐群英只不过是把他看成是支持自己事业的一位革命同志。因为事业未就，一直没有心思去想什么个人问题，这点，也许郑师道并不了解，却一直在苦苦追求唐群英，及至得了"亢进性精神病"。[1]这次，他独个儿到《长沙日报》登了这则"结婚广告"，原想弄假成真，孰料弄巧反拙。不久，他不得不离开了长沙。

尽管唐群英对郑师道当时的做法非常反感。但后来听说郑师道在浙江从事"二次革命"时，被"浙督朱瑞所杀"，唐群英反倒有点难过，因为他毕竟是一位坚定的革命者，一位曾经支持过女权运动的战友。

唐群英等要求报社立即更正并公开道歉，遭到报社的拒绝。一气之下，周天璞、刘琴等捣毁了报社部分器物，致使当天的报纸没能正常出版。双方告到湖南督军谭延闿那里，一个要求赔偿报馆损失，一个要求赔偿名誉损失。谭延闿从中调解，最后，

女子参政同盟会湖南支部所在地旧照

只好批评报馆不慎，而由他拨款 2000 元给报社了事。至于当时还有些资料记载，说唐群英火烧《长沙日报》馆，则系传闻失实。

这次事件，使唐群英愈感斗争的复杂和艰难，意识到女子参政同盟会湖南支部非要有自己的喉舌不可，因而更坚定了她们办报的决心。唐群英与张汉英商量，决定把原拟筹集开办女子法政学校的资金，改作办报经费。在丁佩兰与丁云龙原已谋划办报的基础上，于长沙上塘湾创办女盟湖南支部机关报《女权日报》，1913 年 2 月 16 日正式创刊。张汉英、丁云龙、丁佩兰等志同道合的朋友，在分工合作的前提下，一致敦请唐群英总揽《女权日报》的编辑及经营工作。但唐群英还是力主由丁佩兰担任经理。每日出版两大张。这是湖南有史以来第一张妇女报纸。唐群英创办的这家报纸和她过去编辑出版的报刊一样，坚持大力宣传"男女平权，并参国政"的主张，针锋相对地开展了反对《长沙日报》攻击女子参政同盟会的斗争，唤醒妇女觉悟，号召大家走出家庭，走向社会，投入反封建、争女权的革命洪流，使湖南妇女界扬眉吐气，使长沙舆论界一新耳目，也开创了一个敢于与官办《长沙日报》抗争的民众喉舌。经过几场破除《长沙日报》造谣中伤的争斗之后，许多政界人士看到了唐群英及其女子参政同盟会湖南支部坚持真理的精神，不少省议员对《女权日报》非常赞许。省议会决议，按照乙等补贴，每月给《女权日报》600 元经费。

在此期间，唐群英和张汉英极力要求政府考送一批女学生赴日本留学。1913 年春，湖南当局采纳她们的意见，考送留日女生终成事实。第一场初试，参加考试的女生达数百人，录取数十人，唐群英、张汉英均到场监试。第二场复试，只有童锡桢、陈俶、陈韬、胡仲敬四人录取。

在《女权日报》正式出版前的 1913 年 1 月 4 日，唐群英曾给革命派报纸《民主报》作过这样的题词：

彰伟烈兮，诛孔壬兮，狂澜之砥兮，大雾之针兮，威武不能屈兮，富贵不能淫兮，作政客之后见兮，居舆论之中心兮。

这是对兄弟报纸的祝贺之词，也是她作为报人的自勉之辞。她正是以"狂澜之砥，大雾之针"为目标，发扬"威武不能屈，富贵不能淫"的精神，为了民主革命、为了妇女解放而敢"居舆论之中心"。这样才使寿命不长的《女权日报》，在湖南的妇女运动历史和报刊发展历史上，都留下了自己独特的足迹。

1913 年 3 月 2 日《湖南演说报》，登载《本报致女权日报的祝词》。祝词曰：

> 女权不振，文明不进。欲进文明，非报不行。女权不张，人道不昌。
> 欲进人道，惟报最好。今兹贵报，女权自号。言论自由，开导女流。
> 能为贤妻，家道乃齐。能为贤母，民智自剖。既笃家庆，并参国政。
> 男女平权，欧美并肩。日新又新，祝女国民。大开智慧，女权万岁。

这篇祝词，既代表了当时社会人士对男女平等的认识，也可看作《女权日报》历史印记之一斑。

《女权日报》上也曾登载过读者对其赞颂之词。词曰：

> 茫茫大陆兮，攘攘神州。人权骤落兮，女权其尤。登高一呼兮，昆仑之巅。
> 树兹健帜兮，岂仅立言。众生懵懵兮，女德沦湮。厥维斯报兮，发彼光明。
> 吾侪翘首兮，若望云霓。钜任斯责兮，舍汝其谁？晨钟木铎兮，振聩发聋。
> 启彼黑暗兮，警彼愚蒙。灌输知识兮，恢挽女权。千秋万岁兮，遗惠绵绵。

1990 年，李抱一所著、纳入《湖湘文库》④总目（甲编）的《长沙报纸史略》一书，对《女权日报》做出了精当的评价：

"民国二年间，女界运动参政，飚发之诵，《女权日报》实为其言论机关，日出二大张，内容亦颇完整……，是湖南新闻史上之异彩，不可不特书一笔也。"

# "专祠" 风波

1913 年 4 月某日，组织秋瑾烈士牌位入祠，由唐群英主持纪念秋瑾追悼会。当时有政、军、工、商、学各界及市民群众数千人参加，送祀队伍长达数里，非常隆重。可是不到一个月，有人组织女国民会，捧出谭延闿的太夫人为会长，熊某为副会长，声称呈准谭督军改秋瑾烈士专祠为女烈士祠，并以所谓"女烈士"罗陈润贞的遗像占据秋瑾烈士遗像的位置，而将秋瑾烈士遗像移置左侧，右侧另设"女烈士"罗陈润贞丈夫的遗像。此罗某"女烈士"为何许人？罗某是某校教员，因与人争校址斗殴伤重致死。罗陈润贞正在病中，听到丈夫的死讯，晕倒气绝。

女子参政同盟会得知这一消息，唐群英、张汉英率领刘琴等女会员数十人前往秋瑾烈士专祠，正值举行"女烈士"罗陈润贞入祀典礼，谭太夫人主祭，仪式相当隆重，祠宇两厢陈设着酒席，女子参政同盟会的人上前质问："这是谭督军批准建立的秋瑾烈士专祠，何人胆敢擅改谭督军命令，侵占专祠？"对方强词夺理，反说唐群英带人前来无理取闹，借口女烈士不仅秋瑾一人，不能用作"专祠"，何况秋瑾生于浙江，死于浙江为什么要在长沙立祠？并扬言此屋原为陈氏宗祠，岂容他姓在此建祠！唐群英据理辩驳："秋瑾是湘乡王廷钧之妻，谁能说她不是湖南人？她生活在湖南，和湖南人民有深厚的感情，和湖南姐妹们感情更像手足一般不可分离，她不仅仅为浙江人民而生，为浙江人民而死，她是为全中国四万万同胞而英勇奋斗，壮烈牺牲，湖南人民尊敬她，为她建祠是应该的。如果不作专祠而泛名'女烈士祠'那是用一般替代典型，失去了纪念民族英雄的意义，更何况建祠是谭督军批准的，怎能朝令夕改？"对方不仅不理会，反而以极其傲慢的态度，下逐客令。女子参政同盟会的人与之争执，谁知对方早有埋伏，刹那间一群伤兵和学生从左右两侧而进，熊某率壮男健妇紧随其后，人人手执棍棒、哑铃、铁锤等，向女盟支部的人打来，女子参政同盟会的人手无寸铁寡不敌众，但不甘示弱，刘琴等便以碗盏桌櫈等与之对抗，一时间祠堂变成战场，棍棒飞舞，碗碟腾空，直到政府开来一队军警将伤兵、学生驱散，双方才住手，结果互有损伤，提起诉讼。谭延闿出面调停，恢复秋瑾烈士祠原貌，罗陈润贞夫妇遗像移至他室，正栋房屋作女盟支部办女子法政学校的筹备处，两厢房屋归女国民会办三育学校。一场风波，始告平息。

唐群英不仅非常敬重这位情同姐妹的战友，为维护秋瑾烈士专祠主持正义，开展积极的斗争，而且非常关心她的两个儿女的成长。1920年，她与秋瑾生前好友徐自华共同资助其子女王德源和王灿芝兄妹赴上海就读，"兄入正风大学，妹入竞雄女校"[6]，尽了自己对战友的一份情谊。

## 遭袁世凯通缉

袁世凯做了临时大总统后，进一步投靠帝国主义，并在"民国"这块招牌的掩护下，日益扩充他的反革命实力，排挤和镇压革命党人。对此，宋教仁早有察觉，他不为袁世凯所诱惑，积极奔赴长江流域各省进行宣传，想以国民党在北京第一次国会选举中占有绝对多数席位，组成"政党内阁"，因而遭到袁世凯的忌恨。1913 年 3 月 20 日，在袁世凯的授意下，赵秉钧、洪述祖派遣特务武士英在上海泸宁车站枪杀了正要北返的宋教仁，这就是震动全国的"宋案"。

宋教仁遇刺时照片

唐群英闻知噩耗，经历了如同五雷轰顶般的至痛。

她痛惜，"天生英杰"宋教仁竟遭"五步之闻，砰然一击。使公成仁，竟非所恤。""长江滚滚，英雄有淘尽之悲。"

她痛恨，袁世凯权势集团"沐猴易冠，群蝇附热。""奸人酣仕，怵为腹疾。""为政杀人，况同盗贼。"

她痛心，如今的革命形势"风雨飘摇，鸡鸣凄侧。国步艰难，挽回是亟。""前路茫茫，世道有沉沦之叹。"

她痛哭，"我慨玄黄，我想奇杰。摄花韫泪，为公凄绝。""一掬芳馨，莫雪灵均之愤；两行热泪，难招宋玉之魂。"

在她内心的最深处，还有一种渐渐远去又被触及的痛悔之情，这就是"耳光事件"留下的难以完全抹去的阴影。她与宋教仁，同是湖南老乡，同是华兴会、同盟会老会员，一向有着良好的革命情谊。况且，她历来赞赏宋教仁的经纬才能、家国情怀，从在东京时期开始，就将这位"小老弟"（宋教仁比唐群英小 11 岁），当作"大师长"一样敬重。半年多前那件事情的猝然发生，唐群英本是出自对于真理被压制的义愤，绝对没有对宋教仁的个人私愤。事后她很快意识到，国民党政纲将"男女平权"原则"置为缓图"，是以局部之让步换取大局之优势，以便使国民党成为议会第一大党，领衔组建政党责任内阁，钳制野心家袁世凯的总统权力膨胀，防止辛亥革命成果的流产惨剧。于是她深感自己那次处事太不冷静，误会了宋教仁，随即在《女子参政同盟会代表唐群英宣言书》中表现了自己的这种领悟。从宋教仁方面看，尽管感到委屈难堪，仍能设身处地换位思考，认识到自己处理此等大事未曾与女战友沟通的仓促偏颇，表示了对女战友急躁情绪的包容宽谅，事发时他的沉着态度以及事后向《女子白话报》和《亚东丛报》接连致贺的举动，便是佐证。真正的革命党人，就是如此出于公心，知错即改，他们之间的关系也是纯净坦荡不存芥蒂。然而在与年轻英杰天人永隔之际，唐群英的心里还是漾起了一股歉疚的涟漪……

6月26日，宋教仁公葬仪式在上海举行，前来送葬者达数万人。

唐群英走在为宋教仁送葬的人流之中，她是从长沙专程来到上海的。

她的衣着朴素，神情哀戚，步子缓慢，心思沉重。一只手攥着拭泪的巾帕，一只手握着一个宣纸卷筒。那宣纸上，是她亲笔手书的《宋渔父先生诔并叙》，是她蘸着自己的血泪写给远去战友的纪念信笺。那信里，一字一咽一句一泣地写着"群英之痛，社会之忧"……

走到宋教仁墓前，她把那个宣纸卷筒小心地展开，郑重地点燃。她泪眼婆娑地望着袅袅升腾的青烟和默默飘洒的墨屑，嘱告这些传情的小精灵，把她的心里话带给她所敬重的领袖，挚爱的战友……

《宋渔父先生诔并叙》就是她对宋教仁说的心里话：

维民国二年六月二十六日，为前农林部总长宋公渔父灵輀窆于上海之辰，同人会葬，不期而至者，道为之塞，巷为之空。篝取吴淞，同悲逝水。惟兹永日，共哭长沙。一掬芳馨，莫雪灵均之愤；两行热泪，难招宋玉之魂。既念陈人，复伤来者。长江滚滚，英雄有淘尽之悲；前路茫茫，世道有沉沦之叹。倘无先达，谁唤迷途，未意前修，难为后死。群英之痛，社会之忧，岂徒不见斯人，便伤乡国，不期旷世，始叹英豪。用是薄荐素羞，略尽明歆之告；相将执绋，聊申哀惜之词。诔曰：

维我宋公，天生英杰。衡山巍巍，历著奇节。江汉滔滔，益表高洁。
当满季世，腥膻莫涤。志在澄清，拔帜易色。航海而东，学如不及。
气迈风云，心存邦国。三月廿九，广州之役，并命黄花，长留碧血。
薄海同悲，于今为烈。知不可为，暂为蠖屈。天声琅琅，民有喉舌。
武汉一呼，全国震慑。五色扬徽，苍龙化蜥。南衡初建，法纪续绝。
匪公维持，何以速立。两界同心，五族合力。匪公北行，何以统一。
公志休休，班行共式。不幸唐氏，用志不协。抗手投簪，仁政斯息。
吁嗟临时，三五更迭。沐猴易冠，群蝇附热。风雨飘摇，鸡鸣凄恻。
国步艰难，挽回是亟。公意不忍，誓共提挈。阁制主张，不挠不折。
奸人醋仕，怵为腹疾。乃媾群小，演此惨别。五步之闻，砰然一击，使公成仁，竟非所恤。为政杀人，况同盗贼。伤哉公仇，今谁与雪。
伟哉公抱，今孰与洁。此愤填胸，缨冠谁急。沉潜高明，兼者无匹。
坐言起行，继者无辙。我慨玄黄，我想奇杰。摄花韫泪，为公凄绝。
呜呼哀哉！

民国二年六月二十六日

　　追悼会后，唐群英与张汉英离开上海乘轮船返回湖南，心情一直沉闷。在途经安徽省宿松县东南部的小姑山时，随着乘客的惊呼，游船停了下来，人们纷纷上岸登山游览。唐群英唤起正在埋头读诗的张汉英，出仓欣赏秀美的"小姑山"。只见滔滔江水之中孤峰独立，形似古代妇女头上的发髻，山体覆盖着郁郁葱葱的竹丛树木，山腰坐落着青瓦红墙的殿堂楼阁，365级石阶迂回曲折通向天门……

　　张汉英还没有走出所读陈蜕翁诗的意境，见此美景更激发了诗的灵感，遂口占七言绝句三首：

其　一

正读陈诗兴味酣，同侪呼看小姑山。
波涛万顷风千折，鹄立中流独自闲。

其　二

撼触波涛年复年，发光眉黛总嫣然。
群山大陆多尘垢，秋水江心别有天。

其　三

四面玲珑水作屏，夜阑风月不胜情。
输她夫妇篷壶里，潮去潮来醒未醒。

她念完后对唐群英说："陶姐，请你教正赐和。"
唐群英接过一看，连称"好诗！好诗"沉思片刻，当即奉和：

其　一

枫叶经霜贮满酣，谁能夺得小姑山！
恨无长剑斩蛇虎，敢效须眉不踰闲。

其　二

蹈海扬波不计年，黄花遍地景依然。
何时广播罗兰种，灿烂神州共一天。

## 其 三

锦绣江山列画屏，谁知姐妹远游情？

傲霜饮露同舟济，北雁南归我独醒。

张汉英的诗，即景抒情，清新深沉，看得出此次上海之行确实舒解了她内心的伤痛。唐群英的和诗，借景言志，引经据典，表现了此时此刻她与挚友誓为自由平等而战的"远游情"。

唐群英与张汉英回到长沙后，继续抓紧长沙女子法政学校的筹办。经过一个多月的紧张工作，长沙女子法政学校于 1913 年 9 月正式开学。

开学不久，接继识一来信，邀唐群英赴北京一行。10 月中旬，唐群英由刘琴陪同来到北京，唐群英召集各地参政同盟会支部负责人会议，交流各支部开展女子参政运动情况，并四处演说，决定继续开展奋争女权的斗争。

这些活动，引起袁世凯的极度不满，准备对女子参政运动采取新的镇压措施。唐乾一深为阿姐忧虑，暗示其迅离北京。唐群英以为阿弟是来威胁她的，勃然大怒，再次加深姐弟间的误解。后来她从同盟会的一些老盟友处获悉，确实将有此举，同时已将唐群英列入黑名单。在继识一、王昌国的再三催促下，唐群英于 11 月 9 日，由刘琴陪送转移天津。就在这个月的 13 日，袁世凯密令内务部，以"于国家政法大有影响，该团附设学校煽惑无知妇女，开堂演说，实属大干法纪"，并以"无法律允许明文"为借口，勒令解散女子参政同盟会，派人封闭该会在京报馆，禁止《女权日报》在京发行，悬赏通缉唐群英。

民国初年，由唐群英发起并领导的那场轰轰烈烈的女子参政运动，虽然因袁世凯的镇压而失败了，但对当时妇女的思想解放产生了强烈的震醒作用，为尔后妇女解放运动的延续和发展，奠定了思想基础，有着重要的历史意义和深远的社会影响。

注：

[1] 见《女子白话报》第 2 期，1912 年 3 月 31 日。

[2] 见《爱国报》1912 年 12 月 11 日。

[3] 见《民生日报》1912 年 12 月 21 日。

[4] 见《民立报》1912 年 9 月 27 日。

[5] 见《女权日报》记者陶菊隐所著《记者生活三十年》。

[6] 见《唐群英史料集粹》第 94 页。

# 第八章　女权运动失败后的继续斗争

## 探访张汉英

女子参政同盟会被袁世凯下令取缔，作为女子参政运动倡导者和主要领导人的唐群英，遭到悬赏通缉，因事先得到同盟会内部的情报而脱逃，才幸免于难。

1914年，唐群英带着刘琴，东藏西躲，先后在天津、上海等地避难一年多时间。于1915年春，绕道越南的河内，经云南、贵州回到衡山。

唐群英与张汉英，不仅是民国年间有名的"女界两英"，志同革命，情同姐妹，又同富诗才，同在国际妇女运动中享有赞誉的战友，而且还是同一天入"南社"的诗友。所以，回三吉堂没住上几天，唐群英就迫不及待地由刘琴陪同回到醴陵看望张汉英，共商反袁事宜。没想到分别不过一年多的张汉英，竟然形销骨立，憔悴到这般地步。张汉英的病是内忧外劳所致。首先是国事蜩螗，袁世凯窃取了革命果实、宋教仁被刺、参政会遭解散、讨袁失败，1914年9月，日本帝国主义又提出灭亡中国的二十一条，张汉英扶膺增痛，如鲠在喉，到处演说提倡国货，提倡储金救国等，她本来身体虚弱，为此积劳，病情就更加重了；第二，亡夫之痛，她丈夫李发群也是同盟会员，早在1906年张汉英留学日本期间，李发群因参加萍、浏、醴起义事泄被捕，她就回国多方营救，最后只得上书请求替夫坐牢，1913年宋教仁被刺案真相大白，孙中山通电讨袁、黄兴任讨袁总司令，李发群为之襄赞，讨袁失败，黄兴逃亡日本，李发群未及逃脱，被张勋杀害，张汉英精神上蒙受极大打击；第三，张汉英又不肯被挫折征服，强忍着内心的悲痛，顶着"不安孀居，不守妇道"的压力，力谋发达女子教育，提高女子知识，她在家乡办起了女子手工学校和女子实业学校，自任校长兼教员，鞠躬尽瘁。过分的悲愤忧伤，加上过度的劳累，使她难以负荷，终于病成这个样子，唐群英看了非常心痛。

唐群英能在这个时候看望张汉英，使张汉英非常感动。三个多月的朝夕相处，两位亲密战友絮絮谈谈：谈青山实践女校同窗的乐趣；谈反对日本政府《取缔规则》的抗议斗争；谈东京樱花树下的秘密集会；谈北伐军救济队，开往南京战场的战地救护；谈女权运动席卷南北的暴风骤雨；谈同舟返湘的步韵唱和；谈回湘办学办报的趣事；谈怀念秋瑾烈士专祠的风波；谈长沙反袁险遭被捕的经过；谈沈佩贞变节倒戈；谈办学的经验体会和展望……无话不谈。回首往事，精神振奋，加上刘琴的精心料理，病情好多了。

没想到唐群英回家不到半月，噩耗传来，张汉英溘然逝世！唐群英悲痛欲绝。她忍着悲痛写了一篇祭文，叫她的学生张贞祥代自己前去醴陵致祭。祭文于沉痛吊唁中对张汉英作了很高的评价：

维民国四年七月十九日。张君惠风卒于醴陵私第，春秋四十有四。阅十有二日，同学弟唐群英闻其讣而哀之。乃致诚遣使，远赍香花清酌庶羞，请张生贞祥代表致祭于君之灵。呜呼！

天地无心，万物同鏊。福善则虚，英蕊夏落。既孤我德，女界销铄。
潜灵不返，余晖闪灼。吊君德行，周规折矩。虚比洪钟，静若幽谷。
吊君文学，浩瀚渊深。沟通今古，气蕴风云。吊君言语，为世之范。
于侪辈中，亭亭孤干。匪桐不栖，匪竹不食。既调琴瑟，笃其伉俪。
欧风东渐，诟病专制。君与民争，洪流萃域。君亦崛起，不虑其败。
武汉举义，末帝逊位。夫婿英雄，血膏草莱。民国肇造，素志既酬。
寡鹄哀鸣，孤枕寒衾。蜚声教育，桂兰有馨。济济来学，月异日新。
川静波澄，风雨骤惊。世界竞争，合纵连横。奥塞启衅，英德交讧。
全欧振荡，莫顾运东。日乘其隙，虐我震旦。泣血志士，抚剑三叹。
忧愤成疾，骨朽心惨。呜呼哀哉，鲸浪滔天。惟君既死，后死勉旃。
雪兹国耻，仍告忠魂。兹当永诀，莫酒三樽。阴阳虽隔，謦咳如闻。
知君英灵，尚有心属。皤皤高堂，檐前风烛。呱呱黄口，正在襁褓。
养之教之，兄弟手足。驾言往兮，无为踯躅。呜呼噫嘻，人生几何。
譬如朝露，去日苦多。非寿非夭，共感逝波。君无悲戚，听此薤歌。
哀哉尚飨。

民国四年七月二十八日

在唐群英的心目中，张汉英不仅是她个人的挚友，也是中国革命的一位佼佼女杰。纪念这位女杰，应该为其写出煌煌传记，传之后世。于是她在写出《祭张惠凤文》的第二天，恳切致书"南社"社长柳亚子先生，敦请这位"文章巨手，海内人师"为张汉英作传。其《与柳亚子书》如下：

> 亚子社长先生足下：
>
> 迭奉来笺，并南社十四期蜕翁诗集，均已收到。先生热心毅力，提倡宗风。遍读南社各集，具见精心擘画。于吾湘蜕庵、太一诸君，搜刊遗稿，尽瘁求全，足见苦心。不第征文考献，垂示来兹。即此发微阐幽，已足振式浮靡。钦佩之私，罄竹难载。每忆清政不纲，志士仁人奔走国事，蜚声中外，固极一时之盛。然惟男同胞实占多席，女界则寥寥无几。自鉴湖成仁后，广座谈虎，相戒以色，踵武崛起者，已难其人。次则醴陵张君惠风，有足多者。张君沉毅坚定，百折不回，乙巳秋东渡求学，因外界刺激，愤祖国之阽危，慨女界之屣弱，由是民族、民权主义印满脑筋，南北奔走，力求振拔，凡老同志类能言之。与英订交最早，风雨同舟，且逾十年，故相知尤邃。近以时晦，遁迹空山，节衣缩食，犹挈办女子手工、实业两校，生徒近百人，造端亦至宏也。每论及癸甲以来国事及渔父、太一诸君之遭际，未尝不掩卷流涕，披发狂呼，是其爱国、爱同胞之心已可概见矣。青岛事起，倭夷恫怀，益悲国步陵夷。其致弱之由，皆有因之果。抚膺增痛，如鲠在喉。故如提倡国货，储金救国诸事，婆心慧口，到处演说。湘省国耻纪念，民气膨胀，多其导线也。此君气体素弱，以积劳而疾益剧，花朝时函约英就醴一话契阔，留连十旬，耦住无猜。英见其精力日愈，屡劝节劳养病，不必关怀时局，则嗒焉勿顾也。真所谓一息尚存，双眸如故，其坚定不可及，盖若是矣。端节后十日，英方回衡省亲，越半月，而张君之讣音传来，英如手如足之爱，悲戚固其所自。惟念张君行谊卓绝，赍志以殁，不有传者，则结绿青萍，终等与铁戟消沉耳。先生文章巨手，海内人师，忝附同社，尤切景行。拟乞椽笔，一光丹素。如荷容光远照，许予揄扬，当再次崖略，以供采择。书不尽意，无任神驰。敬请道安。伏维荃照，伫候还云。
>
> 唐群英　鞠躬<br>民国四年七月廿九日

在这封情词恳切的信函中，唐群英称张汉英为秋瑾之后不可多得的女界英杰，赞其"愤祖国之阽危，慨女界之屣弱"，"沉毅坚定，百折不回"，"南北奔走，力求振拔"，以致"抚膺增痛""积劳而疾"，直至生命危殆之时仍"一息尚存，双眸如故"，可谓一生"爱国、爱同胞"，"行谊卓绝"。为此，她恳请柳亚子先生为张汉英作传，使其"容光远照"，"一光丹素"。

请求大师为挚友作传之举，立意新颖，世所罕有。由此也可洞见唐群英的宽阔胸襟和无私大爱。

# 声讨袁世凯

唐群英得知袁世凯恢复帝制，改号"中华帝国"，极为愤怒。但看到孙中山发表《讨袁檄文》，蔡锷已在云南宣布独立，并组织护国军出兵讨袁；乾一弟在长沙联络革命党人一举烧毁长沙军火库，与蔡锷起义之举，形成遥相呼应之势，唐群英又非常兴奋。此举激怒了袁世凯，责令其在湘爪牙，迅速辑拿严办，所幸唐乾一等闻讯脱逃，躲过一劫。1916年春节过后，她带着刘琴迅速赶赴长沙，动员湖南女界响应孙中山《讨袁宣言》号召，组织讨袁斗争。5月中旬，与丁步兰等召集妇女上千人，在长沙曾公祠集会，宣传孙中山《二次讨袁宣言》的主张，声讨袁世凯，号召妇女姐妹积极投入反袁斗争。讲话间，突然枪声四起，会场被团团围住。在万分危急中，唐群英镇定自若，化装女工打扮，在众人的掩护下，巧妙地躲过袁世凯在湘抓牙的围捕，逃出了会场，又一次幸免于难，唐群英再次遭到通缉。不得不暂离长沙，在刘琴的保护下回衡山避难。

一个月后的6月中旬，唐群英获悉袁世凯死于北京，欣喜若狂，打点行装，与刘琴赶赴长沙，组织自强女子职业学校和女子美术学校的两校师生开

长沙曾公祠

会庆贺民国新生。

在长沙，就听闻黄兴胃病复发的传闻，唐群英一直忧心忡忡，深为这位革命领导人的健康担忧。10 月 31 日，黄兴在上海病逝的噩耗传来，唐群英非常悲痛，当即写下一首《哭黄公克强》五律：

> 昔抱钓天志，东瀛幸识荆。
> 雄风驱鞑虏，建国赖长城。
> 民失擎旗手，我悲引路人。
> 千秋遗爱在，遥奠泪沾巾。

唐群英对黄兴的这首挽诗，充分肯定了黄兴的功绩，也表达了她对这位革命"引路人"的感激、敬佩、悼念和追思。

1917 年春，唐群英将刘琴留在自强女子职业学校。她独个儿赴京看望女界老友，联络各地妇女团体，筹划重新开展女子参政运动，但工作很难开展，几个月的活动，没有实质性进展，遂于是年秋天，离京返湘。在汉口轮船上遇到老盟友陈家鼎字汉元，湖南宁乡人，民国初年与唐乾一同任临时参议院参议员，第一次国会众议院众议员。他也曾留学日本，参与创办《洞庭波》杂志。1907 年赴山东联络军界策动起义。武昌起义后，在沪、宁组织政团，故友重逢，追思往事，彼此都有无限感慨。席座间，唐群英写了一首《归舟遇陈汉元有赠》：

> 百战归来剩此身，同舟犹话劫余尘。
> 老陈不是寻常客，曾率诸侯讨暴秦。

这首诗称颂陈汉元反清反袁的战斗业绩，也是对自己峥嵘岁月的回味。陈谦逊地说："我老陈只不过是寻常之人，讨暴秦也没尽多少力啊！"

船行至岳州（即岳阳），他们从船舱走出来，远眺岳州景色。陈汉元提议联句，定十一尤韵，以"州"字起韵，并请唐群英起首联：

唐群英：小艇如囚渡岳州，　　陈汉元：歌声人语杂江流。
唐群英：十年忧愤怀秋侠，　　陈汉元：百战功名笑楚猴。
唐群英：回首燕云增黯淡，　　陈汉元：伤心边漠费筹谋。
唐群英：不堪九死遗亡客，　　陈汉元：犹得生还话旧游。
唐群英称赞："好个，犹得生还话旧游，真是个乐天派！"

客船到达岳州，唐、陈同登岳阳楼，举目远眺，旭日灿烂，唐群英看到范仲淹写的《岳阳楼记》兴奋不已，先忧后乐之情涌上心头，又作了一首《登岳阳楼远眺》：

> 君山突起水潆回，山色湖光照眼开。
>
> 不访纯阳大仙吕，何当共和醉三回。

陈汉元看后，连声赞曰："好诗！好诗！这不仅体现洞庭波涌，群山荟萃的山水之乐，更表达不像吕洞宾一样成仙的闲游，而是力求实现共和国体的远大抱负，可敬！可敬！"是的，唐群英万万没有想到，革命党人浴血奋战，来之不易的中华民国，刚刚使弥漫在中国几千年的霾雾散开，而袁世凯旋即复辟帝制，捕杀革命党人，继而又是军阀割据，逐鹿中原，民不安宁，中国又重新变成乌云四起的状况。洞庭湖腾起的波涛如同那风云莫测的断头台。多少往事，多次血战，堪回首，难回首！立功何在？国民何益？她归心似箭，要和战友们重整旗鼓，再越难关。又写下两首《过洞庭湖有感兼赠陈汉元》：

其　一

> 旭日初升晓雾开，洞庭波起断头台。
>
> 不堪回首当年事，赢得功成血战来。

其　二

> 归心似箭系舟难，满载豪情渡岳关。
>
> 此去长沙知未远，好携朋旧话家山。

陈汉元心领神会，称赞唐群英那不甘失败的壮志雄心和不减豪情的革命情怀。

回到长沙，已是金秋时节，唐群英找到姨外甥曾伯珪和刘琴，第二天大早就直奔岳麓山祭奠黄兴墓，在墓前吟诵了《哭黄公克强》那首五律，并在墓碑两侧的石柱上，贴了一副挽联：

革命未成哲人其萎

音容宛在岳麓长青

表达了她对失去黄兴这位革命领袖怀有无限沉痛的心情。

## 弟宜积学继班超

唐群英的胞弟唐乾一，深得湖南省都督谭延闿的信赖。以其"对国家有突出贡献以及在学问上和事业上有突出成就"为其报请大总统授予"二等嘉禾章"和"四等文虎章"。1912 年，唐乾一被委任湖南驻京代表。时值辽宁、河北一带受灾，他果断协助财政部长周光熙由湖南解米 3 万石予以赈济。此举，很得袁世凯赏识，认为他很有办事才能，先后推荐他当上临时参议院参议员和国会众议院众议员。起初，唐乾一相信袁世凯的"立国取统一制度；主持是非善恶之真公道，以正民俗；竭力调和党见，维持秩序……"的八大政纲，拥护他实施《中华民国约法》。对此，唐群英早有不同看法，劝其不必过分为袁卖力。当时，唐乾一并不理会，甚至反感。一次，唐乾一得知袁世凯将采取更加强硬手段，指示内务部严密监视女子参政同盟会的活动。他忙来告知阿姐，唐群英感慨地说："袁世凯专横独裁，枭狠毒辣，窃踞总统高位，民国前途，实堪隐忧！"

乾一说："陶姐，你也不能光站在女子参政同盟会的立场，反对袁项城。"

"我是站在女子的立场，我更站在全国四万万同胞的立场！老满，你站在什么立场？"群英加以反驳。

乾一毫不示弱："总理以大局为重，让位于袁项城，凡我革命党人，都应以大局为重，拥戴项城，我就站在这个立场上！"

"袁世凯拥兵自重，总理迫不得已，让位于他……"

乾一抢着分辩："话不能这么说，项城手中拥有重兵，是满清皇帝叫他练的新军，他却倒向革命，迫使皇帝退位，使我们得以推翻帝制，项城有功于民国……"

群英听不下去了，打断他的话说："袁大头投机篡位，包藏祸心。你得了他多少甜头，竟在阿姐面前为他歌功颂德！"

姐弟不欢而散，以后很少见面。偶尔相见，也是"话不投机半句多"。后来，他又多次婉劝阿姐，不要锋芒太露，反对袁世凯，免遭忌刻，以致加深误解，分道扬镳，自此很少往来。

唐乾一从"宋案"的真相大白，到袁世凯对女子参政运动的阻挠，逐渐有所醒误，但仍未从本质上看清袁世凯的本来面目，直到 1913 年 4 月袁世凯下令解散国民党，才使他彻底认清袁世凯两面派的本性，不再愿意为袁氏效劳，拒绝袁世凯的挽留，而以疾病为由，辞官隐居河南信阳。远离政坛，以

"子虚子"为笔名，严肃认真地写下《湘事记》，详析辛亥革命前后三湘政事，后被收入《辛亥革命》第六卷。

1917 年 11 月，唐群英自北京回到长沙不久。忽然接到母亲转来胞弟乾一自信阳的来信，为自己错误扶助袁世凯，而深自悔恨，并附七律二首：

其　一

四十韶光太等闲，平生一误是儒冠。
纵横计就兴邦易，虞诈风成入世难。
病后渐知怀酒热，座间惟见豆羹残。
屠龙豪气消磨尽，强与人群破涕欢。

其　二

客里深宵感岁华，不能归去等无家。
才难平乱干人忌，学未成名问世差。
风雨连天秋意急，琴书四壁旅愁赊。
谁怜宿病年年苦，自启灯炉自煮茶。

诗中不但表现出愧恨之意，更深切流露出病居他乡，思家思亲的沉重心情。此诗传到唐群英手中，她看出阿弟深有"一失足成千古恨"之慨，便主动去信，反倒耐着性子开导他、鼓励他，劝他不要愁眉不展，悲观消沉，时仅不惑之年，应该重振精神，成就事业。古人云："浪子回头金不换"，更何况只是一时之错，回头是岸，自有光明，切勿自暴自弃。在信的末尾，也附有题为《寒夜有感，酬弟坤成》七律一首：

无端风雨自萧萧，怕看严冬万物凋。
我纵吟诗惭道韫，弟宜积学继班超。
寒凝珠幌年光老，香蔼金炉雅兴绕。
遥忆适斋清夜景，蜡梅花绕碧窗绡。

这首诗，虽然回避了姐弟间过去那段不愉快的经历，却仍勾勒出痛苦的回忆。诗的第三、四两句，唐群英自惭没有晋代女诗人谢道韫的咏絮之才，但却满腔热情寄希望于胞弟，勉励他珍惜年华，不必过分伤感自愧，要像东汉名将班超那样，发扬爱国精神，重新振作起来。要阿弟摒弃凄凉的旅居生活，回乡与亲人团聚。乾一得诗，热泪盈眶，立即束装返乡。经过这一段曲折，乾一对阿姐更加敬重了。

在亲人的鼓励下，唐乾一重新振作精神，1924年国共合作期间，他又抖擞精神跟随阿姐赴长治病。此时，正是赵恒惕在湖南省省长任上，想扩修黄兴路，征询市政督办曹伯闻及警察厅长赵恒哲的意见，皆畏难而推托此事。因为长沙八角亭一带金店绸庄林立，多属大官富豪所有，很难触动。但不拆掉这些店铺，修路便成空谈。唐群英深知阿弟乾一办事的魄力和才能，与之商量后，便向赵省长推荐他出主其事，委以长沙市修路委员会督促委员长之职。唐乾一上任后，率赵所派一营兵力，坐阵"八角亭"，亲临现场坐阵指挥，力排来自富商们的阻挠，使修路工程顺利进行，很快拓宽了黄兴路，为全市修路工程的开展打开了局面，深得市民的好评和当局的赞赏。

几经起落的唐乾一，晚年身患足疾，感悟人生，"皆是虚妄"；"上台不迷，下台不恋"。自此归隐故里，在整理旧作，集成《适适斋诗集》后，潜心信奉佛教，寻吾觉路，参惮悟道，清净无为。

# 守孝不忘国事

1918年2月8日（民国六年农历十二月二十七日），79岁高龄的母亲病故。唐群英从长沙归来，为高堂老母筑庐守孝。在三吉堂背后的红茹岭下，兄弟姐妹共商砌筑了一座一厅四室的墓庐，停柩于此。由二哥维藩起名曰"云在庐"，由群英作联："云横秦岭亲何在，墓种竹林子作庐。"均由乾一手书，以为纪念。

这期间，唐群英为失去慈母而悲伤不已，天天准时在灵堂供烟、烧香，作揖膜拜，以尽女儿孝敬之情。可是，她仍然无法丢开自己的女权事业。唐群英与胞弟乾一谈了自己的想法，得到理解与支持。在这年秋收过后，她卖掉十多担谷子，凑了一笔钱，经多方奔走，最后选定在白果虹映亭处的一栋旧祠堂作为校址，虽比较简陋，但房屋宽敞，环境安静。

经过几个月的筹备，1919年春，正式开学。定校名为白果红茶亭女校，唐群英亲任校长，二哥维藩为了表示对她的祝贺和支持，特地为这所学校冠对并亲自手书：

红映夕阳好趁余晖催马足

茶烹活水须从前路取龙泉

　　这是白果地区有史以来的第一所女子学校。办学难，办女子学校更难。一方面要承受社会上对办女子教育的种种非议，什么"女才无才便是德""女子读书会败坏风气"等；一方面要挨家挨户上门做动员工作，打消她们的顾虑，还得说服家长肯出学费。母亲去世不到一年，唐氏族人中有不少风言风语，说唐群英是唐氏不孝女，不安分在家守孝，却要出风头去办什么女子学校。对于这些，她全然不顾，所想的是孙中山的教诲：只有"提倡教育，使女界知识普及"才能与男子争平等；想的是女权事业，是提高女子的文化知识，是力争女子的平等平权，是日后的女子参政……那时的女子，还没有上学的习惯，许多学生都是她和刘琴等几个老师上门动员，劝来的或是"拉"来的，一些穷苦人家的女子还免交学费，也可以说是"请"来的。白果镇有户刘木匠，家中还兼种水田农事。夫妻俩都只有 40 多岁，上有年届花甲的父母，下有三男三女 6 个孩子。三个男孩中，20 岁的老大和 18 岁的老二，读过高小之后就学起木匠活；10 岁的老五正在上小学。而老三 15 岁、老四 13 岁、老六 8 岁三个女孩都没上学，只是在家里帮忙做点家务。唐群英和刘琴到刘家做动员时，刘木匠唉声叹气地说：十口之家生活艰难，出不起学费呀！唐群英耐着性子和他算起家庭经济账；三个木匠是主要劳动力，一个月下来收入不少；刘父是农事老把式，刘母、刘妻养殖种菜还可弥补收入。一家十口只有四个吃闲饭，这在当地称得上是中等水平了。刘琴一旁帮腔，只要把日子过紧一点，让三个孩子上学总是可以的。唐群英接着说：是啊！从长远看，孩子读点书对他们个人、对家庭、对社会都有莫大的好处啊！"这些话说动了刘木匠夫妇，第三天他们就把两个适龄的女孩送进了红茶亭女校。

　　镇边还有一对周姓农民夫妇，很想让两个适龄女孩上学，可是靠两人种田七口人吃饭，生活确实很困难，唐群英当面表示，如果来上学，学校不收分文学费，16 岁的大女孩放学后帮学校搞搞清扫，还给点工钱。他们全家欢天喜地，第二天红茶亭女校又多了两个学生。

　　就这样，校长、教员走访一个星期，"拉来""请来"50 多名学生，红茶亭女校热热闹闹地开学了。学生中年龄相差很大，在一个班级里，大的已有二十多岁，小的还只有七八岁，不到 5 岁的侄孙女唐翰笙成了班上最小的学生，采用的是"复式教学法"因人施教。唐群英主讲时事政治，教育学生克服自卑心理，树立"多学则智，自立即强"的观念，发愤读书，立志成才。她常给学生们讲述古代花木兰替父从军、杨门女将忠心报国、梁红玉抗金等故事，说明男子能办的事，女子也能办得到。又说"现今世道不公平，女子

107

不能和男子一样进学堂，受教育；不能和男子一样进祠堂，祭祖先，太不平等了。"激励女子要做生活的强者，不要事事依赖男人。为鼓励大家放脚，她还自编了一首通俗易记的《女子放脚歌》，在学生中教唱，后在衡山白果、新桥一带广为流传。歌曰：

> 女子最可怜，自小把足缠。痛苦又难看，行路实困难。
> 父训恪妇道，母命实难违。苦了我女子，有苦也难言。
> 奉劝姐妹们，再勿把足缠。放脚行千里，自强争女权。

这首歌谣是 1990 年秋天，衡山县妇联主席刘毛平在白果走访当年白果女子实业学校的学生，根据几位八十多岁的老人在一次座谈会上吟唱时的歌词记录下来的，弥足珍贵。

1919 年 5 月 4 日，北京爆发了爱国学生反对"巴黎和约"瓜分中国，要求政府废除"二十一条"的正义行动，运动很快波及全国城乡。唐群英闻讯，立即组织红茶亭女校师生走上街头，支持北京"五四"运动的爱国游行。

几天后，唐群英从白果回到新桥，见唐氏广定学校对"五四"没有一点反响。便找到校长聊及此事，校长说："乡公所没有布置，县里也没有指示，不好轻举妄动。""你要看这次运动的意义，要看全国的形势，怎么要等人布置呢？"看到这位校长一副迂腐懦弱的样子，唐群英非常生气地说，"我不是学校成员，不能干预你们学校的事务，但我是唐氏家族一员，我建议校长先生开校务会，不妨让我也参加，讨论看是否应该就这次运动对学生进行爱国主义教育；是否应该也行动起来，向群众进行爱国主义宣传。"

几个年轻教师早就按捺不住了，经唐群英这么一鼓动，都认为应该立即行动。校长碍于唐群英的面子，只得陪笑说："应该！应该！"在唐群英的推动下，次日上午，新桥唐氏广定小学三百多名师生，走出校门上街游行示威。他们高举"爱国无罪，反帝反封建有理"的大横幅，高呼"抵御外侮，惩办内贼"的口号，使整个新桥街上都沸腾起来啦！受白果红茶亭女校和新桥唐氏广定小学的影响，岳北地区的十几所中小学校，都争先恐后地举行游行示威活动，响应北京的学生运动，声援北京的被捕学生。

# 潜心办学

清同治年间由唐星照将军倡议并带头捐资兴建的那座位于曲潆庙水府殿前的简易石墩便桥，被一场洪水冲得歪歪斜斜，极不安全。1919年初，唐群英便与二哥维藩、满弟乾一商议：“咱们三吉堂这三户带个头，请二哥出面邀请几位乡绅父老和当地几姓富户人家，共同筹资把桥修好。”几天后，唐维藩在三吉堂开了个协商会，大家都一致赞同，并表示愿意出资。会上还议定了筹建班子，推举人称“唐大爹”的唐维藩担任主事，分头发动各自亲友促成其事。经过3年多的努力，一座单孔石拱桥，于1922年中秋节后完工。应乡人之约唐群英为该桥作联：“曲直影摇波底月，潆洄人踱镜中梯。”唐维藩撰文刻了功德碑。

1921年冬，当选湖南省议员的王昌国，“为配合女子参政，教授女子法律知识”，她想到唐群英这位老领导，希望能来长沙助她一臂之力。唐群英应邀前往。与王昌国和省宪法审查会委员陈俶，共商筹划办学事宜，在唐群英积极推动下，四年制的“湖南女子法政专门学校”于1922年9月正式开学。唐群英未在该校任职，由陈俶兼任校长。

为了推动普及女子教育。那些年，唐群英凭借自己在社会的名望和个人魅力，四处奔波，走到哪里就在哪里办学，见缝插针，不遗余力。凡是以她的名义发起创办的学校，都能争取到政府的支持和社会贤达的赞助，而且择址也很顺利，都能很快地办起来。但由于办学基础条件差，以及经费或师资、生源没有保障等原因，大多是办上一两年就办不下去了，有的还不到一年就被迫停办。唐群英通过总结经验教训，认为再这么搞下去，终归不是办法。几经思考之后，她决定变卖一部分田产，到衡山县城办一所比较像样的女子学校。1922年秋收之后，卖掉了几亩水田，由刘琴陪同来到衡山县城，正式张贴筹办“希陶女校”的办学启事。消息一传出，政府当局得知唐群英这位德高望重的女子教育家，要在县城筹办学校，决定给予支持。因为当时，全县还没有一所公立的女子学校。经过多次磋商，县教育当局决定拨出巨资，由唐群英负责主持筹办一所规模相当的公立女子高级小学，校址定在县城中心的大巷子郭氏宗祠。经过将近一年的紧张筹备，这所冠名“衡山女子高级小学”的公立学校，于1923年秋季正式开学。唐群英被聘任首任校长。据衡阳市教育局原局长康华楚（他母亲欧阳群英是该校第四任校长）回忆，唐群英在该校执教不到一年，继她之后的历任校长都是衡阳女子三师毕业的进步学生。有唐国桢、罗咏霓、欧阳群英、向勤、刘少怙、龙萼芬等。这所学校一直办到 1938 年因抗战事起才停办。

唐群英一度在家乡闲住期间，还应段韫晖（时任湖南省立第三师范学校主事，是唐群英在长沙时发展的女盟湖南支部新会员。1914 年由唐群英介绍在衡阳任教的）、向勤（时任衡阳女子职业学校校长，原系衡山女子高级小学第五任校长）两位好友邀请在衡阳稍住，分别在湖南省立第三师范（衡阳黄茶岭）和衡阳女子职业学校（衡阳石鼓山）发表演讲，鼓励学生要图强自立，掌握自己的命运，做时代的新女性。在学生中产生良好反响。

不久，唐群英辞去衡山女子高级小学校长职务后，卖掉了十多亩水田，决定去长沙筹办一所复陶女子中学。此前就由其弟乾一和外甥曾伯珪在长沙负责与其他几位友人奔波筹备，包括选址、聘任教员、置办课桌、招生等。所以年初唐群英到长沙时，一切都已就绪，她非常高兴。1924 年春季，这所位于长沙高升巷的复陶女子中学顺利开学，唐群英亲任校长，富有办学经验的曾伯珪成了她的得力助手，刘琴也跟随左右，为她分担了不少琐事。这是唐群英心情最愉悦的一段时光。

第一次国共合作，为妇女解放运动的开展提供了良好机遇。王昌国抓住《湖南省宪法》准备进行修改之前，恢复湖南女界联合会。1924 年春节过后，王昌国由周天璞陪同，专程从长沙来三吉堂看望唐群英，想请她出山，主持筹备事宜。唐群英对老战友的到来非常高兴，留她们住了三天。还着刘琴去荷叶光甲堂把葛健豪请来共商此事，随后，同赴长沙。经过一段时间筹备，于 6 月 9 日在复陶女子中学举行成立大会，公推唐群英为会议主席，并通过了由她主持起草的《湖南女界联合会意见书》列举了女子享有人权的四条根据："一、确信人权由于天性。女子真有大性，应有人权。二、确信人权是人类生活。女子有生活，即有人权。三、确信人权平等。中国男女权利不平等所以要恢复女子人权。四、确信人权互相维系，现在讲求社会协动，所以要运动恢复女子人权。"同时，提出女权运动目标："须取得财产匀分权，不受经济的压迫；须取得公民选举权、被选举权，得参政治的创造；须取得教育同等权，以求智能的发达；须取得职业对等权，减少依赖生活；须取得婚姻自决权，破除专制的陋习。"会上选定唐群英、王昌国、吴家瑛、朱其慧、周天璞、黄宪裕、沈明范、刘其超和曾宝荪为领导成员，在推选主要负责人时，王昌国首先发言，说："唐大姐是我们女界的领袖，担任会长，是众望所归，理所当然"。唐群英则说："王昌国比我年轻，精力充沛，特别是作为一名省议员，担任会长更有利于推动工作。"声望正隆的王昌国和久负盛名的唐群英，两人互相谦让，一时传为美谈。最后，她俩都坚持只任副会长，决定推举更年轻的中华教育促进社女子教育委员会主任朱其慧担任会长。自此，湖南的女子参政运动又有了新的起色。

通过不断斗争，致使湖南省宪政委员会明确规定了"无论男女，人民在法律上一律平等，二十一岁以上男女有选举权和被选举权，享有义务教育以上之各级教育权。"当时的湖南妇女参政运动，在全国产生过重大影响，北京《女子周刊》就经常报道湖南女权运动的消息，并发表过《湖南女界之参政热》等文章。

1924年底，唐群英回家过年。白果一些妇女得知此情，纷纷前来看望这位老校长，迫切要求恢复红茶亭女校。唐群英听了又高兴又为难。最后，她决定拿出资金，利用停办的红茶亭女校原址办学，改名为岳北女子实业学校。委托曾伯珪主持教务工作，安排刘琴分管总务事宜，校长由她自己担任，便于协调各方关系。她的主要精力放在复陶女子中学。

因为原来已有基础，加上群众有要求，只要有人办、有资金，所以很快就恢复了。但学校课程有了很大的变化，高小部和初小部的课程和一般学校一样外，还开设了实业课。学生上午学文化，下午学实业。实业课分音乐、珠算、书法、刺绣、缝纫、编织、剪纸、养殖、种植等门类，学生可自愿择其所好，掌握一门至几门专业，学会谋生自立的本领，很受学生和家长的欢迎。有些学生离校后，即可自食其力。

唐群英主持开学典礼后不久，孙中山于1925年3月12日在北京病逝的噩耗传来，唐群英悲痛万分，当夜写了一首七律《哭孙总理中山先生》：

> 愁云惨雾瘴京衢，日落星沉万物芜。
> 岛国投旌陈腑肺，金陵请愿见乘除。
> 授勋感愧时时悚，赠句恭吟字字珠。
> 苦雨凄风夜漫漫，挑灯重读龙蛇书。

第二天，唐群英在学校主持了孙中山先生逝世追悼大会，并在大门两旁和会场两侧，撰了两副挽联：

### 其　一

> 上下五千年，独国民党能膺帝制；
> 纵横八万里，惟华盛顿可媲斯人。

其 二

列强未打倒，军阀未铲除，天柱遽折，翘首燕云空怅惘；

主义须实行，民众须唤起，党人切记，缅怀遗训共勉旃。

唐群英哭挽孙中山的诗、联，充分体现了她对这位伟大领袖的无限怀念和对国家民族的忧虑心情。

# 拒帮赵恒惕

赵恒惕

1925 年 5 月中旬，唐群英把岳北女子实业学校的事向曾伯珏作了一番交代，便赶赴长沙复陶女子中学。

是月末，震惊中外的"五卅惨案"爆发了。唐群英闻讯，非常气愤。6 月 2 日，她带领复陶女中的全体师生参加了湖南工团联合会和湖南学生联合会在教育会坪召开的一次集会。会后带领该校师生参加全市的罢课、罢市游行。

次日，长沙全城贴满省长赵恒惕的布告："湘西战事未清，深恐土匪潜来省城，如有乘机捣乱者，定予就地正法。"这天晚上，赵恒惕派包车将唐群英接到他的公馆，要求唐群英约束复陶女校的学生，不要参加那些"过激行动"；同时，希望她以自己在妇女界、教育界的声望和社会地位，联络妇女界、教育界人士，共同约束学生，不要起来闹事，规劝妇女界不要参加游行示威。

唐群英不假思索地回答："我办教育，不光传授书本知识，还鼓励学生从事各种课外活动。不瞒你说，本校学生在此次运动中行动得最早、最快、最有力，这与我的引导鼓励有密切关系，我怎能自己打自己的嘴巴，反过来约束他们？此事万难从命。至于联络教育界大家来约束学生，连我自己都不能约束，又怎好劝说别人？即使我厚着脸皮去说，也不过会受人讪笑，遭人唾骂而已，此事也实在使不得！至于妇女们要去示威游行，我管得了吗？"

"陶姨！"赵恒惕苦笑着说："如果当校长、当老师的都像您，我这省长非垮台不可！"

唐群英笑道："这么说，我罪该万死啰！"

"陶姨言重了！不过，您也该给我帮帮忙呀！"

"我可以帮你发动更多的群众，燃起反对帝国主义的熊熊烈火……"

"莫开玩笑啦！拜托您，不要帮倒忙！"

"为什么你们当大官的害怕群众起来爱国？官越大越害怕……"

"唉！您是不在其位，不谋其政啊！闹出乱子来，当官的要负责任，比如：又出个'长沙惨案'或者又焚毁外国的领事馆、教堂什么的，甚至杀死外国人，我赵恒惕就负不起责任，下不了台！要晓得当局者的难处啊！"

"那就只有俯首帖耳，大家心甘情愿当亡国奴！"

"话不能这么说，我何尚不爱国……"

"是的，你以前也爱国，现在，你更爱乌纱帽……"

"陶姨！"赵恒惕恼羞成怒，但又碍着唐群英是自己的长辈，不好发作只说了句："拿您老人家真有办法。"

5日上午，青沪惨案湖南雪耻会在郭亮指挥下，10万余人在长沙城内举行游行示威，英、日领事馆工人退工，湘雅、福湘两校学生退学。下午，唐群英带领复陶女中的学生继续在街头一块空坪上讲演，群众围得满满的，中间燃烧着一堆"仇货"，是各家检查出来的日货、英货，唐群英一面讲演，一面打开一口半旧的皮箱，将里面的衣服一件件投向吐着火舌的火堆，最后连皮箱也烧掉了。她说："这是我十几年前从日本带回来的东西，经济绝交抵制仇货，从我自己做起！"

# 白果妇女闹祠堂

唐群英心里牵挂着岳北女子实业学校，于1925年6月中旬，回到衡山白果，配合湖南省雪耻会派来的周玉昆，在衡山开展工作。

她积极响应湖南省雪耻会衡山分会的号召，联合白山高级小学校长周树屏，带领岳北女校师生，白天深入村庄宣讲"五卅"惨案经过；晚上组织提灯会，广泛发动群众，投入反帝爱国运动。在岳北女校和白山高级小学的影响下，岳北地区各学校都组织起来，联合行动，使这场爱国宣传持续了个多星期。

1926年初春，唐群英主持复陶女校开学不久，得知湖南大学歧视招收女生，便与朱其慧、王昌国商量，以湖南省女界联合会的名义，于3月8日联络长沙青年妇女学艺社等团体，组织十余所女校师生2000余人，在教育会坪聚会，提出"女子参政""教育平等"等口号，会后举行游行示威，提出男女教育平等，要求省政府批准湖南大学招收女生，并设立妇女义务学校。

5月29日晚，英国怡和公司一艘"昌和号"轮船，未按规定时间突然由长沙港启航，超速北驶，造成撞沉草正码头民船40艘，溺死船工30余人的大惨案。幸存的船工和数百名船工家属，于6月3日围坐英国领事馆前请愿。英领事馆不予理睬，更引起职工群众的义愤。唐群英从复陶女中几个学生口中得知此情，迅与会长朱其慧通报。当日即以湖南女界联合会的名义，致电中华全国总工会及长沙各报馆、各团体，要求政府出面向英方提出严重抗议，要求赔偿损失并惩办凶手。全国总工会回电表示声援。政府几经交涉，最后怡和公司不得不认赔了5000元（旧币）。湖南女界联合会这次主动介入此事，

白果妇女闹祠堂

在社会上产生了很好影响。

7月11日，北伐军第八军三师李昌仙部进入长沙，唐群英带领复陶女中师生和其他学校一起，走上街头夹道欢迎。16日又和朱其慧、王昌国一道组织长沙女界和一些女校师生，参加湖南省工团联合会、省学联、省妇联以及长沙农民协会共同组织的迎接北伐军的欢迎大会。

是年冬，复陶女中放寒假，唐群英把学校的事安排好以后，带着刘琴回三吉堂与家人团聚过年。一进门就听说白果妇女成群结队走进刘家祠吃冬至酒，感到很新鲜，很佩服也很兴奋。没想到第二天大清早，她的维藩兄在大客厅跺着脚说："这些堂客们（旧时家乡对妇女的称呼），简直无法无天，一蜂风闹进刘家祠堂，也要吃冬至酒。家有家规，族有族规，历来没有女子吃祠堂酒的规矩，白果刘姓妇女成群结队闹进祠堂，太不成体统……"

没等二哥说完，唐群英就答话："妇女为什么不能进祠堂吃酒？！说实话，我对吃祠堂酒并不感兴趣，但她们进祠堂吃酒，我举双手赞成。"

"这都是你在白果办女子学校惹的祸。这样伤风败俗的事，你还赞成？"

"伤了什么风，败了什么俗？任何家族中都有男有女。祠堂里供奉的牌位，有祖考，也有祖妣，表明男女祖先都可以上神台做神主，为什么进祠堂喝酒的只能是男人？女的就连祠堂都不能进，这是哪家的公理？你过去当县长，是全县之长还是县里一半男人之长？现在你作为唐氏族长，是全族之长还是一半男人之长？我知道二哥是勤政之官、亲民之官、清廉之官，在每个任职之县都受到老百姓的拥戴，但你脑子里的男尊女卑思想，赶不上时代了啊！中华民国乃全体人民之国，民则不分男女，都应一律平等，不论在家族中还是在社会上……"

"好啦！好啦！又搬出你那女权运动的理论来了！你们争取了这么多年，男女真正平等了没有……"唐维藩的心里有些发虚，语气上带出了反唇相讥的味道。

"实现男女平等，不过是时间问题。白果妇女闯祠堂，就实实在在证明妇女的觉悟高了，胆子大了，自然就有勇气冲破束缚，打碎桎梏！明年冬至酒，我要发动唐氏妇女都进祠堂，请族长大人多准备几十桌酒席啊……"唐群英理直气壮，又不愿跟哥哥搞得太僵。

"好的，我的八姑奶奶，八先生！明年我大开祠堂门，铳炮鼓乐齐鸣，旗伞灯彩大展，欢迎女族尊入祠……"平时威仪凛然、能说善辩的族长哥哥，此时竟然无话可答，只能以玩笑的口吻自下台阶。

这场兄妹舌战，不期然间在新桥乃至岳北一带很快就传播开了。人们都说，讲男女平等，唐氏族长大老爷都服输了。连一些思想比较守旧的男子也不得不同意唐群英的看法，而让自家的妻子、媳妇、女儿去参加农会的活动了。妇女们更是理直气壮地说："有八姑奶奶撑腰做主，我们还怕什么！"

# 相识毛泽东

毛泽东

1927年1月，毛泽东来衡山考察农民运动，听说"白果妇女闹祠堂"的故事很感兴趣，连连称赞："干得好！你们做得对，好得很！"[1]。

毛泽东从白果妇女联合会秘书朱棣棠的汇报中得知，白果妇女之所以有如此勇气闹祠堂，是因为早几年有位唐校长在白果办过两所女子学校，培育了一批批敢想敢说、敢作敢为的白果女子。还听说岳北农工会成立时，这位唐校长还找过刘东轩会长，专门讲过如何解决妇女问题，毛泽东越听越感兴趣。

是月21日回到县城，听说唐群英正在县立女子高级小学，就急着要衡山地委书记向钧陪同，前往拜会这位支持农民运动的辛亥元老唐群英。他们一见如故，谈起革命，滔滔不绝。毛泽东说："国父遗嘱讲了，革命尚未成功，同志仍须努力。要革命成功，离不开妇女半边天的支持。"[2]唐群英接着说："所以，'天下兴亡，匹夫有责'的提法欠全面。天下兴亡，人皆有责。没有妇女参加的革命，断难成功。"[3]在一旁的向钧忙着插话："趁老前辈来县城的机会，讲习所举办的干训班，请唐校长上一堂课，给我们讲讲男女平等问题。"没等唐群英表态，毛泽东说："我举双手赞成！我也到场听课。"[4]

元月 22 日上午，唐群英在县农协会委员长兼农运讲习所所长刘爱农陪同下，来到讲习所课堂。毛泽东果然由向钧陪同到场。

唐群英像讲故事似的说起杨家将，赞颂杨家是一个团结和谐的大家庭，男女间平等相处。保国家，男的挂帅出征，女的也出征挂帅，女元帅照样领导男将军。她说："在家庭里，夫妻要平等相待；在社会上，男女要平等平权，不可男尊女卑，重男轻女。"她还讲了"多学则智，自立即强"的道理。"尤其是女性，一定要去掉自卑心理，只有提高文化程度，增长办事能力，能够独立生活，才能取得男女的真正平等。"

唐群英演讲完毕，向钧请毛泽东讲话。全场又一次响起了热烈掌声，毛泽东发表了简短的讲话，他高度赞扬了唐群英的演讲，深入浅出，像讲故事一般，讲的不单是男女平等，还是一堂生动的爱国教育课！

毛泽东说，此次考察湖南农民运动，对衡山白果的印象最深，尤其是白果妇女的觉悟程度和斗争精神，令人佩服，这在全国也不多见。

事后，唐群英逢人便说："毛泽东豁达大度，气宇不凡，很有办大事的气派。中国多有几个这样的人才，一定大有希望"！[5]

# 智保李实行妻小

1923 年 9 月下旬某日，衡山女子高级小学开学不久，唐群英在校办公室接过杨艳芳老师带来的一则新闻《湖南省衡山县岳北农工会成立宣言》。三天后，唐群英专程从县城赶到白果刘捷三公祠，找到刘东轩会长，同时结识了执委会委员李渭璜秘书。刘对唐群英早有所闻，她虽是新桥大户人家，但对孙总理提出的"联俄、联共、扶助农工"三大政策非常拥护，又是妇女界有名望的领袖，开明的教育家，自然对唐群英不存戒心，而且热情地求教于唐群英这位开创民国的元老。看到这两位精明能干的年轻人，唐群英很高兴地和他们交谈起来。当得知岳北农工会成立大会的决议案中，提到关于农民生活要如何改良，关于农村妇女的生活要如何改良等等，她说："妇女在家庭常常挨打怄气，在社会上更没有地位。农工会该大力改变重男轻女的习惯。"唐群英建议执行委员中增加一名妇女委员，专抓妇女工作，发动更多的妇女加入农工会，成立专门的妇女组织，使妇女们在斗争中增长才干。刘会长高兴地采纳了这个建议，李秘书在一旁作了认真的记录。事后不久，果然成立了白果女界联合会，推举刘淑清担任会长，朱棣棠为秘书，很快地把白果妇女

唐群英后人唐存正（左）与李实行后人唐雨明（中）、李振国相聚一起，回忆先辈往事

组织起来了。

是年，为了改善农民生活，农工会找当地老财们商议搞点平粜谷，可一个个都说有困难，暗地里却偷偷往外运。农工会会员们在会长刘东轩带领下，分头阻止，并将为首的几个大户老财抓了起来，进行谈判，谈不好就斗。其中一户叫廖连元的财主，是唐群英弟嫂廖淑媛的堂兄，关了好几天，斗了好几场，还是顽固抵赖拒不接受平粜。他的妻子特地乘轿赶到新桥三吉堂，托唐群英在刘会长面前求情。唐群英趁机做她的工作，以答应压低粮价为条件，动员她带头搞平粜。廖妻救夫心切，满口答应，当即决定拿出100担谷子，由4元一担压至3元一担。这就为岳北农工会开展平粜运动打开了缺口，一下子解决了农民的粮食之需。

白果是赵恒惕的胞衣地。赵恒惕当上湖南省省长以后，知道岳北农工会经常组织农民"闹事"，连他的胞兄赵念慈都挨斗了好几场，于是派重兵前去镇压，四处抓捕为首"闹事"的头头。农工会的执委们敌不过枪杆子，只好四处躲藏。秘书李渭璜按党组织指示，逃到江西安源煤矿当了一名矿工，改名李实行。

这时，毛泽东的弟弟毛泽民正在安源煤矿工人消费合作社当社长，很需要找个帮手。他听说李实行是从衡山白果岳北农工会转来的，还当过农工会的秘书，有点文化，就把他调到身边。试用一段时间，果然，这个小青年工作踏实能干，就让他正式当了合作社的经理，不久还介绍他加入了共产党。

李渭璜逃走之后，他的家里人却不得安宁。衡山县团防局到贯塘司马港来抓人，李渭璜没抓着，他的妻子唐金云却被抓住了。这天已是中午，团防局的枪队吵着要吃午饭再走。唐金云心生一计，说水缸没水啦！你们先在这里呷茶，说着就提着水桶往屋后水井边走去。到井边她将水桶一丢，急忙往新桥卢冲娘家跑，算是逃过一劫。

李渭璜的父亲李彩春觉得这么躲，终归不是个办法，于是带着儿媳唐金云和她的两个孩子连夜逃离贯塘，直奔江西安源煤矿，沿途讨饭流浪了好几天，终于找到了李实行。唐金云便在煤矿旁的疏机街摆起了摊子，靠炸油粑粑卖过日子。团防局得知李渭璜全家老小都逃走了，就只好把他年老的爷爷李恒财抓去坐牢。还说：一天抓不到你孙子李渭璜，你这个老家伙就别想走出去。可怜的老爷爷，硬是被折磨死在牢里。李渭璜改名李实行，但乡里人并不知道。

后来，李实行参加萍浏游击队。1925 年 9 月，被选送到广州农民讲习所学习，这时已是国共合作时期，加上李实行已离开安源，他的妻子唐金云只好于 1927 年 3 月带着一老三小（在安源三年，又生了一个男孩子，叫李安生）回到衡山贯塘。到家不到两个月，长沙发生"马日事变"，大批共产党员惨遭杀害。李渭璜被挂上"匪首"的罪名，受到追捕。一天，国民党衡山县清乡队听说李的妻子已回衡山老家，就到贯塘司马港来抓她，5 月中旬的一天清早，把唐金云从睡梦中喊起来抓走了。清乡队头儿们一个个气势凶凶地说，要将"共匪"头子李渭璜的妻子押去县城杀头示众。李的父亲急得团团转，这是两条人命呀（这时唐金云正怀有身孕)！可怎么办呢？他突然想起儿媳的娘家有个当过县长的唐训程（册名为唐维藩）。就急着找一个会跑路的人去新桥三吉堂，找这位唐县长帮忙。唐训程得知情况危急，忙写一封信派人骑马送去白果，找他的妹妹唐群英出面调解此事。唐群英见信后，立马到白果桥头等候。不久，果然看到清乡队押着一个妇女迎面过来。唐群英拦住清乡队，吆喝一声，要他们赶快放人。清乡队的人都认识这位同盟会元老，都知道这是一个很难对付的女人，既不好得罪，当然也不敢放人，一直在桥头僵持着。为首的小队长说：唐老校长，放人是不可能的，我们交不了差。这时，唐群英心里明白，这是个非常时期，硬来是不行的。便说：你知道今天抓的这个"犯人"，正怀有身孕吗？不管怎么说，孩子总是冒犯法吧，要抓也得等她把小孩生下来再抓吧！这叫人道主义。如果你说交不了差，我给你们局长写封信，算是我先把人保下来，要是她跑了，就找我唐群英好啦！小队长碍着唐群英的面子，只好带着她的那封信回县里交差。为了造声势，唐群英还特地安排了一乘轿子，把这个孕妇送回贯塘。

这在当地传为佳话。当地乡民们都很佩服唐群英，说她真会想办法，一封信保住了李渭璜最后一脉人。

唐金云于1927年农历十一月初三日，为李家生下第四个也是最后一个小男孩李寿生，这支人脉现在已是一个13口人的大家庭了。

唐金云

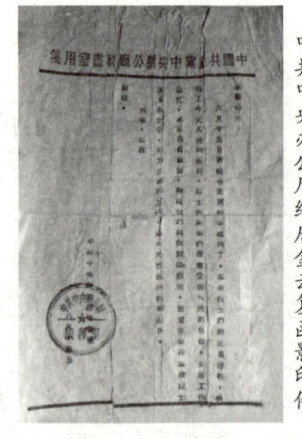

中共中央办公厅给唐金云复函影印件

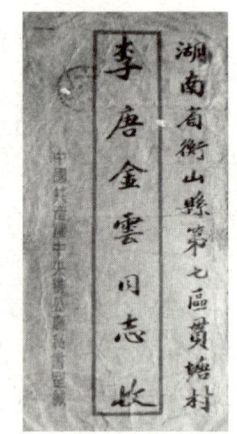

湖南省衡山县第七区贯塘村

李唐金雲同志收

新中国成立后，家人们都盼望李实行胜利回乡的消息，可时间一天天地过去了，还不见壮士回家。这个出身书香世家，精明能干的唐金云，于1950年6月15日，大着胆子给毛主席写信打听丈夫下落，不久，毛主席指定中共中央办公厅给她回信，才知道李实行后来当了中国工农红军一方面军第三军团五军一师师长，在莲塘地区一次激烈战斗中壮烈牺牲，时年29岁，成了一名光荣的革命烈士。

而今，唐雨明（李实行最小的儿媳，李寿生的妻子）经常给几个孩子说："当年，要不是唐群英保下你们奶奶唐金云（李实行的妻子）的性命，就不会有我们这支血脉。唐群英是我们李家的大恩人，要世代不忘啊！"

## 搭救共产党人

1926年下半年，曾伯琏大病一场，一时体力难支，眼看办得蒸蒸日上的岳北女校无人管理，刘琴心急如焚。时年56岁的唐群英得知此情，非常着急，她再无力心挂两头，于是决定辞去长沙复陶女中校长职务，回衡山办好岳北女校。唐群英办好移交手续，于是年10月下旬回到衡山白果，看到岳北女子实业学校学生的学习情况，很是高兴。听说唐校长回来啦，老师们的办学劲头更足了，刘琴更是喜上心头。

这期放假，唐群英没回三吉堂，带着刘琴直奔荷叶北斗堂看望曾伯珏，一直住到春季开学才回白果。

唐群英是孙中山"联俄、联共、扶助农工"三大政策的忠实践行者，对1927年蒋介石在上海发动的"四一二"反革命政变非常反感。接着，5月21日晚，许志祥又在长沙发动"马日事变"，第一次国共合作全面破裂，大革命运动宣告失败。6月1日以后，湖南各地重演"马日事变"惨剧，县党部、县农民协会及革命团体均被推毁，社会极不安宁，岳北女子实业学校也只好提前放假。

6月下旬的一天，红茶亭女校毕业的彭月梅，领着她的丈夫周仲屏，一大早就来到三吉堂，找老校长求援。彭月梅和周仲屏都是共产党员，农民运动的骨干，一个是湘乡县铜梁乡农会委员，妇女联合会主任；一个是湘乡县农民协会委员。因湘乡县到处抓捕农运骨干，他们无处躲藏，走头无路，彭月梅才想到找唐校长帮忙，到这里暂避一时。唐群英问明情况，就把他们留下。几天后，衡山的清乡队下乡了，岳北一带也到处抓人，风声很紧，彭、周二人私下议论，决不能连累唐校长，打算闯出去。唐群英也觉得三吉堂也的确不是"湾船的港口"，不敢强留。但就这么让他们走，又放心不下。最后还是唐群英想了个办法，让他们扮作和尚尼姑的模样，到南岳"出家"，暂且躲避一下，"留得青山在，不怕没柴烧"。为了安全把他们送出去，唐群英要刘琴找来几套讲究的男女服装，叫彭、周挑选试穿。二人不解，问道："怎么出家还要讲究打扮？"

唐群英说："现在不是农民协会时候了，穿得越有派头，路上，人家越不怀疑。不但要打扮，还要你们坐轿子哩！"

次日，三乘轿子从三吉堂出发，分别由左维民、胡警华和刘琴在轿子前面开路。路过新桥，盘查的人听左维民说是唐校长出远行，连看都没看就放行了。因为左维民在新桥，是无人不晓的人物。但到东湖，就不灵了，一个挂斜皮带的军官喝令"下轿！"

唐群英从容不迫地走下轿来，左维民给那军官递上一张印着"唐群英"三字的名片，军官看了，却不知是什么人，正呐闷间，乡公所的负责人上前了，毕恭毕敬地叫声"唐校长"，然后向军官介绍说："唐校长不但是我们衡山县大名鼎鼎的教育家，还是一位老革命家，孙总理的老战友哩！"

唐群英接上说："我和两位同事取道南岳，到衡山县和省城长沙去考察教育"。她转过头向后面两乘轿子喊道："王主任，张老师，你们出来和这位军官见见面。"

那军官霍地立正，行了个举手礼："不用耽搁您了，唐校长，请！升轿!"

就这样，唐群英很顺利地把周仲屏、彭月梅这两个"和尚""尼姑"分别安顿在福严寺和济公岩，嘱咐他们静候消息，然后和刘琴等绕道衡山返回三吉堂。

1928年，湖南局势已趋于平静。4月，报载"朱毛"（朱德、毛泽东）在江西井冈山会师。唐群英很自然想到南岳山上这两个"出家"人。下旬某日，她坐上一乘轿子，由刘琴当向导，直奔福严寺找到周仲屏，把"朱毛"会师井冈山的消息告诉他，又把他带到济公岩找上彭月梅。夫妇二人商议后决定下山，但回湘乡不是办法，因他们二人都是榜上有名的"要犯"，倒不如去井冈山寻找组织。但怎么去呢？改装吧，头发一时长不起来，不改装吧，僧尼同行，恐路上招致麻烦。听到这里，唐群英心生一计，要月梅女扮男装。两个和尚一路走，谁会管你。

临行，唐群英给他们十块银洋，说："井冈山现处包围之中，且路途很远，此去艰难险阻会不少，多带点钱方便一些，我也就放心啦"，彭、周只好收下，千谢万谢而别。

# 主张团结抗日

1928年5月3日，日本帝国主义在济南制造"五三"惨案。岳北女校师生非常气愤。唐群英的一位堂叔叫唐乾成，他在北伐军某部任职，6月上旬回乡省亲，唐群英特地把他接到学校，请这位刚从济南回乡的军官给师生们讲述亲历济南惨案的经过。接着，唐群英指出："日本鬼子处心积虑，侵略中国，我们应奋起救国。"学生们群情激愤，纷纷抗议日寇暴行，一场生动的爱国主义教育课在山村学校点燃了一致抗日的烽火。

1931年，日本关东军发动"九一八"事变，东三省沦陷，唐群英对来访的房侄唐寿春说："为什么不打？为什么不打？大好河山，拱手让人，罪该万死！"对于当时的军阀混战，她更是反感，常常叹息"兄弟阋墙，蕃篱尽失，亡国之祸，迫在眉睫，应该一致对外了……"

1932 年，日军发动"一二八"淞沪战争，军长蔡廷锴奋起抵抗，后有传闻，英国准备出面调停，唐群英得知这个消息，面带怒色。她说："日本鬼子阴险狡猾，诡计多端，和他们没有什么好谈的，只有打！"她一直反对内战，主张团结抗日，直到她生命的最后一刻。

# 云在庐办学二三事

唐群英前半生怀救国救民之心，醉心戎马生涯；后半生耗尽家资，兴办女子教育，晚年回三吉堂养老，仍然丢不下教育这档子事。

1929 年春，唐群英已辞去岳北女校校长职务，交由曾伯珪负责。应唐氏族人的邀请，她自己到新桥唐氏广定小学担任校长。这时，唐群英已是 58 岁的老人，突闻胞弟乾一于 6 月 1 日猝然病故，这无疑对她的晚年增加了无法消解的痛苦。她哭泣弟弟的不幸早逝，才刚满 50 岁啊！更哀伤弟弟没有把握自己的命运，使他的才华没有得到正确而充分的发挥。她忍着内心的悲伤，为乾一操办丧事。再也难以承受这精神上的打击，于是年冬天，辞了最后一个唐氏广定小学校长的职务，决定回家安安闲闲度过晚年。

在三吉堂刚静下来不久，她发现早些年只顾忙于在外面办学，却没想到自家身边反倒有不少文盲。唐群英又闲不住了。1930 年春节过后不久，她邀请邻乡李次渊先生到三吉堂商量开办补习班。利用为母亲修筑停枢的那几间墓庐屋"云在庐"摆上课桌椅。为几个晚辈唐文嫺、唐志良、曾启球、曾选楼和邻乡的胡志聪、王荣、王南卿、葛光炎等升学补课。他们升学走后，唐群英索性办起一所不收学费的学堂，收罗邻近一些青少年，那时山村女孩子，还没有上学的习惯，唐群英便要她的侄孙女唐翰笙带头，领着她挨家挨户说服动员邻近的女娃，没好久就凑齐十来个女学生，有的是八九岁的女孩，也有好几个已是 20 多岁的少妇。

"云在庐"学堂收了十多个学生，有本家的唐恭陶、唐国笙、唐庆兰、唐凤兰、唐贻淑，也有外姓的曾元龙、谢南生、李才华、李金铭、傅桂英、葛楚璜、汤淑贞、陈生英等。这所没有挂牌学堂的学生年龄相差悬殊，且程度不等，许是推行新学后的早期"复式教学班"模式。李次渊老师任教语文和历史，主讲古文诗词和常识等课程，唐群英自己负责全部事务和思想教育之外，还兼教授数学和音乐，学堂里传出的琅琅书声和欢歌笑语，给沉寂的山冲带来无限生机，在其故里土地上播撒了希望的种子。

　　唐群英的得意门生唐翰笙是侄儿唐淡轩的独生女儿，出生于1915年冬天。唐群英是遭到袁世凯悬赏通缉后于这年春天回到新桥三吉堂的，心情极度郁闷之时，侄孙女唐翰笙呱呱坠地，翰笙学会走路以后，唐群英便常常把她带在身边，小翰笙总是八公公（唐群英排行第八）长八公公短地叫着，让唐群英好生喜欢。1919年"五四运动"爆发后，唐群英组织新桥唐氏广定族校师生上街示威游行，声援北京反帝反封建的爱国运动，五岁的唐翰笙也挥着小旗，跟在游行的队伍里。1925年秋，唐群英将一度停办的红茶亭女校改办为岳北女子实业学校，便把不足十岁的唐翰笙抱到轿子里。此后，唐翰笙一直跟随在八公公身边读书。"云在庐"开课后，唐翰笙自然成了老师的小助手。1931年腊月二十三日，是唐翰笙16岁生日，碧玉年华，全家设宴庆贺她成年的节日。上午11时许，唐翰笙来到"是吾家"书屋请八公公过府吃饭。饭前，翰笙像往常一样，央着八公公请教许多人生、女权和学识等方面的问题。八公公一一作答。稍事歇息后，八公公拍着侄孙女的肩膀，然后铺开一张宣纸，挥笔题写了"多学则智，自立即强"八个大字，作为送给翰笙的生日礼物。

　　黄泥町滩上屋有个叫赵八嫂的妇女，也在云在庐课堂就读，平常都来得挺早，听课非常认真，是唐群英很看好的一个学生。可是突然接连三天没来上课了，这天晚上，唐群英由刘琴提着马灯，陪她来到赵家。一了解，原来赵八嫂这几天都忙着到别人家做上门功夫。心灵手巧的赵八嫂会做布娃是远近闻名的，因为要抓点收入弥补家用，所以只好停学打工。

　　唐群英得知赵八嫂家里确实有困难，就主动提出为她"开小灶"，白天打工，晚上补课。一连好几天，赵八嫂都按时打着火把来"是吾家"补课。几天过后，又不见她来了，唐群英叫刘琴去问问情况，原来赵八嫂心里感到过意不去，怕影响八姑奶奶休息。第二天大清早，趁赵八嫂还没出门，唐群英赶到滩上屋把她拦住了，说："赵八嫂，你还是要坚持来学习啊！你不来，我才真的休息不好呢！"赵八嫂非常感动，自此不再间断。

　　二十几个学生中，以曾启球和唐志良最为顽皮，常常"挖眼寻蛇打"。有一天，大约是土地爷的"生日"，山下路旁土地庙里格外热闹，烟火缭绕，鞭炮响亮，锣鼓喧天，人声鼎沸。"云在庐"的学生，上课时就不断往窗外张望，一下课马上跑出观看。颇为早慧的曾启球明白，那些烧香磕头的人是在搞封建迷信，他不以为然地站在一旁龇牙咧嘴。到了晚上，他出主意，拖着唐志良做帮手，将土地庙里"土地公公"与"土地婆婆"的神牌取了出来，

曾启球

丢在地上践踏，一面玩笑着说："土地公，土地婆，你们要是有本事，马上叫我们肚子痛，我就信服你；你若没本事，我就叫你喝尿！"说着就嘻嘻哈哈地往木头神牌上撒尿，然后又将两块神牌弃置于"云在庐"屋后的水沟里，每天趁人不注意便跑去让"土地公公吃尿"。

几天之后，三姑六婆发现了"土地公公"与"土地婆婆"在水沟里日晒夜露，纷纷指责声讨，诅咒肇事者要遭祸殃，却不知肇事者是谁。曾启球和唐志良带着"胜利者"的扬扬得意，决定再对二里路外的山神庙来个更加漂亮的"突然袭击"。

这座山神庙，建在大路旁的打石塘山坡上，供有三尊山神，是过往客商不肯错过的求福求财之处。这天傍晚，见烧香朝拜的人流逐渐稀少下来，曾启球和唐志良一蹦三跳进了山神庙。他们最初的想法是，把三尊山神搬下来，丢到河墈下去，谁知道那木偶神像和石头座子连在一起，摇都摇不动。曾启球一拍脑袋计上心来："缴械"——两人便将山神手中的刀枪剑戟卸了下来；"脱袍"——两人又把山神身上的袍褂脱光，连粘在嘴上的胡须都扯了下来。两人先用这些"行头"把自己装扮起来，舞弄了一番，然后又将其作为"战利品"，随便缠作一团，丢到河墈下，"凯旋"而归。

两个顽童自以为人不知鬼不晓，却不料已经被人窥到。这一下真的闯了大祸。

次日，乡绅谢某率领一些绅士、乡民、三姑六婆，向"云在庐"课堂大兴问罪之师，要求"严惩侮辱神灵、破坏风水的顽童"，"重新整饰土地庙和山神庙，为三尊山神制作新的金身袍挂，用三牲礼酒铳爆祭奠神灵"，以便息祸消灾。唐群英当即表示接受大家的问责，承认学堂应负管教不严之责，一定狠狠教训两个欺神弄道的顽童，并且趁着谢某等一批人告辞欲走之时，冲着学生教室大声喊道："曾启球，唐志良，你们两个过来！"

没来得及逃走的两个顽童，只得蔫蔫地走进学堂办公室，扑通跪下，等着挨板子。

唐群英坐在靠椅上，慢慢地吸着水烟，又喝了两口茶，声音有点严厉地问道：

"是谁叫你们去戏弄山神土地？"

"是我们自己去的。"唐志良说。

"是我叫志良去的。"曾启球说。

"为什么戏弄山神土地呢？"唐群英的声音依然有点严厉。

"有这些菩萨，引来好多人烧香放炮，吵得我们不好读书，丢了它不就没事了！"唐志良说。

"我不信菩萨有灵验，要破除迷信！"曾启球说。

"起来，站好！"见孩子们敢于承担责任，其行为又非无聊的瞎闹，唐群英的脸上闪过一抹不易察觉的欣慰，口气也温和了下来。她把水烟袋放在桌上，开始了对两个孩子的"训话"。

看样子大概不会挨板子了，两个顽童相互对视了一下站起来，低头静听八公公的"训话"。可是听着却不像是训斥，倒像是讲课，是谈天。

"木雕菩萨不灵验，烧香拜佛是迷信，迷信是愚昧无知的表现，应当破除。可是，你们想过没有，这迷信的习俗在咱们中国传了几千年了，一下子是破除不了的。'迷信，迷信'，就是大多数人着了迷。看看咱们周围的父老乡亲，咱们自家的亲戚朋友，迷信的多还是不迷信的多，你们就该明白了。迷信神佛，是人们思想里的事，得靠普及文化教育、宣传科学知识，让迷信的人自己认识到了，才能慢慢破除。你们几个小孩子，丢掉几个木雕神，这叫蛮干，不光不能破除迷信，反倒招来了众怒，这就是好心办了坏事。再说，全国各地山上山下，什么山神庙、土地庙何止千千万万，里面的木雕菩萨泥塑神像何止万万千千，你们丢得过来吗？"

"现在，你们闯了祸，就得有'好汉做事好汉当'的气魄，自己去收场。这样不仅能够取得乡亲们的原谅，还能'吃一堑，长一智'，好好学习知识，稳稳当当做事，长大做社会有用之才！"

曾启球和唐志良屁股没挨到板子，脑袋却补充了营养。八公公一番语重心长的教导，使他们心明眼亮，心悦诚服。接着他们便按照唐群英的指点，把土地公公和土地婆婆的神牌从水沟里捡上来洗刷干净，送回土地庙；又给三位山神穿好袍褂，披挂整齐，复位到山神庙的神台；在土地庙和山神庙里供奉了唐群英为他们准备好的三牲祭品，点燃了香烛，燃放了鞭炮，并且认真地向神位行了跪拜之礼。

土地庙和山神庙里鞭炮一响，围观的婆婆姥姥纷纷趋前跪拜，口中念念有词。这表明，她们心里安定了，也原谅了两个淘气的孩子。当然，谢某等一批人还是认为，这种复原方式过于简单，但鉴于此事系由唐群英出面处理，也不好再说什么了。

一场风波很快平息了，但曾启球和唐志良从此事中所得的教益，却成为他们一生中的一笔精神财富。五十多年后唐志良忆及此事时说："八公公的教训，在我们幼小的心灵里播下了崇尚科学、破除迷信的种子，长记不忘，也使我们懂得办事不能光凭蛮干的道理。"

# 劝曾瑊下山

曾伯珪有一个同父异母的弟弟，名叫曾瑊。受父兄的影响，曾瑊从小就是一个唐群英的崇拜者，只要一听说在外闯荡的陶姨回三吉堂省亲来了，他必定兴冲冲地随父亲前来看望。唐群英也十分喜爱这个聪颖好学的续外甥，自曾瑊不满 10 岁时起，姨甥两人就常常以文字方式交流游戏。唐群英或者拟出上联要曾瑊对下联，或者亲自命题、限字、限时让曾瑊写文章。曾瑊才思敏捷，口才流利，一手颜体字越写越漂亮，每次应对作文都能得到陶姨的赞许。随着时间的延续，姨甥之间的交流逐渐延伸到为人处世方面，热血青年曾瑊在唐群英影响下，走上了为国为民的道路。

1926 年 7 月，北伐军进驻长沙，满怀爱国豪情的曾瑊投身革命洪流之中，成为一名支援国民革命军的积极分子。然而，当北伐战争的红火局面不到一年时间变成了一片白色恐怖之时，不到 24 岁的曾瑊胸中塞满了迷惑和愤懑，觉得无处求解、无路可走，一气之下上了南岳山，削发剃度当了和尚。

听说曾瑊出家了，正在奔波办学的唐群英心情十分沉重。一个满腹才气、一身血性的青年，壮志未酬却遁入空门，固然可以修炼佛学，毕竟国家民族大业少了一位奋斗的战士，她感到惋惜！

她知道，人在年轻气盛之时，遇到挫折容易从一个极端走向另一个极端，深悔自己没能在这种关键时刻帮助曾瑊做出正确的选择！她终于忍不住了，由刘琴陪伴上了一趟南岳山，对曾瑀作了一次晓之以理、动之以情的谈话，以自己奋争女权的亲身经历开导他。

"逃避现实、遇险而退，不是血性男儿、有志之士所应采取的态度。"她语重心长地对曾瑀说，"老八（曾瑀在家中排行第八），下山吧！你还年轻，多少事等着你去做哩！鼓起勇气，把革命的担子担起来！"

曾瑀埋在心底的爱国激情被陶姨重新点燃起来，毅然下了南岳山。不久回到湘乡，在国民党县党部负责宣传工作，并主编《湘乡民报》。

在曾瑀及其同仁们的努力之下，《湘乡民报》果然办成了一张为民讲话的报纸，深得广大读者的欢迎。却不料，在1929年何键出任湖南省主席后，《湘乡民报》由于抨击省府弊政，招致了一场杀身大祸，曾瑀及其同仁汤谓艮等四人被逮捕且判为死罪。湘乡各界人士及四乡亲友，四处奔走呼号，极力予以营救。唐群英以其国民党元老的身份和威望运筹帷幄，把正义的声音传递到了南京，最终促使曾瑀及汤谓艮等四人得以无罪释放。

曾瑀等四人获得释放那天，湘乡县党部派彩车到长沙迎接，湘乡群众成群结队在家乡迎候，锣鼓喧天，鞭炮齐鸣，庆祝四位大难不死的文化英雄凯旋归来。

劫后余生的曾瑀，无法忍住激动的泪水。他知道，这一次使他起死回生的，又是陶姨——陶姨之于他，无异于严师加慈母。

此后，曾瑀在报刊宣传阵地上更加勤奋地为民发声，成为一名业绩突出的报人。

注：
[1] 见《岳北农工会》第197页。
[2] 见《岳北农工会》第210页。
[3][4] 见《情重衡岳》第74页。
[5] 见《情重衡岳》第75页。

# 第九章　晚年岁月

## 难得的寿宴

胡卫真

1931年中秋节过后不久，李次渊老师因病回家，唐群英一个人难以担负全部的教学工作，"云在庐"这间唐群英最后创办的课堂也只好停办了。

早年，唐群英因出国求学、从事革命活动，常奔波于祖国各地，与亲人是聚少离多，还因为她是一个很有孝心的人，把自己的生日视作母亲的难日，所以每逢生日，总是默默地烧上一炷香，来表达对母亲的报恩与思念，即便是逢五逢十，也没办过生日宴。

这年，适逢唐群英60生辰。正好二哥维藩也退休在家，执意为她操办一次难得的寿宴。

从12月8日起，三吉堂接连热闹了好几天。在这次宴会上，除了唐氏一些近房宗亲和戚友以外，还有一批"特殊"的客人，那是跟随刘琴从衡山县城女子高级小学来的几位好同事，和闻讯从白果赶来的几位当年的"学生"。更令唐群英高兴的是，从北京归来为她祝寿的遂九儿，给自己带来儿媳胡卫真。这是老人和儿媳的第一次见面。这个出身北京书香世家的儿媳，那谈吐得体、

唐存正

举止端庄的神态，给大家留下很好的印象。生日宴散了，唐群英特地把遂九夫妇留下。遂九趁难得回乡的机会，到处串门走亲访友，卫真就陪在身边拉家常。从交谈中，彼此间畅谈各自的经历与故事，谈个人志趣爱好和理想，也谈家庭琐事和国家大事；谈过往，也谈未来；尤其是议论历史事件、品评历史人物，儿媳卫真有许多观点和看法竟与自己惊人的相似，加上卫真那知书达理、善解人意的谈吐，更令唐群英感到开心，感到满意。

几天很快过去了，在临别时，这位一辈子四处奔波的老人，透露出想早日抱小孙子的心愿……

回到北京，胡卫真和丈夫谈起这次衡山的"祝寿"之行，收获多多，三吉堂果然是一户不凡的人家，伯姑果然是一位不凡的长者。几天的交谈，使自己受到深刻的教育与启发，更理解了人生的真正意义和做女人的应有尊严。

翌年农历十月初二，一个小男孩在北京落生了，夫妇俩赶紧向老人报喜，并请她为这个小生命起个名字。唐群英接连兴奋了好几天，兴奋过后，静下心来，她忽然想起乾一弟在临终时，提起一件不愉快的心事。长子忍安，本是一个很有才华的青年，堂堂正正的清华大学高才生，却因失恋，抽起了大烟。这对晚年的他，是个很大的打击。所以，曾希望次子遂九能为自己生下个有用的孙子，重振家声……经反复思索，唐群英决定以"重振"的谐音，从文天祥正气歌的两句："天地有正气""凛烈万古存"中各取一字，构成"存正"这个名字，意思是冀望这个小孙子，日后成为一个心存正义能担大任的仁人志士。

## 闲住不清闲

唐群英在三吉堂闲住下来，但并不清闲。她常和退休的二哥维藩聊起各自的往事，一聊就是大半天，每天照例要看书看报、吟诗填词、弹琴吹箫，偶尔"三缺一"，也凑个角打打麻将、玩玩字牌；还经常接待来访的客人，尤其是女客人多，她们遇到什么不平事、烦心事都喜欢找她倾诉；所以，一天过得也很充实，并不感到孤独和寂寞。

在外地教书的曾伯珪、刘琴和读书的曾启球兄弟，一到假日都必来三吉堂看望唐群英。刘琴来得就更多些，她们虽然没有血缘关系，但感情的深厚却胜似亲人。在刘琴心里，唐群英不仅是给她第二次生命的恩人，更是教育她堂堂正正做人的师长；而在唐群英眼里，刘琴16岁时就为维护做人尊严而不惜舍弃宝贵的生命，不愧是一个自尊自强勇敢侠义的女性。所以吸收刘琴加入女子后援会，又带着她参与北伐战争，让她担任北伐军救济队骨干队员；带领她投身女子参政运动，让她担任女子参政同盟会政事部干事和湖南支部执事，成为女权运动中一员敢作敢为的闯将；辗转反袁斗争，从事女子教育事业，让她担任多所女子学校的总务工作，由于担负种种重任，把刘琴锻炼成了为国为民能文能武的坚强斗士。她们之间既有姑侄长幼的相濡以沫，又有兼战友同事的荣辱与共。其相识相知的故事成为世间一段可歌可颂的佳话。

## 编辑《吟香阁诗文集》

六十大寿过后，唐群英给自己安排了一项新任务，就是着手整理自己的诗稿文章。计划将诗词部分，编成四小本，定名《吟香阁主诗草》；计划将文稿部分，分上、中、下三册，定名《希陶文集》。1933年暑假期间，她把姨外甥曾伯珪和房侄孙唐肇修找来，商量编辑工作。刘琴帮助清点散落的文稿。最后，采纳伯珪的意见，把诗词与文稿合并编为《吟香阁诗文集》，按照时间顺序编排成四卷。第一卷是出国之前的作品；第二卷是留日期间的作品；第三卷是回国以后的作品，这卷的主要内容是记叙女权运动；第四卷是女权运动受挫后，从事女子教育的文稿。由肇修协助编辑，全用正楷誊正。由伯珪负责校核，由刘琴负责齐页装订，最后由唐群英自己把关审定。《诗文集》包括诗词、发表和未发表的文章、生平纪事、讲话稿、电文稿以及与亲友的往来书信等。

唐群英有个习惯，凡给别人去信或复信，都非常认真，甚至连每句话、每个字都仔细推敲，反复修改并抄正之后才发出，无意中留下大量手稿。她的爱侄寿春，在外地工作，只要回新桥都必来三吉堂看望陶姑。1935年春节唐寿春到三吉堂给陶姑拜年，看到"是吾家"的书架上摆着厚厚实实的三

在族人帮助下，唐群英将自己一生所作诗文编成《吟香阁诗文集》四卷

卷《吟香阁诗文集》，他饶有兴趣地翻翻看看，看到唐肇修帮陶姑誊正的这部《诗文集》书稿，写得端端正正，赞不绝口，看到陶姑还在忙着审定第四卷时，心痛地劝她不要太累了。

唐群英却若无其事地说："要做的事情没做完，想休息也休息不好啊！"

## 倾囊兴教　安于清贫

唐群英没同意母亲关于家产的分配方案，最后只要了三吉堂家产三分之一的一半，分得水田39.6亩。拥有如此殷实的家产，唐群英即使从事没有任何有收入的职业，一生一世都可以过上相当宽裕的日子。然而，她东渡日本留学并参加革命活动，基本是自理经费，有时还要捐赠同盟会；她投身辛亥女子军、领导女权运动，基本是"办公家的事，花自己的钱"；她回到湖南家乡创办女子学校，虽力争官费，但官费不足，就动员社会贤达捐助，还不够就自掏腰包，倾其所有。几十年下来，唐群英当年拥有的家产，仅剩下一石八斗冲田，还欠下不少债务。连原有的金银首饰也没有留下，及至晚年，她的经济生活陷入十分拮据的境地，然无怨无悔，安于过着清贫的生活。

唐群英虽是出身名门的大家闺秀，但个人生活始终保持简朴的习惯。食不尚珍，衣不求锦，更不涂脂画眉，不饰金戴玉。退居三吉堂后，她在"是吾家"的卧室书房，也都极其简单朴素。带有装饰性的陈设只有三件。一是，

卧室床头悬挂着一幅用绫纸装裱的"自强不息"条幅，四个苍劲有力的大字是她亲笔书写的，这是她一生的座右铭；二是，书房墙上悬挂着一幅"墨梅图"，透射出"尽把精华收拾去，止留骨格与人看"的蜡梅风骨。这幅借以自勉的画图，是南京《青白报》社长、著名画家唐三赠她的；三是，书柜旁窗户下摆放着的那架古色古香的古琴，这是当年父亲见她喜欢音乐为她购置的，进入晚年吹箫气力不足，这架古琴便是她进入音乐天地的唯一乐器。柜橱箱屉里收藏的，都是家传书籍以及革命战友相互唱和之诗词和四卷《吟香阁诗文集》。称得上"文物"的，最贵重的莫过于孙中山给"女子参政同盟会"复函，是单独放在小箱盒里。其他概无值钱之物。

如同亲子般承欢膝下的曾伯珏，十分了解唐群英晚年生活的窘迫，特别敬佩她安于清贫的骨气，并且竭尽绵薄之力悄悄予以帮助。

此时的曾伯珏虽在壮年，但因患有先天性足疾行走不便，每次从北斗堂来三吉堂看望陶姨，往复都需乘轿。按照当时乡间惯例，主人须给来客轿夫支付脚力钱，叫做"开轿钱"。伯珏为了让陶姨省去这笔钱，总是让轿夫老远就停在塘头下轿，自己跛足走进三吉堂，返回时也是先步行一段路再乘轿。

有一天，曾伯珏刚刚离开三吉堂，留下来的曾启球从窗外听到唐群英在房内自言自语："啊——这又是伯珏留下的钱！"小孩子好奇，便走进房间来看，只见八公公正从柜子上取下一叠铜圆。唐群英对曾启球说："你爸爸顾念我手中拮据，常常不声不响地给我留下些零用钱。其实我知道，你们家人口多，他收入也不多，……球伢子，告诉爸爸，叫他……以后不要……再给我留钱……"，老人家哽咽了。

曾启球长到 10 岁，还是头一回见到八公公流眼泪。

# 金陵会故友

1935 年，唐群英被曾伯珏接去荷叶北斗堂过的春节，不久，先后收到仇鳌、张继、戴季陶来信，邀她赴南京观光。本来，她也早想去南京看看，待伯珏把家务事安排妥以后，于 5 月由他陪护到达南京，住在遂九儿处。这是难得与儿子、儿媳和两个小孙子的一次团聚。在唐群英的人生岁月里，奔波的时间多，安稳的日子少，三代同堂子孙绕膝的天伦之乐更少，自遂九诞生以来的 28 年中这是头一次。所以曾伯珏住了将近半个月，就先回去了，她老人家继续在南京住了一年多。

唐群英到了南京，同盟会的老相识，女子参政同盟会的老战友，纷纷前来看望，有时还有记者采访。最先来访的自然是张继、仇鳌、戴季陶。张继是在东京时即与唐群英相熟的华兴会老友，仇鳌曾经转赠全部办报设备支持唐群英在北京创办《亚东丛报》，而戴季陶在民国初年担任孙中山秘书时，曾多次受孙中山先生委托与唐群英联系。老朋友一别几十年，难得的重聚时刻自然欢声笑语不断。

一天，时任国民政府主席的林森，也屈驾前来看望这位昔日威风凛凛并赏过自己一记耳光的女杰。

"唐八先生，还有当年的豪气！"心无芥蒂只有真诚的林森，一见到唐群英便风趣地说。

"老了，不行了！手抬不起来啦！"心底纯净无怨无悔的唐群英爽快地回应。

两个心系国事全无私念的老朋友，相顾哈哈大笑，曾经的不悦早已烟消云散。

一番交谈之后，林森关切地问起唐群英的生活状况。坐在一旁的曾伯珪急忙以目光向陶姨示意，希望她说出真实情况。唐群英明白伯珪眼神的含意，却全然不顾，只淡然地答了一句："还过得去，谢谢主席关心。"林森走后，曾伯珪十分不解又有些埋怨地向陶姨发问：

"难得林主席关心您的生活，您为什么要打肿脸充胖子，不如实相告呢？"

"我又不是来要饭的，君子固贫，何必在人前叫苦呢？"

尽管唐群英未如实讲明她生活的拮据，但林森却已确知她疏财兴学的情况。此访之后作出决定，聘唐群英为国府"国策顾问"，每月发给银洋200元，作为生活补贴。谁知好景不长，不几个月，这项补贴不知何故竟然停发。唐群英并不追究，仍是泰然处之，一笑了之。

然而，仇鳌、张继、戴季陶等老同志对为此事甚为不平。他们经过商议，由仇鳌执笔，戴季陶、张继、于右任、居正、贺耀祖、程潜、唐生智、王祺等数十名老同盟会员及一些政府的高官联名上书，请求国民党中央恢复对唐群英的政治待遇和生活补贴。其上书云：

"唐同志群英女士，以湘上名媛，幼承家训，早岁东渡日本，追随总理革命。讨袁之役，几遭不测，晚年息影家园，景况萧条，中央曾以补贴，但数月即停。革命以还，女界牺牲亦钜，空山硕果，尚冀我中央有以始终成全之也。"[1]

后来，张继等了解到，当时停发唐群英生活补贴的原因，是林森聘唐群英当"国策顾问"的提议没有通过。此次，由于诸多元老的慷慨陈词，有关当局才不得不给唐群英挂了个国民党中央党史编纂委员会委员的头衔，并给予相应的生活补贴。

# 临危不乱

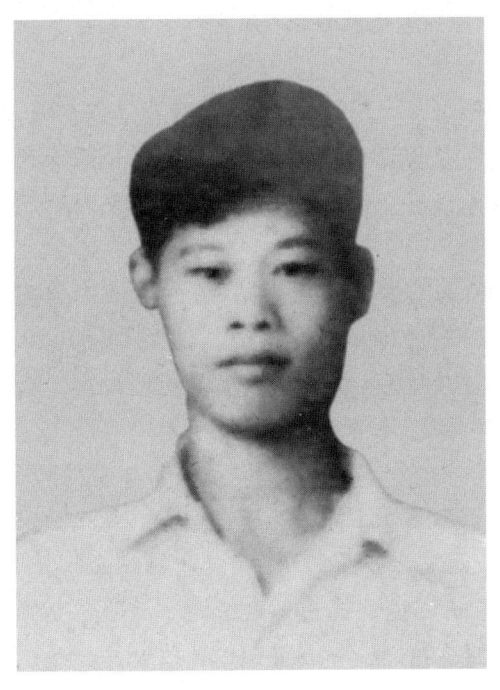

唐　明

到南京再次和儿媳胡卫真相聚，发现她相夫教子很是费心，把这个家庭管得整整有条，成天沉迷于小家庭之中。唐群英就开导她说，作为一个女人要处理好爱夫、爱子与爱国的关系，不要把自己局限于小家庭圈子之内，成天围着灶台转，要做一个有用于时代的新女性。

唐群英很喜欢孙子，小孙子的单名叫"明"，也是她给起的，是希望他能成为一个光明磊落的正仁君子。取自于"光明磊落"一词的一字。当时，唐群英还幽默地说，哥俩的名字连起来就是"正大光明"，可见她对两个孙子的期望。

遂九的生母廖淑媛，生性温柔谦和，历来与唐群英感情很好，情同姐妹。先她来到南京，这次两人重逢，自有说不完的话题。廖淑媛本有两个儿子，长子忍安，因在清华大学毕业那年，与婚恋的女友分手，精神受到创伤，刺激之下，吸了第一口大烟，自此不能自拔，起初，还瞒着亲人，后来，竟成了瘾君子。虽多次想到戒掉，但终因缺乏毅力，而自毁前程，终身不娶，自然也就无子嗣可言了。年近花甲的她对唐群英说："陶姐，你有了两个孙子，我可是一个也没有啊……"唐群英对两个孙子都很喜爱，可是从未在意过他们的"归属"，这次听到廖淑媛的话，忽然感到弟媳的欢乐情绪之中有着几分失落，她马上明白了，理解了，当即表示："存正是咱俩的，小明算我的，好吗！"把廖淑媛说得笑了起来。说着，唐群英拿出一个精致的金属小盒，对淑媛和遂九夫妇说："今天农历十一月初三，是小明周岁生日，这小盒里装的就算是我给小明的两件生日礼物吧。这礼物不是买来的，却比买来的更有意义。"说着，她打开小盒，先取出一枚铜质徽章，"这是1912年我自己设计并且佩戴过的民国女子参政同盟会的会员徽章，虽然已经陈旧，但它代表着我一生的追求。"接着又取出一块怀表，"这是我留学日本前在上海买的表，跟随我30多年了，可以说是我一生奋斗的见证。"并说，不要当着存正给小明，免得两兄弟争，就不好了。

这时，正要开饭，忽听得楼道里有人惊呼"失火了"！紧接着是孩子哭，大人叫，楼梯响，乱作一团，阵阵烟雾呛人的味道，楼上住户纷纷把箱子衣物往院子里抛掷……遂九家里，廖淑媛一左一右护住两个孩子，遂九夫妇慌忙收拾衣物，并嘱告伯姑赶紧准备逃离。

趁大家没注意，唐群英独自迎着呛人的烟雾走出了大院。待到大家为她担心时，她却从容地走了回来，平静地对大家说："吃饭吧，没有什么……"

廖淑媛和遂九夫妇十分疑惑地围拢唐群英身旁。她胸有成竹地说："起火的是'五号'，咱们是'一号'，中间隔了一家'三号'。今天风向是吹向'七号'那边的，所以火势不会往咱们这边延烧；况且消防队已经正在扑救，火势已被控制，不会有大事了，不必惊慌啦。"大家疑惑尚未消除，果然看到明火已经熄灭，慢慢地烟气也散去了。

等大家都静下来，唐群英唤遂九坐在一旁，郑重地对他说："如果火势真的继续蔓延，家家都面临着危险，那么我们也应该首先想到救火，而不是先考虑自家物品的收检、转移……"

这段话说得儿子心悦诚服。这是一件小事，然而遂九一家却从中感受到了唐群英那临事不乱的大将风度，以及先人后己的大爱情怀。

## 西风岭上好精神

唐群英这次南京之行，她还了解了辛亥女子军和民初女子参政运动中的许多战友后来的经历及现状。时过境迁，当年同一条战线上的战友已是天各一方、人各一途的现实，令她感慨不已。一些坚持不渝地为国家为民族努力奋斗的战友，使唐群英感到高兴，引为骄傲；一些为国为民卓立功勋的女战士无可奈何甚至悲惨凄凉的结局，使唐群英为之悲痛；一些昔日老友，捞到一官半职，趾高气扬，官气十足，使唐群英感到惋惜；一些人当上阔太太，不思进取，涂脂抹粉，戴金饰玉，陶醉于歌舞楼台，沉湎于牌桌宴席，贪图奢侈，炫耀荣华，使唐群英感到痛心；沈佩贞、傅文郁等人沦为袁氏"洪宪女臣"，"混迹于烟花柳巷"，使唐群英甚为气愤。相形之下，她又觉得自己虽然贫贱无官，但革命精神尚在，自豪之情油然而生，遂成诗一首：

纷纷姊妹尽华裙，顾我何忧沏骨贫？
不见梅花亭外立，西风岭上好精神。

　　某日，仇鳌来访，看了唐群英《金陵访旧有感》这首诗，借用其中的第一句，给唐群英题赠了一幅条幅："往日罗兰今老矣，纷纷姊妹尽华裙。"把唐群英比作法国史诗中的英雄人物罗兰夫人。此时妇女已挣脱了被压迫歧视的枷锁，过着幸福的生活，而当年为妇女解放斗争的唐群英却老了！仇鳌是非常了解唐群英的，又不曾说唐群英老而且穷，穷且弥坚。后来，张继也书赠一幅中堂："烽烟看四起，投袂自提兵。"赞颂唐群英为创立民国，投笔从戎，驰骋沙场的飒爽英姿。

　　这一年多，她看到的和听说的，多是部分政府要员的养尊处优，安于现状，这使她不由得增添了一些失望情绪。当遂九同她谈及加入国民党的想法时，她思索良久，然后心情沉重地说：

　　"现时的国民党，背离了总理提倡的"联俄、联共、扶助农工"的新三民主义，你就不要去凑这个热闹了吧。但是，爱国思想永远不能丢，要做一个有骨气的中国人！当然，加入不加入国民党，还是由你自己决定。"

　　南京是民初女子参政运动的发源地。回望当年，辛亥女杰们为了实现同盟会承诺的"男女平权"，上书大总统，怒闯参议院，痛斥反对派，结社女盟会，个个英恣飒爽，威武不屈。如今20多年过去，辛亥革命成果飘零，女权运动花落水流……作为民初女子参政运动的领袖，此次故地重游，旧事重温，唐群英心中五味杂陈，纠结难解。想来想去，凭心凭力，只有把自己的晚年余热奉献给家乡父老乡亲，才无愧奋斗的一生，借此获得最大快慰。

　　于是，1936年过完中秋节，唐群英在抚子遂九陪同下，毅然离开南京，回到新桥故里。

# 南岳会林森

1937 年 4 月一天的正午，唐群英突然接到国民政府主席林森派副官送来的一纸亲笔手简：

"唐八先生：别来无恙。久慕贵乡南岳名山，适得公暇，藉资观览。故人咫尺，不胜渴望。特着肩舆两班奉迓，欲请屈尊至磨镜台一叙，虚左以待，恭候光临。"

原来是林森主席到桂林公务视察后，利用休假时间转道来到南岳，做一次私人性质的观光，并未惊动湖南省府，只请老友唐群英相聚同游，迎接的轿子已经来到了三吉堂。唐群英想起前年在南京时林森的亲切会见和热情关照，虽然身体有些不适，还是欣然乘轿上山，当日傍晚就到了磨镜台。

当晚，林森与唐群英在磨镜台的避暑山庄重逢，欣喜之余各自安歇。次日便在幽雅的磨镜台景区漫游观光。

磨镜台位于南岳半山亭中心景区，相传是唐代南宗七祖怀让禅师与北宗僧人道一法师"磨镜斗法"的地方，遗有"传法院""七祖塔""怀让墓""天台阁"等胜迹，附近又有龙舒桥、观音桥、麻姑桥、游泳池等景观，为南岳五绝的最幽之处，风景优美，气候宜人。

林森是一位兴致很高的游客，虽有副官、警卫等人员陪同，但都不及在衡山脚下长大的唐群英对相关景观介绍得仔细，所以唐群英无形中充当了半个导游的角色。

两天之中，两位年过六旬的老友，观景叙旧，谈笑风生，十分开心，十分畅快，他们的对话也十分精彩。

"从北京到湖南，到处都有你唐八先生的女弟子，真可谓百花争艳，桃李满天下！"林森由衷赞扬唐群英。

"不敢说桃李满天下，只能说桃花李花一天比一天增多了。"唐群英谦和地说，她指的是女子教育的发展情况。

"你不恋京都政坛，却爱山乡杏坛。这也是'撷得罗兰真种子，灵苗催放九华巅'，这种子在中华大地上放出了灿烂的光辉……"林森想起了唐群英当年发表在革命刊物《洞庭波》上《绝句八章》中的诗句。

"这罗兰真种子不是拜神仙上帝之灵所得，而是中山先生赐予的，革命运动赐予的。我个人不过只是一支蜡烛，谈不上什么光辉……"

"就算是烛光，也已经照亮了女界。"

"林主席过奖了，我自知个人的力量无补于大局，能如蜡烛一般燃尽烛光就于愿足矣！若比作园丁，能看到桃李芬芳，树木成材，也就无限快慰了。看来杏坛似乎比政坛更可施展抱负，也自有一层高雅的气息。"

"粉笔生涯，虽是高雅，胸肺可不好受呀！"林森真诚关切。

"多吃一点粉笔灰，好写一生清白历史。"唐群英坦然无憾。

两人一阵会心地大笑。

"唐八先生自比蜡烛，我林某人也有一比——我就是那中药当中的'甘草'……"林森忽然若有所思地笑说。

"此话怎讲？"唐群英有些茫然。

"甘草是一味极普通常用的中药。单独用它基本治不了什么病，但不论治什么病又几乎缺不了它。甘草性平味甘温和，可入十二经，能调和诸药之性，解百药之毒，所以中医自古就有'十方九甘草'的说法，无论温补还是克泻，无论热剂还是凉剂，往往都要配上几钱甘草……"林森继续笑着说。

"是的，可能就是因为甘草的这种药性，所以有个别号叫'国老'。我听说，古代医家称它'调和众药有功，故有国老之号'，'国老即帝师之称'；老百姓则比喻它为三国东吴的乔玄'乔国老'……"想到林森在民初女子参政运动中多次出面调解而不计个人委屈的表现，确乎有点"好好先生"的意味，但是唐群英没有把这个有褒有贬的词说出来。

岂料林森的意思却不在这里。

他说："我作为国民政府主席，名义上是国家元首，出头露面的机会很多，例行文章做得很多，但并没有多少实际事情可做，也发挥不了什么实际作用……"他的表情变成了似笑非笑的模样。

至此，唐群英方才明白，林森指的是，按当时的政治体制，他虽贵为国家元首，手中却并不掌握国家实权。她便忙不择词地表示宽慰：

"哪里，哪里！林主席，您为国为党屡建功勋，为人处事德高望重，国家需要您来做国府主席……"

"唐八先生，你就不要为我圆场了，全中国的人都说我是'傀儡'，是'聋子的耳朵——摆设'。其实，这也没有什么，只要国家需要一个'傀儡'，需要一个'摆设'，我何乐而不为呢？"林森又恢复了最初的笑容。

"难得，难得！林主席这种宽阔的胸襟，体现了孙总理的伟大精神……"

"八先生你又扯远了，我跟总理怎么比得——我只是几钱甘草呀！"林森挥手打断了唐群英的话，两人又是一阵会心的哈哈大笑。

在磨镜台的最后一晚，林森提议：

"听说八先生琴棋书画，样样皆能，当此分别之际让我领教一下先生的棋术吧！"

"样样皆能，实不敢当。象棋以前倒也下过，今天大胆奉陪，权作告别之礼。"唐群英也来了兴致。

两人摆开棋盘，隔着"楚河""汉界"，战了几个回合。交战中，林森往往招架不住，还不时地悔棋、叫苦。他发现唐群英的绝招是，巧用"当头炮"和善使"马前卒"，不由得心生佩服：

"没想到八先生用过河卒子竟使人败北！"

"将相靠不住，只好靠小卒子呀！这小卒子一过了河，就决不回头，直逼对方老帅。"唐群英风趣地说。

听她的话，像是说下棋，也像是说她一生的战斗，意在言外而理在其中。

## 寿终"是吾家"

唐群英晚年独自住在"是吾家"书屋，由外甥女李友淑陪伴左右。李友淑是唐群英远房堂妹唐慧莲的三女儿，性格开朗，心灵手巧。由于其外公与唐群英父亲唐星照，是一对非常友善的堂兄弟，这个小唐星照近20岁的小堂弟，忠厚老实，体弱多病，家境十分贫苦，多年一直受到唐星照的关爱，给过他不少经济上的扶助。此时的唐群英因长期办学，只出不进，及至晚年生活困顿，雇不起用人。1936年秋末的一天，慧莲听说陶大姐（唐群英字希陶，故称陶大姐）从南京回来，特到三吉堂看望她。当看到这位花甲的堂姐生活孤寂，她心里很难过，出于替父报恩之心，就主动提出将李友淑送到三吉堂陪伴唐群英，说明不要工钱，其时李友淑十五六岁。几经磋商最后才定了下来。李友淑在大姨妈唐群英身边生活了将近一年，直到唐群英去世。

李友淑对这位年逾六旬的老人照料得非常周到，使唐群英度过了一生中很轻松快乐的一段时光。唐群英则教她学习文化，学作诗联，教会她下象棋和吹箫抚琴，还经常和她讲故事。这一老一小过得很开心，外面人看了，好像是一对祖孙相处过日子，逢过年和小李过生日，唐群英必给这个小姑娘添置新衣，不时还给点零花钱。

1937年6月3日（农历四月二十五日），66岁的唐群英在三吉堂溘然去世，病故于是吾家左正房。参加完唐群英葬礼，李友淑才回到自己家里。

　　唐群英平日嗜好吟诗、看书和下象棋，生活很有规律，又习惯早睡早起，所以身体一直比较好，只是偶尔有点咳嗽的毛病。6月3日这天上午，她还和17岁的侄孙唐志良下象棋，有说有笑的。没想到中午过后就从"是吾家"传出"八姑奶奶"去世了的噩耗。志良怎么也不肯相信，但毕竟又是事实。后经医生检查发现，是老人家躺着午睡，因一口浓痰梗在喉头没有吐出，阻塞气管而导致停止了呼吸。全家人都感到太突然而悲痛万分。

　　唐群英的丧事原拟由其二哥维藩动用公产为其举行家祭，但是，噩耗牵动了四邻八乡，衡山县县长彭一湖致中央党部的一则电报又牵动了南京国府，结果办成了一场规模颇大的乡间公祭。

　　6月18日，湖南《大公报》登载"彭一湖电请从优抚恤唐群英，党史会等处来电吊唁"的消息，称唐群英逝世事"迭致各报"，"各方闻耗，纷纷来电吊唁"，并全文登出6月14日彭一湖致中央党部的电文及6月17日南京党史会回复彭一湖的电文。

　　"南京中央党部国民政府党史史料编纂委员会钧鉴：党史编纂唐群英追随总理革命，功在党国，支日在衡山原籍逝世，身后萧条，拟恳请优于抚恤，以昭激励。衡山县长彭一湖呈。"

　　"彭县长一湖鉴：寒电悉。唐前编纂群英捐馆，本会同仁闻之，同深悲悼。唯请抚恤之处，希迳呈中央抚恤会办理。特复。中央党史史料编纂委员会筱（十七日）印。"

　　唐群英竭尽平生之心力和财力，为反对专制、建立共和、争取女权、开启女智而奋斗终生无私奉献，辞世时不过只有"国民党中央党史史料编

衡山彭一湖县长告中央电文

纂委员"这样一个有名无实的虚衔。然而，凡是了解她的业绩和品格的人们，无论是党政高官、各界名人，还是民间士林、乡村百姓，无不对她怀有无尚崇仰与热爱之情。

正是这样一种发自人们内心的浓浓真情，使得在僻静山冲里举办的唐群英葬仪格外感人。

三吉堂的正厅布置成了庄重肃穆的灵堂。唐群英的遗像迎着大门，灵榇置于中央。唐氏合族敬挽的巨幅挽幛上，"功在党国"四个大字凝重而明亮。正厅、侧厅及两边走廊里，挂满了政界要人及亲朋好友的挽诗挽联和各种祭幛。衡湘数县的政界、学界、女界人士、乡绅名流及平民百姓，前来吊唁者接连几天络绎不绝。葬礼仪式，由唐群英的抚子唐遂九和外甥曾伯珪共同主祭，家祭祭文由他们两人并列具名，这种做法符合唐群英的心愿，也是这场祭典的一个特色。属于子辈孙辈的唐建民、唐忍安、唐寿春、唐志良、唐肇修、唐翰笙、曾瑀、曾启球、曾选楼等，按辈分分列两排，执孝子礼。一些远房的子侄，也身着孝服加入孝子行列。仪式进行中，哽咽抽泣之声从未间断。刘琴站在孝子队列里，哭成了泪人儿……上山安葬的那天，洒泪送灵的队伍绵延几里路长，腿脚不灵便的老弱妇孺伫立于自家门前默哀目送……

为唐群英逝世发来唁电的有林森、张继、仇鳌、于右任、居正、戴季陶、刘揆一、覃振、程潜、赵恒惕、唐生智、何香凝、王昌国、张昭汉、熊守一等政界要人和各界知名人士。

部分挽诗挽联如下：

张　继：

　　苦心嫠室泪，遗著洞庭波

（1937 年 6 月于南京）

曾伯珪：

　　两代沐殊恩，母子情深，只少怀胎十月；

　　何时报大德，音容顿杳，空留遗恨终生。

（1937 年 6 月于湘乡）

胡菊生：

　　吾党先进海内耆宿；丰功伟烈足资典型。

（1937 年 6 月于湘潭）

陈逸云、庄静：

　　同志失先导，女界丧元勋。

（1937 年 6 月于长沙）

唐　三：

　　吴江送别已经年，方冀慈晕尚转旋。

　　霾电飞来惊客梦，哦成七字泪潸然！

（1937 年 6 月于南京）

周诚僧：

忧乐关天下安危，忆昔公从北返，我自东归，邂逅济同舟，出示铜驼双行泪；
团防为民生保障，那堪盗弄潢池，兵搜穷谷，殷勤寄剩简，犹存衡雁几封书。

（1937 年 6 月于衡阳）

　　此外，尚有《妇女共鸣》月刊（1931 年创刊于重庆）等报刊发表相关悼念文章。

　　当时，豪门大户的家谱族谱里，女人只能作为男人的妻室女儿，放在附属的位置，简单挂上一个名字。而唐群英却破天荒地作为承宗立祧的独立支

此系唐群英抚子唐遂九，离乡 34 年后重归故里，默立于姑母墓前的图照

脉，与族内男人平起平坐地载入了治坪唐氏七修族谱。族谱中刊载了她的生平事要、功绩评价、主要诗文，还有族人的赞颂诗词。

唐维藩亲写的《女弟唐群英传》附于讣文之末。"传"中有云："群英奔波革命，有时闲居，生活穷苦，甚至隔宿无粮，从不示穷。"

族人唐映皋的赞诗曰：

> 岂是寻常女儿家，纵横开放自由花。
> 心存忧乐关天下，志切师资泛海涯。
> 惊世文章留宇宙，迈伦姓氏重夷华。
> 嫌疑不避功勋胄，黜白崇黄主义嘉。

族人唐云樵的赞诗曰：

> 多才本是旧家风，三吉堂名誉望隆。
> 超固能文皆俊杰，木兰再世又英雄。
> 肆挥典籍精华尽，一洗胭脂陋习空。
> 缔造中原新世界，论功应与补天同。

族人的赞诗，确实真切地反映出了大家对于这位族中女杰的由衷敬仰。

唐群英长期奔波革命，加之晚年倾资办学，其家产耗费殆尽，以致晚景十分艰难。死后，几无遗产传后。

注：[1] 见《文物天地》1984 年第 5 期。

# 第十章 历史的回声

## 重被关注

唐群英是民国年间叱咤风云的一位伟大女性，她是与秋瑾齐名的一位辛亥女杰；是发起"女子与男子奋袂争先"，改"匹夫有责"为"人皆有责"的倡议者；是为推翻封建帝制，建立共和的"二等嘉禾章"获得者，被临时大总统孙中山赞为"创立民国的巾帼英雄"，是中国历史上第一次倡议为妇女争人权、争平等的女权运动发起者；是中华民国女子参政同盟会的女界领袖；是妇女运动的理论家、实践家，被人们誉为"女界孙黄"的领军人物；是民国年间一位很有影响的女报人；是倾尽家资，兴教办学的一位民间女子教育家；是著名"南社"组织的一位杰出女诗人……

然而，这位重要的历史人物故去几近半个世纪，竟湮没无闻。

唐群英病故于 1937 年 6 月 3 日，逝世一个月后抗日战争全面爆发，八年之后又是持续三年的解放战争，新中国成立后由于种种原因，直到"文化大革命"结束才迎来大范围修志写史的盛世景象。1978 年，恢复工作后的中华全国妇女联合会将原"妇运历史研究组"扩建为一个直属工作部门"妇女运动历史研究室"。1979 年，学术性咨询机构"中国妇女运动历史资料编纂委员会"正式成立。全国妇联老领导、时任全国人大常委会副委员长邓颖超，担任该委员会主任。她在成立大会上发表的重要讲话中指出："中国妇女运动历史首先是民族解放运动史的一部分。……旧民主主义革命时期妇女界也出现了英雄人物，辛亥革命就有妇女参加，秋瑾就是搞武装斗争的，后来牺牲了，走上断头台。还有不少，有一个唐群英，也很知名，她们争取参政。……"邓颖超的此次讲话，是在唐群英病故 42 年后，由中国共产党妇女领袖对她及其领导的女子参政运动再次做出的高度评价，在这盛世之始，唐群英研究就被提上了日程，从这点说，唐群英又是很有幸的。

邓颖超这次缅怀、褒扬并倡导研究唐群英生平事迹的召唤，成为唐群英研究宣传纪念活动从淡漠到热烈的一个转折点。自此，在全国上下各相关部门都积极地行动了起来。

1980年10月，全国妇联妇女运动历史研究室担任秘书工作的刘静女士，在《妇运史研究》发表第一篇介绍唐群英生平的文章《侠气豪情鼓大千》（后被收入《古今著名妇女人物》一书）。紧接着，中国社会科学院近代史研究所资深研究员、中国近代史学会副会长徐辉琪，在1981年第4期的《贵州社会科学》杂志，刊出第一篇关于唐群英研究的史学论文《唐群英与女子参政同盟会——兼论民国妇女参政运动》。两文的出现，标志着唐群英研究宣传纪念活动拉开了序幕。1989年10月，中华全国妇女联合会编写的《中国妇女运动史》一书的第一章《中国妇女运动兴起》中，就浓墨重彩地描绘论述了民国初年的女子参政运动，称其"以过去从未有过的的恣态，开创了近代中国妇女运动的历史篇章，是'中国妇女运动的第一声'"。

# 影响扩大

1991年10月，我国当代著名妇女领袖、时任全国政协副主席、全国妇联名誉主席康克清为唐群英题词"一代女魂"，充分肯定了唐群英的历史地位。嗣后，各地一批研究唐群英的专家学者，纷纷在中央和地方以及海外一些有影响的报刊，陆续发表纪念文章，从而推动了唐群英宣传的逐步深入，影响不断扩大。

1991年12月8日，《人民日报》发表了胡达任、唐存正的《一代女魂——纪念唐群英诞辰120周年》，尔后，诸多报刊相继发表纪念文章：《人民政协报》发表了龙之祖的《反封建的巨人唐群英》；《中国妇女报》发表了高青等的《侠气豪情鼓大千》；《团结报》发表了黄磊衡的《唐群英与黄兴》；《中国文物报》发表了郭建衡的《中华女权先觉及其徽章》；《中华民国人物传记》刊载了罗绍志的《唐群英》；《中华女子学院学报》刊载了赵金平的《唐群英的女子教育思想与实践》；《辛亥革命研究动态》连载唐存正编写的《唐群英年谱》；《羊城晚报》发表了朱帆的《同盟会中唐大姐》；《贵州社会科学》刊载了严昌洪的《唐群英与民初女子参政运动》；《中山大学学报》刊载了吴淑珍的《中国妇女参政运动的历史考察》；台湾《历史月刊》刊载了曾启球的《唐群英与秋瑾之比较观》；《女子世界》发表了盛树森的《一代女魂 名垂青史》；《名人传记》发表了邹其霖的《一代女杰唐群英》；《船山学刊》发表了汤毅平的《论唐群英的女子解放思想》；《湖南文史》刊载了欧阳小平的《北伐军中的双枪女将》；《湖南社会科学》发表了萧润波、唐存正的《唐群英与辛亥革命》；《湖南教育学院学报》刊载了周亚平的《唐群英与近代妇女运动》；《今日女报》发表了姜欣的《清秀女子，轰轰烈烈》(写妇女革命家唐群英)；《湖南民革》发表了罗晓果的《中国同盟会创始人之唯一女性"一代女魂"唐群英》；《衡阳师专学报》刊载了谭崇恩的《唐群英女权思想的演变及特点》；《衡阳文史》刊载了凌霄九的《女权运动先驱唐群英》；《衡阳宣传》刊载台湾禹其祥的《读"唐群英的传奇故事"有感》；《衡阳社会科学》分别刊载康华楚的《唐群英的女子教育思想浅述》、唐德军的《唐群英女权思想的理论与实践》、彭利军的《浅谈唐群英的人格修养与人格魅力》；《衡阳日报》先后发表了李湘沅的《辉煌的业绩 永恒的怀念——纪念唐群英女士逝世五十九周年》、阳新丽的《唐群英与近代妇女解放运动》、蔡八一的《报界女杰唐群英》、曾巧敏的《"女界孙黄"唐群英》、曾启球的《唐群英与宋教仁、林森》、张文凯的《"是吾家"走出世纪女魂》、何芬的《唐存正：他找到一把解读唐群英精神的钥匙》、郭建衡的《唐群英与湖湘文化》、尹慧明的《巾帼英雄唐群英》、向丽华的《两枚"会员徽章"的来龙去脉》、周安林的《立身立德立范做好人(观看电影〈一代女魂唐群英〉有感)》、林新华的《一个没留下名字的伟大女性》(写的是唐群英的母亲，人称"曹太君")、刘帅的《唐群英的南岳情缘》；《衡阳晚报》连载了谢培城所撰历史长篇《一代女魂》、发表了陈章麟的《毛泽东和唐群英》；《衡阳广播电视报》发表了常建乡的《魂兮归来兮——读〈唐群英评传〉有感》；《衡州诗词》刊载了丁芒的《一代女魂最后的呐喊》；《唐群英研究文集》刊载了胡遐之的《唐群英——南社女社友之杰出者》；《衡山报》发表了易龙云的《一代女魂的颂歌》、连载了谭长春所撰故事长篇《唐群英传奇》；美国《世界日报》发表了曾启球的《孙中山与民初女权运动》；台湾《传记文学》刊载了经盛鸿的《同盟会的第一位女会员唐群英》；台湾《艺文志》分别刊载了唐世凡的《记女权运动的先驱唐群英》、蒋薛的《南社早期女诗人唐群英》；香港《名家》杂志刊载了唐存正的《一代女魂与一代伟人的故事》；香港《中华校园》刊载了唐信群的《日本东京大学博士瞻仰唐群英书屋有感》以及《纵横》刊载了唐存正的《一代女魂，妇运先驱——纪念唐群英逝世75周年》等等。这一切极大地推动了"唐群英故居——是吾家书屋"和"唐群英墓"等文物的修缮和保护，以及以唐群英名字命名的"群英中学""群英纪念园""群英文化园""群英诗苑""群英广场""群英路"和"群英街"的建设……

# 光芒闪耀

1997年，时任全国政协副主席、民革中央主席何鲁丽为唐群英诗赞题词

随着《一代女魂》《唐群英评传》《唐群英年谱》《唐群英的传奇故事》《唐群英研究文集》《唐群英史料集粹》《唐群英诗文赏析》《一代女魂唐群英》《唐群英纪念专期》《女权运动先驱唐群英》《群英文化园纪念集》和《唐群英家风揄扬集》等多部专著陆续的编辑出版。尤其是衡阳市诗词学会主编的《唐群英诗赞》一书在编辑过程中，得到中央领导和地方各级领导的高度重视与支持，时任全国政协副主席、民革中央主席何鲁丽为之题词"文章合为时而著，诗歌合为事而作"，中共中央委员、全国妇联副主席、书记处第一书记黄启璪和中华诗词学会副会长杨第甫分别为之作序，给予很高评价。该书汇集来自全国26个省、市、自治区，以及香港、澳门、台湾，还有美国、泰国的华裔著名诗人、词家霍松林、羊春秋、马积高、林从龙、高勇、欧建鸿、赵仲才、丁芒、毕彩云（女）、李元昆（女）、蒋薛、胡遐之、康华楚、谭雪纯、罗立德、周念先、曾启球、黄丹士（女）、曾明（中国香港）、张江美（中国香港）、冯刚毅（中国澳门）、谢国康（美国）、黄天楚（美国）、黄惟宪（泰国）等赞颂唐群英的诗词近600首，影响面甚广。嗣后，各种纪念会、座谈会、学术研讨会和专题报告会的相继举行，使唐群英重又为世人所认识了解。

湮没近半个世纪的一代女魂恰逢盛

左起：向柏云、唐艾芳、唐信群、廖爱萍（女）、廖春良世，唐群英这位杰出的女性人物，终于为世人所熟知，光芒闪耀。

1982 年，唐群英生前在日本东京身着和服拍摄的一尊反拍瓷像，失落多年后，在她的家乡被发现了。不久，还陆续发现记载有唐群英入谱的《治坪唐氏七修族谱》、唐群英在南京创立女子参政同盟会时设计的"参政同盟会会员徽章"。引起了中共衡山县委的高度重视，1990 年 4 月，县委宣传部委托县文化局局长向柏云、县文物所所长廖爱萍到新桥镇黄泥村，找到唐群英的小孙子唐信群，对唐群英故居仅存的"是吾家"书屋和唐群英的墓地，进行实地考察。通过走访农家和组织村、组代表座谈，还发现唐群英生前睡过的雕花床、使用过的书桌、书柜、茶几、坐椅及马灯、瓷坛等用具，弥足珍贵，村民们纷纷表示愿意献给国家收藏。这次短暂的考察，可谓收获多多。

考察组回到县城，向宣传部提供了一个比较完整的工作方案，经衡山县委、县政府领导研究决定：一、将唐群英故居——是吾家和唐群英墓地，于1990 年 9 月，由衡山县人民政府公布为县级文物保护单位；二、将新桥中学

人民日报　1991年12月8日 星期日 第五版

# 一 代 女 魂

## ——纪念唐群英诞辰120周年

胡达任　唐存正

今年是中国同盟会第一个女会员唐群英诞辰 120 周年，在第一次中国妇女运动历史资料编纂工作会上，邓颖超同志就提到唐群英和秋瑾这两位辛亥革命时期"很知名"的女界革命志愿，唐克清同志称她为"一代女魂"。

唐群英，字希陶，清末女革命家，辛亥革命时期著名的妇女运动先驱者，1871 年 12 月8日，生于湖南衡山一武将门庭，唐群英生性豪迈，不惧女红，自小聪明好学，能诗能文，14岁写《晓起》一诗，其中有个"郊烟连雾起，山鸟唤睛实"之句，人称"女中奇才"。

唐群英20岁时，通母命嫁与河乡荷叶（今双峰）曾国

育；三、改良家庭习惯；四、禁止买卖奴婢；五、实行一夫一妻制度；六、禁止无故离婚（只指以后实行自由结婚而言）；七、提倡慈善事业；八、实行强迫放脚；十、改良女子装饰；十一、禁止强迫卖娼。

可惜这样拟定的《临时约法》中，只提中华民族人民不分种族、阶级，而不提妇女都有选举权和被选举权，对此，唐群英等郑重提出，"本会万难接受"，并再次向参议院提议修正，但仍无结果。

1912 年 5 月，南京临时政府北迁，唐群英与王昌国等女会员，不顾袁世凯的阻挠，"联袂北上"，与张海松答

"根基"，然后再推动全国的参政运动，这些主张，得到女子参政同盟会领导成员大多数人的赞同，1912 年 12 月初，她与张汉英等先后回到湖南，在长沙成立女子参政同盟会湖南支部，会员发展到800余人，她兼支部长。1913年2月16日，丁步兰等创办湖南第一张妇女报纸《女权日报》，并相继开办"女子法政学校"、"女子美术学校"和"自强女子职业学校"。在此期间，她和张汉英积极奔走呼吁，使秋瑾烈士被葬在长沙岳麓山茶旁。

□□□□□□□□□□□□□□□□□□□□□□□□□□□□□□□□□□□□□□□□□□□□□□

1913 年 3 月，宋教仁被袁世凯派人暗杀，唐群英亦被列入黑名单，在革命党人帮助下，她避难于上海，后绕道海外回乡，她为国家失去了宋教仁这样的栋梁之材而深感悲恸。曾在《南社诗集》中写下为"社会之忧"的《宋渔父先生读并刊》一文，以示怀念之情。

1911年末，曾世期公秋瑾智囊献策，唐群英□□□□□□

刘正为群英中学题写的校名　　　　纪念大会会场一瞥

全国妇联代表刘静与大会主席团成员及唐群英后裔、亲属合影。前排左起：刘毛平（女）、唐寿春、蒋昌英（女）、胡达任（女）、胡琛明（女）、欧阳剑鸣、刘静（女）、符棣华、王宏、张振国、易旭成、曾启球、唐存仁（女）、唐信群、唐存正（后排左一）

更名为群英中学，并由副县长朱海清负责请湖南省政协主席刘正题写校名；三、授予唐群英长孙唐存正先生为该校终身荣誉校长；四、由衡山县志编纂委员会办公室编印《唐群英女士生平》；五、由衡山县人民政府名义立碑，修复唐群英墓；六、于唐群英诞辰 120 周年时，召开一次隆重的纪念大会。

1991 年 12 月 8 日，"纪念唐群英女士诞辰 120 周年暨群英中学命名大会"如期举行，来自市、县、镇各界代表及群英中学全体师生共 1000 余人参加了会议，可谓盛况空前。

全国妇联代表刘静女士参加大会以后，由市、县领导陪同瞻仰了唐群英故居——是吾家，并与唐群英后裔合影。

嗣后，一系列纪念活动，逐步展开。1992 年，唐世凡撰写的"记女权运动先驱唐群英"一文，发表于台湾《艺文志》。同年 6 月，由唐存正发起创立的"群英中学奖学基金会"正式成立，尔后，热心公益事业的湖南省衡洲建设有限公司董事长唐仕亮，为该校奖学基金会捐赠 10 万元，被校方举为荣誉会长。1994 年 6 月，衡阳市教育科学研究所编辑的《衡阳市初中乡土教材——历史》，首次将唐群英纳入衡阳本土教材。1995 年 4 月，中央电视台《百年女杰》摄制组来衡拍摄《唐群英》资料片专辑（后被列为《中华百年女杰》第 4 集）。1995 年 9 月，联合国第四次世界妇女大会在北京召开，大会播

刘静（中）与唐群英嫡孙唐明（右）、
曾孙女唐红（左）的合影

唐仕亮

放八集《中华百年女杰》电视专题片，依次为秋瑾、宋庆龄、何香凝、唐群英、向警予、蔡畅、邓颖超、帅孟奇。使几被失传的唐群英，重新走出国门，为世人所熟知。1997 年 6 月 3 日，衡山县政协召开纪念唐群英逝世 60 周年座

唐群英使用过的马灯、铜暖手炉及铜筷、银质牙签盒、瓷坛

唐群英睡过的雕花床

唐群英使用过的书柜及坐椅、茶几

衡山县人民政府名义修好的唐群英墓

谈会。同日，衡山县举办唐群英生平事迹展览；收到时年98岁高龄的国民党元老陈立夫自台湾寄来亲书的"女权斗士"条幅；同日，唐群英研究会在衡山挂牌成立，唐德军担任首任会长，张媛媛、李天化、唐存正、郭建衡等担任副会长。紧接着，研究会组织了一批研究唐群英的学术论文，与衡阳市妇女联合会共同编辑第一部《唐群英研究文集》。1997年10月27日下午，全国妇联副主席黄启璪在小会议室接见唐存正，了解12月8日唐群英研讨会的准备情况，并承诺届时来衡参加会议。1999年《衡山报》连载谭长春所撰《唐群英传奇》（共33集）。随后由中共衡山县委宣传部主持编辑的《唐群英的传奇故事》一书，于2000年7月由湖南文艺出版社出版发行。

联合国第四次世界妇女大会会场

2001 年 12 月，唐群英故居是吾家书屋修缮一新，时任全国人大常委会副委员长、全国妇联主席彭珮云提议将"是吾家书屋"命名为"唐群英书屋"，并亲自题书了匾额。2002 年 5 月，唐群英故居——是吾家，连同唐群英墓，为湖南省人民政府公布为省级文物保护单位。

2002 年 6 月 3 日，衡山县委宣传部在纪念唐群英逝世 65 周年座谈会时，根据大家的发言，归纳总结唐群英的革命精神，并以署名文章发表。后摘录镌刻于群英纪念园的碑墙之中：

我们纪念唐群英，就是要学习和弘扬她那"天下兴亡，人皆有责"的爱国精神；开拓进取，敢为人先的创新精神；力争男女平等，"目的一日未达，即此志一日不懈"的奋斗精神；呼唤国人"多学则智，自立即强"的自强精神；破产兴教，矢志不渝的奉献精神。这些精神，是唐群英留给我们后人的宝贵财富，光照千秋，永垂不朽。

发展衡山，振兴衡山，是衡山人民世世代代不懈的追求，女魂的精神就是我们前进的旗帜。

中华四海同心创会理事长、世界华人和平建设协会创会主席、中国国民党退休同志联谊会荣誉理事长马鹤凌（马英九之父）为唐群英撰诗并书

希望中日
永远友好

日本东京大学
河野吉成

▲ 日本河野吉成留言

▶ 全大伟教授亲自将美国带来的
唐群英图照面交唐存正先生

2004年1月，台湾著名社会活动家马鹤凌，自台湾寄赠"群英乡前辈颂词"。

2005年3月，唐群英书屋接待了第一位研究中国近代史的外国学者——日本东京大学博士生、北京大学高级进修班留学生河野吉成。离去时，他在留言簿上写下："希望中日永远友好"。同年6月，美国宾州狄根森学院政治学系，研究中国近代史的美国籍专家学者全大伟教授，专程自北京前来瞻仰唐群英故居，并带来原载于1916年美国世纪出版社出版的《现在的中国》杂志，刊有唐群英1912年担任民国女子参政同盟会总理时的全身照片及相关资料，弥足珍贵。并采访唐群英继媳胡静老人。

美国全大伟教授（中）由湖南省社科联朱小平处长（左三）陪同采访唐群英继媳胡静老人（左一）

修缮后的唐群英故居——是吾家

顾秀莲为纪念园题写的园名

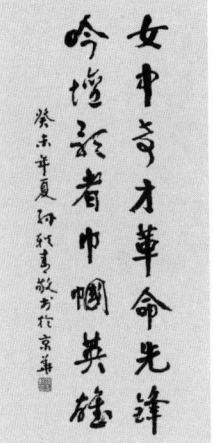

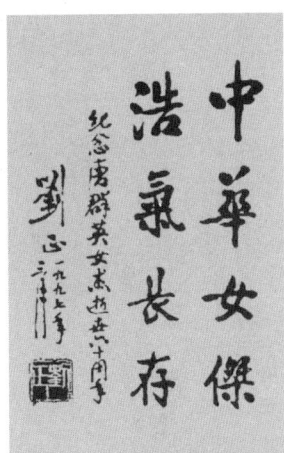

群英纪念园第一进——吟香园碑林

吟香园碑林一角

群英纪念园第二进——咏梅阁碑廊

出版的部分唐群英专著

为改善唐群英书屋周边环境，提升文化品位。2005年，在社会广大热心人士的赞助下，修复唐群英书屋后侧小花园。将两个小花园连成一体，分前后两进布置，起名"群英纪念园"，时任全国人大常委会副委员长、全国妇联主席顾秀莲为之题写了园名，中共湖南省委原书记熊清泉题联："允文允武隳帝制，自立自强振女权"。园门两侧碑墙刻有邓颖超、黄启璪、石玉珍、冯湘保等领导论述唐群英的选录及一些专家学者缅怀、研究唐群英的文稿摘要。第一进为"吟香园碑林"，四面碑墙分别选刻"群英诗选"23首和孙中山、黄兴、宋教仁、张继、唐绍仪、仇鳌、秋瑾等民国伟人名流以及当代国内外著名诗人词家的赠诗赞词56首。台湾著名社会活动家马鹤凌，自台湾寄赠给唐群英的赞词也镌刻其中。这个文化品位很高的诗碑林被命名为"群英诗苑"，位居衡阳十大诗词工程之首，中华诗词学会副会长赵焱森为之题写了苑名。

依山拾级而上为第二进，将原来的咏梅阁展览厅改建为"咏梅阁碑廊"，碑刻内容分为三部分：有时任全国人大常委会副委员长、民革中央主席周铁农，全国政协原副秘书长、国家文物局原局长、中华诗词学会会长孙轶青，时任湖南省政协主席刘正等各级领导的题词；有唐群英的言论、诗联及文稿选录；有当代诗人吟诵唐群英及其家风的诗作。碑廊设有美人靠，可供游人小憩。整个碑廊显得古朴典雅，庄重大气。

现在，唐群英故居已成为3A级旅游区、红色旅游景点，并成为全国唯一的一处妇女"四自"教育基地、衡阳市爱国主义教育基地、市党员历史知识教育基地、市统战文化基地和湖南唐氏家风研讨基地，以及衡阳境内多所大、中、小学德育教育基地，前来瞻仰者与日俱增，经常有衡阳市乃至省内一些机关团体、学校单位来此开展纪念活动；国内外研究唐群英的专家学者也常来此考察学习。

群英中学是湖南省一所名人学校，各级领导都极为重视。2005年3月5日，时任全国人大常委会副委员长、全国妇联主席顾秀莲还给"群英中学"

题写了校名，这对该校的全体师生是个莫大的鼓舞。

2007年8月，中央电视台《走遍中国》栏目组到衡山拍摄了一集《一代女魂唐群英》资料片。同年秋，双峰县城女杰广场建成，其中安放有唐群英全身塑像。2009年10月，衡阳电视台《湘水明珠讲坛》播出盛明明先生主讲的《一代女魂唐群英》电视讲座（含嘉宾访谈，共为5集），在湖南省产生强烈反响，好评如潮，获评湖

盛明明

南广电栏目一等奖，对人们认识、了解和研究唐群英起到了很好的推动作用。

2010年1月11日上午，中国妇女儿童博物馆开馆仪式在北京好苑建国酒店隆重举行，各省、市、区代表400余人参加了大会。出席开馆仪式的有中共中央政治局委员陈至立，全国人大常委会副委员长、全国妇联主席顾秀莲，

中国妇女儿童博物馆领导与唐群英后裔合影。唐信群（左一）、
向丽华（左三）、唐存正（中）

全国妇联党组书记、副主席、书记处第一书记黄晴宜，党组副书记、副主席、书记处书记陈秀榕，书记处书记、中国妇女儿童博物馆馆长赵东花等领导。唐群英后裔唐存正、向丽华、唐信群应邀参加会议。会后，与会人员前往博物馆参观了大型展览。展厅展出唐群英后裔献出收藏近百年，由唐群英主持设计并亲自佩戴的一枚"参政同盟会会员徽章"，徽章个体虽小，却意义重大，成为这个国家级博物馆的"镇馆之宝"。12日晚，全国妇联副主席陈秀榕在北京好苑建国酒店，接见唐群英后裔唐存正、向丽华和唐信群。29日，央视新影制作中心编导沈芳率队前来唐群英故居拍摄《百年辛亥》。

2011年，适逢唐群英诞辰140周年。衡阳市、衡山县为组织这年的纪念活动，从年初起，就开展了一系列活动。3月3日，衡阳新闻网拍摄并播放《妇运探源——走近唐群英故里》。8月，衡山电视台在全县播放自拍的《一代女魂》专题片，后来，该片获湖南省三等优秀奖。9月，衡阳市诗词学会、衡山县诗词楹联书法协会合编的《唐群英诗文赏析》精装本，由中华诗词出版社出版发行。11月，衡山县人民政府在唐群英故居修建了群英广场并立有2.6米高的唐群英半身铜像（由国家一级美术师王平创作完成），配套新建了唐群英故居游客服务中心综合楼、停车场和公厕等设施。

是年12月8日，衡阳市人民政府在唐群英故里衡山县举行《缅怀女魂事迹，弘扬革命精神》座谈会，依次发言的有：郑建邦（民革中央副主席、全国政协常委，题为《学习弘扬"三种"精神》）、张志初（中共湖南省委宣传部副部长，题为《永恒的唐群英》）、王雄飞（衡阳市政协主席，题为《弘扬精神　振兴衡阳》）、邹毅（湖南省妇联副主席，题为《宝贵的精神财富》）、

纪念唐群英诞辰140周年座谈会会场

立于唐群英故居广场中央的唐群英半身铜像

唐群英故居游客服务中心综合楼

刘静（中国妇运史研究专家、《中国妇女》杂志社原总编辑，题为《五千年女权第一声》）、黄伟民（民革湖南省委原专职副主委、黄兴的长孙，题为《黄兴"很有作为"的战友》）、周红玲（衡阳市妇联主席，题为《影响"她世

唐存正先生在衡阳市"石鼓书院大讲坛·国学讲座"主讲唐群英家风

纪"》)、曾巧敏（中共衡山县委副书记、县长，题为《激励衡山实现新跨越》）、盛明明（研究唐群英的知名学者、湖南盛誉文化传媒有限公司董事长，题为《秋瑾、唐群英之比较》）、唐存正（唐群英研究会副会长、唐群英长孙，题为《继承先祖遗志》）。同日，由民革湖南省委、民革衡阳市委举办的"辛亥百年，忠烈千秋"两岸书画作品展览，在唐群英故居游客服务中心，展出包括周铁农、连战、宋楚瑜、郁慕明等两岸政要名家书写的作品 66 幅。是月，《衡阳社会科学》编辑《纪念唐群英诞辰 140 周年专期》。

2012 年 6 月，湖南省归国华侨联合会、湖南省文物局，在唐群英故居挂牌："湖南省涉侨文化遗产"。10 月 22 日，唐存正应邀在"雁城市民课堂"主讲《女界孙黄——唐群英与民国初年女子参政运动》。

2013 年以来，唐群英故居周边的环境有了较大改善，一幢幢村民新宅，陆续建成，为景区增加了新的景点。9 月，湖南环境生物职业技术学院在唐群英故居挂牌"大学生教育基地"。

2014 年 8 月，由刘静、唐存正合著的《女权运动先驱唐群英》，在中国文史出版社出版发行。中共衡阳市委宣传部举行首发式。10 月，湖南辛亥人物博物馆竣工开放，大型浮雕有唐群英全身塑像。

2015 年 12 月 5 日，衡阳市委宣传部主办的"石鼓书院大讲坛·国学讲座"，特邀唐存正先生

唐星照创立"三多"家训，唐群英于 1900 年补充完善为"三本"家训

唐星照创立"四字"家风，唐群英于 1912 年修正补充为"五字"家风

前排左起：蔡测海、尹培国、刘丽华(女)、王蒙、单三娅(女)、唐存正、
蒋青、任中元(女)、周湘宁(女)；后排左起：邓泽辉、黄中泉

在衡阳电视台主讲《传承唐群英家风家训》，市电视台进行全程播放，《衡阳日报》、衡阳《今日老年》报、衡阳《新视报》相继作了长篇报道，社会反响强烈，嗣后，唐存正迄今已陆续应邀在市直机关、企(事)业单位、街道社区及衡山、衡南、双峰等地学校团体、农村进行了26次宣讲活动。

衡阳市、县(区)领导邓群策、刘丽华、尹培国、曾建华等为电影《一代女魂唐群英》开机剪彩

顾秀莲为群英中学题写的校名

群英中学新建的教学楼

群英文化园小园林一瞥

唐群英故居——三吉堂原貌模型

黄泥村怀先山庄

黄泥村群英农庄

2016 年 9 月 1 日，易龙云撰写《三吉堂印象》一文，在《衡阳晚报》"讲述"专栏发表，获 2016 年度湖南省报纸副刊作品年赛银奖。12 月 8 日，衡山县政协主席盛小平率队前往唐群英墓调研现状情况。

2017 年 5 月 22 日，原文化部部长王蒙夫妇由衡阳市、衡山县领导陪同瞻仰唐群英故居。6 月 3

黄泥村仿古民居建筑群

日，中共衡阳市委宣传部、湖南省女社科工作者协会、衡阳市社科联、衡阳市妇联和衡山县人民政府联合主办《纪念唐群英逝世80周年学术研讨会》在衡山县城举行。10月11日，唐群英墓改建方案经湖南省文物局批复，同意重新修建。10月31日，中共衡阳市委宣传部、市电视台和湖南银星文化传播有限公司共同拍摄的电影《一代女魂唐群英》，在唐群英故居举行开机仪式。开机新闻发布会两侧对联：

> 颂扬衡阳女杰，拍摄一代女魂，不忘初心；
>
> 坚定文化自信，讲好中国故事，牢记使命。

12月27日，衡阳广播电视台公共频道播放自拍的《山鸟唤晴来——一代女魂唐群英》专题片（分四期播出），后被评为湖南广播电视一等奖。同月，由湖南集展智能科技有限公司承制的《唐群英故居——三吉堂原貌图》制作完成。

2018年1月28日，唐存正先生应邀在衡阳市图书馆主讲《唐群英家风的形成及影响》。

是年春，南京大学历史学院教授郑雪君在《福建师大学报》发表《被遗忘的唐群英：论辛亥革命女性的现实困境》。

3月8日，衡山县电视台重播《山鸟唤晴来——一代女魂唐群英》电视专题片。

5月30日，《唐群英家风揄扬集》，由团结出版社出版发行。衡阳市文联、市妇联在香江艺术馆联合主办首发座谈会。

唤晴亭

唤晴亭记

11 月 6 日，电影《一代女魂唐群英》在衡阳市广电中心举行首映式。

12 月 18 日，唐存正先生应央视《中国影像方志》导演王明杨邀请，采访唐群英生平往事。

同月，电影《一代女魂唐群英》，成功入围北欧国际电影节并获得"最佳导演""最佳女主角""最佳造型和化妆""最佳服装"等 4 项提名。2019 年 2 月，饰演唐群英的女演员田海蓉最终摘取"最佳女主角"的桂冠。3 月，电影《一代女魂唐群英》入围第三届印度世界电影节并获得作品提名奖。5 月，第 8 届法国尼斯国际电影节举行颁奖典礼，电影《一代女魂唐群英》荣获"最佳新人导演""最佳故事片""评委会大奖" 3 项提名，最终青年导演邓楚炜在法国尼斯国际电影节获"最佳新人导演奖"。

2019 年 5 月 3 日，由银都机构（广州）影视文化有限公司、天园地方（广东）影视传媒有限公司等单位联合筹拍大型电视连续剧《唐群英》（暂定名）提出项目策划书，并着手编写大纲，申报立项。

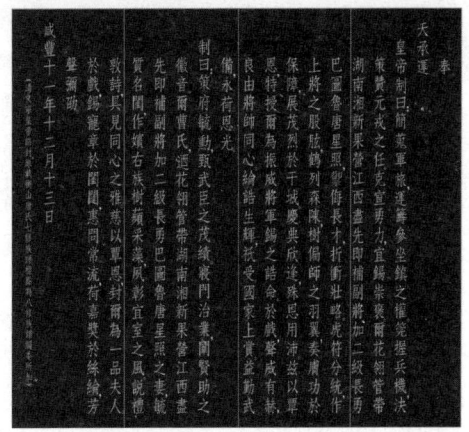

5 月 12 日，衡山县文联、县摄影家协会、县书法家协会及新桥镇人民政府联合举办的《群英故里尽朝晖》在唐群英故居开展采风活动。

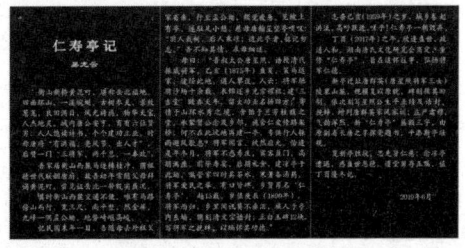

"湖南省民营企业 100 强"的湖南省衡洲建设有限公司捐建的"唤晴亭"，由国际著名诗人、世界华语诗坛泰斗、诺贝尔文学奖提名

者、中国近代著名诗人洛夫为之题写亭名；《评说曾国藩》《唐群英的传奇故事》《古今名人珍闻轶事》的作者、近代史学家曾启球撰联："唤出一轮红日，晴舒万里碧空"；湖南名校岳云中学语文高级教师、衡阳市语文学科带头人、市诗词学会常务理事、湖湘文化研究者，《石鼓书院大讲坛·国学讲座》主讲嘉宾，曾主持省、市级课题研究，编辑出版湖南省中小学生国学读本丛书《古诗文学堂》（高中卷）、编著《一代女魂唐群英》校本教材的肖红辉作了亭记。该亭于 2019 年 8 月 26 日竣工。

2019 年 9 月 4 日上午，湖南唐氏文化研究会在衡阳市召开唐群英家风研讨会，会议由常务副会长唐高仁主持，首先由唐存正主讲《传承唐群英家风》，然后依次发言的是衡南的唐先益、衡山群英中学的唐向阳（代表校长胡向阳）、溆浦的唐刚成、怀化分会代表唐永和、宁远的唐德绵，然后由会长唐政平作总结讲话。下午，组织与会人员赴衡山新桥瞻仰唐群英故居。首先，向唐群英铜像敬献花圈，参观群英纪念园、唐群英生平事迹展览馆，随后进行了分组座谈。

由湖南唐氏文化研究会发起，唐氏族人及社会热心人士积极捐助的"仁寿亭"（唐群英之父唐星照将军昔日建于黄泥村口孟公坳上的功德亭）重修工程已经启动，按照仿古建筑风格，作为唐群英陵园配套设施，易地建于陵墓神道口，供瞻仰人群登山歇息观赏。时任湖南省人大常委会副主任唐之享为之题写了匾额，会长唐德绵、衡阳本土名士辛少华分别撰联。亭内碑刻内容除按原有清文宗皇帝诰封、唐星照将军生平事迹保留以外，新增了将军年表和亲友悼念将军的挽联选录、唐群英家风、修复亭记以及单位和个人捐款功德碑。亭记由衡阳市教育科学研究所原副所长、中学语文高级教师，国、省级获奖课题主持人、湖南省作协会员、衡阳市廻雁诗社原社长易龙云撰写。

# 附　录

# 唐群英简年表

**1871 年（清同治十年）　诞生**

12 月 8 日（农历十月二十六日），出生于湖南省衡山县新桥乡（今新桥镇）黄泥町（今黄泥村）武将门第"三吉堂"。

**1875 年（清光绪元年）　4 岁**

冬，适父亲四十生辰，见小客人中的男孩，个个跑跳自如，心生扯掉裹脚布，得不到两位姐姐的支持，气急之下，独自扯掉，引起一场不小的风波。

**1876 年（清光绪二年）　5 岁**

夏，妹希欧出生。

秋，在家塾"是吾家"启蒙。

冬，父亲在孟公坳建成"仁寿亭"。

**1878 年（清光绪四年）　7 岁**

4 月 8 日（三月初六日）胞弟乾一出生。

秋，其父星照将军，得知长子维藩辱打书童，甚怒。当即定下"三多"（多积德、多读书、多劳作）为家训，忠、孝、诚、义"四字"为家风（忠君报国、孝顺父母、诚信做人、义气待人）。

冬，大姐希孟嫁衡山白果朝字附贡生赵世魁次子艺圃为妻。

**1881 年（清光绪七年）　10 岁**

央求父亲传授剑法，勤学苦练，从不间断。

**1883 年（清光绪九年）　12 岁**

随父学习骑马。

**1885 年（清光绪十一年）　14 岁**

春，口占五绝《晓起》，塾师赞为"女中奇才"。

**1888 年（清光绪十三年）　17 岁**

始读《史记》《楚辞》诸书，常有点评，名师赏批所作"女文而有男性"。据唐氏七修族谱记载，希陶善思考"每翻古人旧案，言人之所未言"。

春，与父亲议起家风一事，建议改"孝顺父母"为"孝敬长辈"、"义气待人"为"厚道待人"，深得其父欢心，顺势央求父亲将自己的名字"希陶"改为"群英"，意为要当人群中的英雄，得到父亲的赞许，自此改"名"群英。"希陶"遂演变为"字"。

## 1889 年（清光绪十五年）　18 岁

由父亲作主，许配湘乡（今双峰）荷叶曾国藩堂弟曾传纲为妻。

## 1890 年（清光绪十六年）　19 岁

6 月，父亲病故，终年 56 岁。

## 1891 年（清光绪十七年）　20 岁

秋，遵母曹氏之命与湘乡县荷叶下宥树德堂曾传纲完婚。

## 1894 年（清光绪二十年）23 岁

生女儿，名亮亮。

## 1896 年（清光绪二十二年）　25 岁

秋，在荷叶结识秋瑾。

冬，独生女儿夭折。

## 1897 年（清光绪二十三年）　26 岁

2 月，在荷叶结识葛健豪。

8 月，丈夫曾传纲猝然病故。

## 1898 年（清光绪二十四年）　27 岁

3 月，冲破封建束缚，"大归"娘家新桥"三吉堂"。

## 1900 年（清光绪二十六年）　29 岁

夏，与胞姐希范、好友葛健豪应郭筠邀请同去富厚堂，见曾文正公"八本"家训受到启发，旋与母亲及兄弟商议，将"多积德、多读书、多劳作"改为"多积德，为人之本；多读书，成才之本；多劳作，立业之本"。

## 1901 年（清光绪二十七年）　30 岁

秋，秋瑾回湘，应邀前往湘潭由义巷相聚，听她讲述在京亲历八国联军入侵之乱，义愤填膺。

## 1902 年（清光绪二十八年）　31 岁

秋，与姐姐唐希范、弟弟唐乾一同游南岳衡山时，在祝融峰不远处的会仙桥，救下欲跳崖自尽的少女刘琴。

## 1904 年（清光绪三十年）　33 岁

9 月，受母命，分得三分之一的田产，只取其半，计 39.6 亩。

10 月，启程赴日本留学。到达东京后入住中国留学生会馆。

### 1905 年（清光绪三十一年）　　34 岁

年初，考入东京青山实践女子学校。

2 月，由姨侄赵恒惕陪同拜会黄兴。

5 月，由赵恒惕、黄兴介绍加入华兴会。

7 月 25 日，由黄兴引荐拜见孙中山。唐群英被安排参与同盟会的筹备工作。

7 月 30 日，集体加入同盟会并参加宣誓。

8 月 9 日，与黄兴、陈天华应孙中山之约，同往东京神田区会见何香凝。

9 月 4 日，与冯自由介绍秋瑾加入同盟会。

同月，与秋瑾、方君英、陈撷芬、林宗素、蔡蕙、吴木兰等参加同盟会在横滨设立的弹药制造机关，学习制造弹药。

10 月 21 日，与刘道一介绍唐乾一、赵恒惕加入同盟会。

同月，与刘道一介绍张汉英、王昌国加入同盟会。

11 月 26 日，同盟会机关报《民报》创刊，与秋瑾各捐洋 200 元，支持办刊。

12 月 25 日，送别秋瑾回国。

同月，与乾一弟议起家风一事，改"忠君报国"为"忠心报国"，乾一表示认同。

### 1906 年（清光绪三十二年）　　35 岁

1 月 7 日，与张汉英等同去东京留学生会馆，和留日学生各会同人会商取缔风潮事宜，达成协议。

春，由日本同学引荐，与张汉英等同在东京神乐坂武术会，练习枪法。

10 月，在革命刊物《洞庭波》上发表充满革命豪情的绝句八章。

11 月，在"中国留日女学生会"第二次大会上当选书记。

### 1907 年（清光绪三十三年）　　36 岁

1 月，惊闻刘道一领导的萍浏醴起义失败，英勇就义，非常悲愤，有悼诗一首，失考。

春，自费考入东京成人高等学校速成师范科。

3 月，孙中山被日本当局驱逐出境前，约见唐群英。

夏，作有《感怀》三首，发表于《中国新女界杂志》第二期。

7 月，惊闻秋瑾在绍兴遇害，悲痛不已，当即作了一首挽联：革命潮流是秋风吹起，自由花蕊要血雨催开。

9月，因学业成绩优异，深得校长山根正次赞许，改为官费生。

同月，与方君英、何香凝等参加由张继、刘光汉发起成立的社会主义讲习会。

同月，（八月初三日）遂九侄在衡山出生。

12月毕业于东京成女高等学校速成师范科，在毕业典礼上作为学生代表，发表纪念文并歌。

### 1908 年（清光绪三十四年） 37 岁

年初，自日本返回湖南，准备投身反清起义活动。行前接孙中山自越南寄来赠诗："为我问陈癫"。

回故乡探亲之际，由母亲提议、经胞弟唐乾一夫妇同意，接纳唐乾一次子唐遂九为抚子。

### 1909 年（清宣统元年） 38 岁

与同盟会战友陈荆（即陈癫）、张汉英联络会党首领万国栋、谭义生等策划湘乡县永丰起义。起义因故流产。

### 1910 年（清宣统二年） 39 岁

年初，与同盟会战友陈荆联络会党首领万国栋、黄大鹏组织领导湘潭县花石起义。起义初战告捷，后因清军大增援兵，终因寡不敌众而失败。

夏，奉黄兴密令再次东渡日本，在留日女学生中进行革命发动工作。

### 1911 年（清宣统三年） 40 岁

2月，主持恢复"中国留日女学生会"，当选为会长。

4月27日，《留日女学会杂志》发刊，任主编兼发行人。

8月19日，由傅屯艮、黄梦蘧、杨惕生介绍加入"南社"。

9月，自日本回国，先到南岳看望刘琴，动员其一道投身革命洪流。

10月25日，与张汉英等发起成立筹饷组织"女子后援会"，随后又组建战地救护组织"北伐军救济队"。率"北伐军救济队"参与江浙联军攻克南京的战役。

10月26日，吸收刘琴为女子后援会第一批会员。

### 1912 年（民国元年） 41 岁

2月1日，作为"女子后援会"代表，与"女界协赞会"代表张昭汉、陈鸿璧、程颖一起，受到临时大总统孙中山接见，被赞为"你们都不愧是创立民国的巾帼英雄"，孙中山对两个组织为义军筹饷的贡献甚为嘉许。

2月20日，以"女子后援会"领导人名义，联络上海"女子参政同志会""女子尚武会"南京"女子同盟会"湖南"女国民会"等妇女参政团体的领导人，召开倡议组建"中华民国女子参政同盟会"的筹备会。

同日，代表女界起草《女界代表唐群英上参议院书》，要求"于宪法正文之内，订明无论男女一律平等，均有选举权及被选举权"。

3月18日，联合女界25人发出《女子参政同盟会上孙中山书》，建议在3月11日公布的《中华民国临时约法》中，"或请删去'无种族、阶级、宗教之区别'一语，以为将来解释上捐除障碍；或即请于'种族、阶级、宗教'之间，添入'男女'二字，以昭公允。"

3月19日，因闻听参议院是日会上将对"女界修改约法案"进行表决，遂与20多名女界人士赶到参议院，要求通过该法案，被劝阻离去。

3月20日，在参议院对"女界修改约法案"予以否决的情况下，与女界代表20多人复去参议院，再行据理力争。因被警卫阻挠，发生了砸破玻璃窗等情况，被报刊指斥为"妇女大闹参议院"事件。遂与蔡蕙转而求见孙大总统，请予明察是非，继续给予支持。

3月21日，由于请愿女子被持械军人挡在了参议院大门之外，只好再次转道总统府，请求孙总统出面排解。孙总统允诺代向参议院斡旋。

3月22日，与蔡蕙一起第三次求见大总统，禀明所谓"大闹参议院事件"真相。

3月25日，到攻击女界请愿活动的《亚细亚报》社提出口头质问，并发表驳斥其信口开河的书面声明。

4月1日，孙中山解除临时大总统职务，唐群英、王昌国等女界同仁深感遗憾。

4月5日，接伦敦女子政治及社会联合会贺电。

同日，唐群英发出复电"深表感谢"。

4月8日，主持"中华民国女子参政同盟会"成立大会，当选为会长。《女子参政同盟会简章草案》《女子参政同盟会宣言书》《女子参政同盟会致各省都督等电》相继见诸报端。

5月，唐群英安排张汉英留守南京处理日常事务，与女子参政同盟会的部分领导人及年轻会员王昌国、沈佩贞、沈明范、刘琴等北上京都，联合当地女界人士，以"女子联合会"名义继续开展争取参政权的斗争。

6月，鉴于参议院讨论选举法时将女子排除在外，与张寿松等以"女界联合会"名义上书参议院，要求"于国会选举法条文内申明，民国人民无论男女若干岁得有选举权及被选举权"。

7月16日，同盟会为改组为国民党事召开本部会议，女会员未被通知参加。与沈佩贞、王昌国等闯入会场，登上主席台据理质询宋教仁。

8月10日，只确定男子有选举权利的《参议院议员选举法》和《众议院议员选举法》由临时参议院正式公布后，再上《女子参政同盟会参政请愿书》。要求补订《女子选举法》。

8月13日，与沈佩贞、王昌国等参加同盟会本部会议，对删去男女平权一条，提出抗议。

8月25日，国民党召开成立大会。因为国民党党纲中删去了同盟会纲领中"男女平权"的原则，发生了"唐群英掌掴宋教仁"的空前一幕。

8月27日，与沈佩贞谒见孙中山，并面呈专函请求支持。

9月2日上午，收到孙中山复同盟会女同志函。函中有曰，"君等专以一二理事人为难，无益也。文之意，今日女界宜专由女子发起女子之团体，提倡教育，使女界知识普及，力量乃宏，然后始可与男子争权，则必能得胜也。"

当日下午，与王昌国、沈佩贞等商议，连夜召开在京领导成员紧急会议，宣读孙中山复函，决定暂且放弃党内女权之争，团结一致对付袁世凯。作出决定：一、发表宣言，表明态度；二、创办女报女学，提高女界知识；三、在北京成立本部，加强运动领导。

9月4日，发表《女子参政同盟会代表唐群英宣言书》，提出"理想上有莫大之希望，事实上未免有暂时之让步"这样一个较为理性的策略思想。

9月5日，分别登门拜访宋教仁、林森，检讨"两记耳光"的失礼之举，表明暂且放弃党内的女权之争，消除误解，团结一致对付袁世凯。

9月14日，主持女界欢迎黄兴到京，对黄兴发表的演讲，深表赞同，很受鼓舞。

9月20—24日，连续刊登《女子白话报》启事，发表《唐群英创办女子白话报意见书》和起草《女子白话报简章》。

同月，收到黄兴、宋教仁、刘揆一、陈其美、唐绍仪、仇鳌、覃振、蒋翊武、谭延闿等军政要员发来祝词。

同月，与沈佩贞、王昌国在京创办"女子工艺厂"和"中央女子学校"。

同月，支持胞弟唐乾一与宋教仁、仇鳌等创办"共和印刷股份有限公司"

于京都。

同月，在北京湖南会馆举行集会，欢迎万国女子参政会会长美国嘉德夫人、荷兰女子选举会会长解古构等。重申力争女子参政权，国际友人极为赞赏，表示"自当竭力协助"。

10月20日，"民国女子参政同盟会本部"正式成立，被推选为总理。

同月，从多年的社会实践，尤其是经历怒打宋教仁、林森之后，深感如无宽阔的胸怀和容人的气度，很难成就事业，在父亲倡导之"四字"家风中，增加"宽容处世"一节。通过其修改补充后的三吉堂家风家训、完整表述为"忠心报国，孝敬长辈，诚信立身，宽容处世，厚道待人。""多积德，为人之本；多读书，成材之本；多劳作，立业之本。"后人们习称唐群英家风家训。

10月21日，作为女子参政同盟会言论阵地的《女子白话报》开始发行，任经理兼总编辑。

11月16日，"以提倡女权，发挥民生主义，促进个人自治为宗旨"的《亚东丛报》创刊，任主编。

同月，与张昭汉共同发起复刊已停刊的《神州女报》，得到孙中山支持并为报刊题字"发达女权"。张昭汉任经理，唐群英、汤国梨任编辑。

12月9日，临时参议院否决女子请愿案的第二天，与女会员数人前往参议院，冲着新任议长吴景濂，大声指斥："凡反对女子参政权者，将来必有最后之对待方法。即袁大总统不赞成女子有参政权，亦必不承认袁为大总统！"

12月16日，在女子参政运动遭到严重挫折的形势下，根据女子参政同盟会决定改变斗争策略的部署，由北京回到长沙，把工作重点转向地方。

12月18日，组建女子参政同盟会湖南支部，被推举兼任支部长。

### 1913年（民国二年） 42岁

2月初，看到《长沙日报》登出一则郑师道将与唐群英的"结婚启事"，即与女盟员们前去报社问责，发生了女盟员捣毁当天《长沙日报》全部字盘的事件。后经湖南督军谭延闿动用公款求得息事宁人。

2月16日，与张汉英、丁步兰等在长沙创办《女权日报》。

5月，因纪念秋瑾烈士的"秋女烈士祠"被篡改为供奉节妇烈女的"女烈士祠"，带领女盟员进行了恢复纪念祠原貌的斗争，最终取得胜利。

6月，在宋教仁公葬之时，写出《宋渔父先生诔并叙》，抒发"群英之痛，社会之忧"。

9月，带领刘琴与张汉英赴上海考察妇女运动情况。

10月，与张汉英、刘琴等赴北京研究开展女子参政运动事宜。得知袁世凯即将对其悬赏通缉的密报，遂踏上漂流泊亡之路。

## 1915年（民国四年）　44岁

春初，与刘琴经天津、上海、越南河内、云南、贵州等地的流亡漂泊生活结束，回到衡山故乡。

7月，张汉英病故，写出感人至深的《祭张惠风文》，并致书"南社"社长柳亚子先生，请其为张汉英作传。

## 1916年（民国五年）　45岁

年初，带着刘琴重返长沙投身反袁护国斗争，在曾公祠集会上宣讲孙中山《二次讨袁宣言》，突遭军警包围，在群众掩护下，化装脱逃，再次遭到通缉。

8月，赴北京探讨女权运动再起之计。感叹于政坛之黑暗、女界之零落，彻底下定了扎根基层重新起步的决心。

11月，惊闻黄兴在上海病逝，写下《哭黄公克强》五律一首。后又写出挽联一副。

## 1918年（民国七年）　47岁

2月（民国六年农历十二月），母亲曹太夫人病故，在家筑庐守孝。

## 1919年（民国八年）　48岁

春，经过艰苦努力创办的"红茶亭女校"正式开学。

## 1922年（民国十一年）　51岁

9月，与省宪审查会委员陈俶筹办的"湖南女子法政专门学校"正式开学。

同月，抚子遂九入北京汇文中学。

秋，曲潆庙石拱桥落成，应乡人邀请为之作联：曲直影摇波底月，潆洄人踱镜中梯。

## 1923年（民国十二年）　52岁

年初，在衡山县城筹办高级小学"希陶女校"。得衡山县政府支持，此校改为公立，定名为"衡山女子高级小学"，任其为校长。

9月下旬，专程至白果刘捷三公祠，走访岳北农工会会长刘东轩，并结识秘书李渭璜（后改名实行），建议农工会设妇女委员，多动员妇女参加。

同月，在三吉堂接待弟媳堂兄廖连元之妻，动员其顺应农工会要求，拿出 100 担稻谷平粜给贫民。

## 1924 年（民国十三年）　53 岁

春，应老战友王昌国（此时当选为省议会议员）之邀，赴长沙参与重振"联省自治"，磋商女子参政运动事宜。

3 月，在长沙创办"复陶女子中学"，自任校长。

6 月 9 日，在恢复成立湖南女界联合会的大会上，与王昌国都自谦只任副会长，推选中华教育改进社女子教育委员会主任朱其慧担任会长。

7 月，向赵恒惕省长推荐胞弟乾一主持长沙修路事宜。

12 月 1 日，参加湖南省 39 所学校教职员工 600 余人集会，抗议当局拖欠教育经费。

## 1925 年（民国十四年）　54 岁

春，利用停办的"红茶亭女校"校址，创办"岳北女子实业学校"。

3 月，惊闻孙中山在北京病逝，写下《哭孙总理中山先生》七律一首及挽联两副。

4 月 21 日，参加长沙各界人士举行的追悼孙中山大会。

6 月 2 日，带领复陶女子中学师生参加"青沪惨案湖南雪耻会"组织的罢课活动。

6 月 5 日，带领复陶女校师生在长沙街头宣讲"五卅"惨案，带头烧毁由日本带回的衣物、皮箱。

## 1926 年（民国十五年）　55 岁

3 月，联络长沙青年妇女学艺社等团体，组织 10 余所女校师生千余人游行示威，要求男女教育平等，要求政府批准湖南大学招收女生，并设妇女义务学校。

6 月 3 日，与朱其慧、王昌国会商，以女界联合会名义声援为英轮撞沉民船的死难同胞讨公道。

7 月 15 日，组织长沙多所女校师生迎接北伐军第八军进入长沙。

## 1927 年（民国十六年）　56 岁

1 月 21 日，唐群英在衡山县城会见毛泽东。

1 月 22 日，唐群英应衡山县农民运动讲习所所长刘爱农邀请，在该所干训班主讲男女平等平权问题。

5 月，在衡山白果桥头，阻拦捉拿李实行妻子的清乡队，保住了这个孕妇的性命。

6月，掩护自己的学生、共产党员彭月梅夫妇，在"马日事变"后的白色恐怖下，到南岳衡山"出家"避难。一年后又接二人下山，支持其投奔井冈山。

**1928年（民国十七年） 57岁**

秋，辞去岳北女子实业学校校长之职，受族人委托，担任新桥唐氏广定小学校长。

**1929年（民国十八年） 58岁**

5月，刚过51岁的胞弟唐乾一病逝，悲痛之余，于年底辞去广定小学校长之职。

**1930年（民国十九年） 59岁**

秋，利用"云在庐"房舍，聘请本乡学识渊博的李次渊先生，开办家塾式的学堂，收唐家及外姓男女儿童及少妇共20多人入读。

**1931年（民国二十年） 60岁**

8月，抚子遂九与燕京大学同学胡庆育之妹胡卫真结婚。

**1932年（民国二十一年） 61岁**

11月（农历十月初二日）欣闻长孙在北京出生，为之起名"存正"。

**1933年（民国二十二年） 62岁**

邀外甥曾伯珪、堂侄孙唐肇修协助着手编辑《吟香阁诗文集》4卷。

**1934年（民国二十三年） 63岁**

12月（农历十一月初三日），第二个小孙在南京出生，起名为"明"。

**1935年（民国二十四年） 64岁**

5月，由曾伯珪陪送至南京抚子唐遂九住处，与儿子、儿媳及两个孙子天伦相聚。已担任国民政府高官的林森、张继、仇鳌、戴季陶、于右任等同盟会老战友皆来看望，知道她因疏财兴学而致生活拮据，还联名请求中央政府予以补贴。不久，国民党中央给其挂了个党史编纂委员会委员的头衔，并予以相应的生活补贴。

**1936年（民国二十五年） 65岁**

秋，由抚子遂九陪送回到新桥故里。

**1937年（民国二十六年） 66岁**

4月11日，应转道来南岳休假的国府主席林森之邀，在衡山磨镜台会晤。

6月3日（农历四月二十五日），在三吉堂是吾家书屋溘然去世。原拟以家祭形式举办的丧礼，牵动了四邻八乡乃至南京国府，演变成了一场规模颇大的各界公祭。

# 唐群英遗稿选录

## 日本东京成女高等学校师范科毕业纪念文

清光绪丁未阴历十一月六日毕业于日本东京成女高等学校师范科纪念文并歌。

英儒赫胥黎以学问为完全之常识，故近世言学问者，率皆以大同平等之物视之，然其精微奥妙幽邃宏博，亦非可以一二言罄者。盖自二离鼓铸洪炉，阴阳变生世界环球之表，民族各分一派，其间斗新奇以演成世界之一舞台者，要不外此脑力之团结以为竞争，故觇国势于今日，恒以教育之盛衰为隆替。今者成女学校校长山根正次暨水谷直孝、宫回修诸先生等学识渊懿，道德深厚，洵可谓日本教育家之翘楚。英等忝列门墙，学习速成师范，越一年告竣。时明治四十年十二月十日举行毕业式，校室精洁，嘉宾毕集，诸先生登坛演说，慰诲殷勤，以期我邦女学之发达，以国民母教为基础，扩张东亚文明之进步，与欧美并驾而齐驱。其用意至周，其措辞极切。维时同学齐声歌颂，庆祝无量，想见其善邻并美之诚，几无遗漏矣。窃惟我震旦，自古为文明开化之国，于女学亦未尝稍有逊步，征之毛诗三百篇，首颂后妃之德，而王化之流行于江汉间者，殆非女教之功，曷臻此。迄乎三代以还，此旨浸废，然女师女范昭然于史策者，若班氏、木兰、伏女辈。当时轻视女学，犹能独来独往，卓绝古今，使有以提励之，则其造诣又当何如也？无如积聩不振，女权陵夷，学识幽闭，遂成斯世困屯之形。溯国运盛衰之际，又岂非我辈担负女教责任之时耶？既承诸先生期望之深，复蒙奖誉过当，莽莽前途，惟薪不负赏鉴，以尽其力之所能至者而为之。倘或神州有幸，教育成时，与环球争美，以显我东亚文明之盛，则非徒吾国之幸，而贵国亦与有莫大之荣焉。诸先生之功又岂仅于吾辈数人已耶？谨兹称谢，爰作歌。歌曰：

维瞻盛国兮，文物炳麟。历艰越险兮，涉彼重瀛。

宝镜初磨兮，形影玲珑。吸收声灵兮，竣我研精。

大陆沉沉兮，伊回首而流连。仰荷教育兮，怅有意以难宣。

勿负裁成兮，誓勉着乎祖鞭。

愿放兹之万丈光芒兮，普照于神州众生沉醉之混沌身前。

（1907 年 12 月 10 日）

# 留日女学会杂志发刊词

东风骀荡，春日妍和。东京行乐之地，柳色醮黄，樱花欲绽。留东学界，以流离琐尾之余，适春期休暇之日，痛定思痛，正拟借人酒杯，浇我块垒。览异乡之风景，赏天然之华丽，以读以游，以歌以咏，追逐于人影衣香之队，附和于寻芳拾翠之流。十年薪胆，顷刻欲忘。当此时也，乃有霹雳一声，天地为黯。英占片马，俄人伊犁，法迫蒙自之警报，纷至沓来。惊涛骇浪，耳目为昏，满眼繁华，都成惨景，天涯春色，尽入悲观。呜呼！瓜分瓜分，实行瓜分之危言，震破耳幕。枪雨弹烟，频频入梦，刀光剑影，咄咄逼人。留学男界乃有中国国民军会之组织，以冀达唤醒同胞排除外患之目的。奔走呼号，心力俱瘁。然犹以知识相歧，意见不一，奸人倾轧，政府疑忌之故，不能一意进行，已达于完善之域，阻力横生，几败垂成。男子程度胜于女子，则排除瓜分之祸之责，亦不能仅恃诸男子，彰彰明世。我国女界数千年来，浑浑噩噩，以依赖为生活，以服务为义务，不知国家为何物，且不知国家与女子有何关系，故对于国家放弃权利，对于男子毫无自由。究其所以，则皆以依赖男子为一大原因。今日恢复女权，还我自由之声遍天下。女界同胞，正宜当此国家多难危急存亡迫在眉睫之秋，与男子奋袂争先，共担义务，同尽天职，则不失天职，即能得自由之先声。今日义务，即他日权利之张本，可断言也。或者曰：中国今日强邻迫处，四面楚歌，欲免瓜分非专恃铁血不可。纤纤女子，何能为力？不知铁血者，男子之事业，亦教育之结果也。非教育之力不能收铁血之效。女子者，教育之起源，文明之根本也。教育完备，专赖女子。女子不学则已，女子有学，吾敢断言之曰：救国家之危亡，得力于女界者为尤多。试征之欧美十八世纪之初，北美独立未久，一切教育均未完备，来安女吏以乡僻穷人之女，肆身教育，卒能创立学校，大倡女学，合众国富强之基础，赖以巩固。法国路易十六时，政纲废弛，各国拥护帝政，强兵压境，外患内讧，不可终日。罗兰夫人起为共和党参谋，改革政体，建新政府，杀身成仁。至今东西男女莫不啧啧艳称，颂其功烈。他如露国之罗非哥夫人，英国之富色特夫人，或以慈善名，或以政治著，虽所处国势不必如一，观其改良社会，效力国家之苦心，则无不同出一辙。以上所举，皆昭昭最著者。至于今日欧洲赤十字社员，日本之爱国妇人会等，其中无名之女杰，鳞接趾连，何可胜数。要皆能补救国家，排除外患，为我国今日之女界鉴者，而还顾我诸姑姊妹，其果足以语此耶。承数千年压制之余，守无才是德之训，层层锢习，陷溺已深，一语以爱国救亡权利义务之名词，则目瞪口呆，茫然不解，甚者或返步却走，非笑随之。呜呼！以如此之女子社会，当如此之危急国家，虽男子程度尽如欧美，犹难免为半开化国。竞争之场，必归劣败，瓜分之祸，卒难幸免。而况男子之程度较欧美不啻天渊，国家之危机至今日已达极点，则女子教育，不得不与男子共图发达。欲与男子共图发达，又不能强粉白黛绿之俦，尽入学校。无已亦惟有发顽起冥，震聩启聋，尽鼓吹之能力，采开导之方针。沉沉酣梦，唤以金钟，恹恹沉疴，苏以药石。此女学杂志之所以刻不容缓者也。诸姑姊妹，有鉴于此，爰趁时机，大集同人，分留学之光阴，发救亡之愿力，共竭绵薄，期以远大。着手之方，先组织留日女学会，由女学会发刊杂志。炎炎大言，闺中木铎，热诚所感，金石为开，女界一线之光明，可于杂志之出世觇之矣。独是一事之起，始则急进，终乃消极，杂志何独不然。东京自有留学以来，各省同乡及各团体所创杂志，一二年前，无虑数十百种，长篇伟论，可竖旗帜，何其盛也。迄于今日，则水流花谢，烟消云散。所存焉者，几如鳞角凤毛，吉光片羽，不可多得。男子作事，尚且若是，矧在女界。女界之有杂志，亦非自今日始也。在上海者，有女学报，有女子世界，有中国女报，有天足会报，及中国妇人小杂志等。在日本者，有天义报，有中国新女界杂志等。诸如此类，不一而足。然皆昙花一现，倾尔忘形。岂尽诸君办理之非，亦各种阻力之故也。夫必能不畏阻力，前仆后起，虽有障碍，设法通过，则失败未必成功之友，阻力安知非进行之师。失败愈甚，成功愈大，阻力愈多，进行愈速。惩前毖后，百折不回，出二万万女同胞于黑暗而辉光之，要在我诸姑姊妹之好自为之而已。英国妇人之争选举权也，屡次失败，蹶而复起，比年以来，愈接愈厉，大志所在，不以失败而变计，不以艰难而丧气，目的一日未达，即此志一日不懈，壮哉文明之女子。我二万万神明之诸姑姊妹，盍其兴哉，奋其雄心，急起直追，我亦犹人，奚独不若。而况夫我女界同胞所有之特性，有非东西各国所可企及者，坚苦忍耐，誓死靡他，此非我女界同胞所斤斤共勉者耶。惜乎范围过小，仅用于一人之私，不知扩移于国家。故奴隶圈中，常著节义之声，英雄台上，大减裙钗之色。往事已矣，言之痛心，及今急图，犹有跃出九渊同观天日之时。若徒依赖男子，希望官吏之提倡，则今日男子官吏，对于女子教育，内而各省之摧残，外而使臣之忽视，毫不关心，漫云培养，地方绅士，更有甚焉。号开通者，以敷衍沽一时之名；而腐败孟贼，方且侧目疾视，以破坏快一时之私。希望若辈，是何异秦人望越人之关心肥瘠，必不能得，或有望，俟河之清。人寿几何，吾恐学未卒成，而宗国沦亡不可收拾，奴颜婢膝，任人驱使之旧生涯，我诸姑姊妹其将长此终古乎。已矣，诸姑姊妹，可以兴矣。断绝依赖，人自为学，发爱国之忱，谋独立之道，勿云巾帼无能，但须蛾眉有志，及时勉励，养成毛羽，东亚天地，任我飞翔。区区之女学杂志，不过着手进行之一耳。登高一呼，万山响应。酣梦已醒，动机乃生。沉疴既起，体力自强。促其进行之机，坚其独立之志。则浑浑噩噩，依赖成性之女界同胞，一转而为天真烂漫，勇往直前之女子国民。钟声旗影，耳目增辉，我孟母太姒木兰良玉诸先哲之遗征，复盛于今日。为黍利，为苏菲，为教育家，为改革者，极一时女界之光，吐千载闺阁之气。人人如是，处处皆然。我四千年祖宗辛苦创立之国基，将于是赖，岂特女界之光也。

1911 年 4 月 27 日

（此文由宪斌执笔，唐群英审定）

# 女子后援会意见书

天下未有无代价之物，其物弥珍，其价弥高。一器之微，欲得者尚不可无以易之，而况独立自由之幸福乎？世界之物，未有贵于独立与自由者，国不独立，则失所以为国，民不自由，则失所以为民。欲购此最大之幸福，必先掷最大之代价；此代价非他，赤血而已矣，黄金而已矣。夫独立自由之幸福，固在谋生命财产之安全，然非先牺牲生命财产，此幸福又乌可得哉？欧美民族，深知此义，是以自十八世纪来，凡欲脱离奴隶地位而为独立自由之国民者，靡不始于武力而以财力为后盾。健儿壮士，为国流血，固为可敬，而富豪巨室，匹夫匹妇，毁家纾难，尝万苦而不悔，亦足多焉。今国民之享文明幸福者，其始殆莫不牺牲绝大之代价，若美国之独立，法国之大革命，其尤大彰明较著者也。彼自由之花，灿烂国中，独立之旗，照耀世界者，孰非赤血之所灌溉、黄金之所铸造耶？我国民居于异族专制政体之下久矣，今幸鄂省倡议，全国响应，天佑皇汉，恢复有日，此诚千载一时志士报国之秋也。

夫在军政时代，固赖有熊罴之士效命疆场，然财政基础未固，尤须有急公好义之士捐金助饷，俾健儿得专意杀敌，迅奏肤功。起义以来，民军所至，忠勇昭著，虽至女子军、学生队，网不激昂慷慨，争先死敌，亦可见我健儿之不吝赤血矣。而国中富于财者，独未闻有毁家之子文、输财之卜式，窃为我同胞羞也。夫中国为中国人之中国，非独健儿之中国也。今从军之士，风餐露宿，不避冻馁，以血肉之躯投于枪林弹雨之中者，徒欲为我同胞购独立自由之幸福耳。战士辛苦，是为吾辈，吾辈安居闲处，独奈何吝身外之金钱，不以为购幸福之代价乎？

同仁重思之，今日之事，国民为政，凡我炎黄贵胄，除少数效忠异族、甘自绝于同胞外，网不一心。儿童嫠妇，方外之士，尚有力任军需者，禹域之广，英彦之众，子文、卜式夫岂无人？徒以无募捐之机关，故其效未克举。同人是以有女子后援会之设。自愧能力薄弱，不克捐躯杀敌，顾深见于今日之事，必勇者不爱赤血，富者不爱黄金，始克有济，是用集合同志，组织斯会，以为爱国者乐捐之机关，以为民军后援。

敢敬告我伯叔兄弟曰：人之蓄积财产，将以遗子孙也，然无独立自由之幸福，则财产终不能安全，遗子孙以财产，不如以财产购独立自由之幸福，以遗子孙之为愈也。今者义军云集，胡虏夺气，我伯叔兄弟慎毋逸此机会，富者速输巨款，贫者亦当节衣缩食，量力捐助，集腋成裘，众擎易举，军费虽繁，咄嗟可办。裕军饷以飨士，何士不奋？购军械以杀贼，何贼不歼？异日神州底定，新中华共和国成立，我伯叔兄弟所享独立自由之幸福，即我伯叔兄弟自造之黄金之力，何遽不能与赤血齐功欤？敢再敬告我诸姑姐妹曰：吾国女子久矣无能力表露于世界，不及今赞助光复事业，徒欲坐享其成，其若人格何？今吾女界俊秀，亦既有仗剑从军与夫献身看护军人者，吾多数之诸姑姐妹，虽纤弱不能任此，顾独不能输此区区之财乎？使能人尽捐私蓄，或出其贵重服饰，以犒民军，义声所树，士气必有百倍者。若能母诏其子，妇勖其夫，俾各掷财产以助军需，其效当尤伟矣。

呜呼！自起义以来，未及二月，光复者已十余省，天意人心，亦可知矣。

捷音所播，万众欢呼，间有小挫，不足自馁。今日之事，有进无退，但能勇者效力，富者效财，最后胜利必在吾族。凡我伯叔兄弟诸姑姐妹，慎勿溺一时之晏安，忘万世之大计。黄帝神灵，实式凭之。

　　发起人：张昭汉、马相先、李沅芷、张汉英、汤学兰、苏本喦、吴玉镜、朱光皓、唐群英、尹锐志、欧阳雅文、李苏英、盖仁志、陈扈云、朱程颖、赵履贞、苏本楠、袁希澔、沈竹书。

《神州日报》，1911 年 12 月 6—7 日

# 女子后援会简章

　　一、宗旨及定名　本会集合女界同志，募集军资义捐金，以为民军后援，故名女子后援会。

　　二、会所　本会设总事务所于上海，暂假定上海虹口海宁路三德里第二弄，如与本会表同情者，速来本所报名。

　　三、职员　本会职员如：

　　会长一人，综管本会全体事务。

　　庶务、会计、书记各一人，分任本会应办事务。

　　劝捐员无定额，凡本会会员者，均当尽劝募之义务，分往各处劝集军资义捐金，其路费由本会酌给。

　　四、募捐办法

　　（一）募捐册由苏州都督编号加印，以资信实。

　　（二）劝捐员至各地劝捐，由苏州都督府移会各省都督，请其通咨募捐某地之行政官，或其自治团体，以资保护。

　　（三）应捐者以二圆为单位，惟现值军用浩繁时，募捐自以多多益善。捐款至二百元以上者，俟共和政府成立后，由总统奖以匾额或徽章。如能捐至一千元以上者，除由总统优予名誉奖励外，
并于该处勒石纪名，以志不朽。

　　（四）本会募捐簿，用三联纸。1，领收证，交捐金人执收；2，缴军政府之存根，并捐款汇交军政府；3，本会存根，交总事务所收存。

　　（五）各省募集之款，由劝捐员就地交银行。但该省军政府如急需动用，必须电商，声明作何项开支，得本总事务所许可。

（六）募集之款，由劝捐人陆续报告总事务所登报声明外，并请军政府将所入数目，亦登报声明，以昭至公。

（七）募捐员如有滥用捐款，或不守本会公约之事，由本会总事务所报告临时政府，按约处罚。

附则　本会系暂定简章，俟战事终局之后，再议进行办法。

(1911 年 10 月 26 日)

# 女子参政同盟会简章草案

## 第一章　总　则

第一条　本会定名为女子参政同盟会。

第二条　本会以实行男女平等、实行参政为宗旨。

第三条　本会政纲如左：

一、实行男女权利均等；二、实行普及女子教育；三、改良家庭习惯；四、禁止买卖奴婢；五、实行一夫一妻制度；六、禁止无故离婚（只指以后实行自由结婚而言）；七、提倡女子实业；八、实行慈善事业；九、实行强迫放脚；十、改良女子装饰；十一、禁止强迫卖娼。

第四条　本会设本部于京都，分设支部于各地方。

## 第二章　会　员

第五条　民国成年以上之女子具有普通知识，赞同本会宗旨，由本会会员介绍，经审查部认可后为本会会员。

第六条　会员须遵守本会章程及政纲。

第七条　会员须负担本会经费。

第八条　会员有选举权、被选举权、或被委任为本会职员之权。

第九条　会员不得自由退会。欲退会者，必须提出理由，经审查部之许可。

第十条　会员有违反本会章程或政纲及败坏本会名誉者，经事查部议决，由总理宣布除名。

第十一条　会员因会事蒙损害者，由审查部议决，予以补偿或抚恤之。

第十二条　会员入会时须纳入会金二元。

第十三条　会员入会时须领受本会会员徽志为开会时入场之证，平时亦可佩戴。

第十四条　男界中有赞同本会宗旨，辅助本会之进行者，得为本会名誉会员。

## 第三章　职　员

第十五条　本会设总理一人，协理二人，由全体会员投票选举。

第十六条　总理代表本会办理一切事务。协理帮助本会总理办理一切事务。总理有故障不能理会事务，协理得代理其职权。

第十七条　本会分设各部如左：

一、总务部　辅佐总理办理本会一切庶务，谋各部事务之调和，本部与支部之联络等事。

二、交际部　掌握本会与他会或个人交涉之事，扩张本会势力及介绍会员入会、联络各界等事。

三、政事部　研究政治上一切问题，草创政见及请愿要求等事。

四、审查部　审查本会章程、规则及会员报告、提议，与临时发生一切等事。

五、理财部　掌握本会收入支出等事宜，并筹集款项等事。

六、教育部　普及女子法政知识及一切普通教育等事。

七、实业部　提倡工商农业，普通关系生活必须之要件。

八、文事部　掌握宣布宗旨、发表党见、演说出版等事。

第十八条　各部设部长一人，次长一人，由会员中投票选任。其各部科员，由部长于各会员中选任，其员额视事之繁简定之。

第十九条　各部人员每年改选一次，再被选者均可连任，但以三次为限。

第二十条　各部分科及办事规则，另规定之。

## 第四章　经　费

第二十一条　本会经费分三种如左：

（一）会员入会金；（二）会员特别捐；（三）名誉捐。

第二十二条　每年经费收入、支出于年终由理财部送册，审查部认可后，登报布告全体会员。

## 第五章　期　会

第二十三条　本会会期分为全体大会、常会、临时会，皆由会长召集。全体大会，每年一次，各支部皆须派代表到会。常会每季一次，以本部会员为限。临时会以遇有重大事件时开之，应否召集支部代表，临时确定。

## 第六章　支　会

第二十四条　各支会皆得自定章程，惟不得与本部宗旨及政纲相抵触。

第二十五条　各支会会员名册及会务情形，每半年应报告总会一次。

第二十六条　各支会得随时建议于总会。

## 第七章　附　则

第二十七条　本会以发布之日为施行期。

第二十八条　本章程如有未尽事宜，得会员十人以上之提案，经审查部之认可，得修改之。

（1912 年 2 月 20 日）

# 女界代表唐群英等上参议院书

窃维人类社会，造端男女。男女之结合也，或以感情，或以生活，有夫妇之分，初无大小尊卑之别。其于社会，负义务也同，享权利也亦同。盖自初民时代，以至今日，男女平权之事实，乡曲家庭，犹往往见之。自腐儒倡三纲之说，以女子隶属诸男子，于是男子以豢养女子为天职，女子亦以顺承男子为天职。故女子嫁于男子，不曰谐伉俪，宜室家，而曰执箕帚，奉巾栉，谬说流传，数千余载。女子之智识日劣，能力日薄，人格日卑，而权力悉堕于男子之手。闺阃以外，礼乐刑政食货兵农诸事，罕得闻焉。于是庙堂之上，谋谟筹画，咸资男子，女子不能侧足于其间。噫嘻！同是人类，何不平等若是之甚欤？兹幸神州光复，专制变为共和，政治革命既举于前，社会革命将踵于后。欲弭社会革命之惨剧，必先求社会之平等；欲求社会之平等，必先求男女之平权；欲求男女之平权，非先与女子以参政权不可。

或有疑女子程度不及，不能遽与以参政权者，不知以女子与女子较，其程度固有不齐，以女子与男子较，男子之程度亦不过较女子优者为多，不得谓男子悉优，女子悉劣也。矧男子不以其程度不齐，谓尽无公民参政之资格，独于女子，悉夺其权而不与，是参政与否，只分男女，而不真系于程度之差异也明矣。嗟夫！岂非极天下大不平之事乎？夫我国革命之说，鼓吹有年，杞忧之士，或亦疑人民程度之不齐，未必能遽收善良之效果。今则振臂一呼，天下响应，不阅四月而大功告成，其程度之优美，有出人意料所不及者。则女子参政，何不可作如是观？况女子程度之不齐，由前此教育之不平等，今我中华民国，既号称共和，主张平等，则男女之教育，不宜再有分别。男子与女子，既轨入同等之文明，即增进同等之智识，是男女之程度，必不至再有轩轾，即男女法律上之地位，不宜再有异同。女子应有参政权之问题，又奚待烦言而决哉？

或又谓世界各国，女子参政，均无其例，此尤为不经之论。夫男女既列于同等之地位，则男子参政，女子亦可参政，各国虽尚未见诸实事，亦何不可自我神明黄裔之中国，为世界女子开一先例，以作各国之模范乎？法国共和，前无其例，世界各国，何以公认为最良之政体？是知事之是非，在公理之顺逆，不在成例之有无。矧近日欧西各国女子之争参政权，固已日演而日剧耶！

据以上各理由，女子参政与否之问题，自不待群英等之哓舌。然窃恐习俗相沿，犹有袭前此学说，妄加分别，留此待决之问题，以酿后日男女无穷之患者，同志等怒然忧之，不敢缄默。用是联络全体女界，上书贵院执事诸公，请于宪法正文之内，订明无论男女，一律平等，均有选举权及被选举权；或不须订明，即将本国人民一语，申明系包括男女而言，另以正式公文解释宣布，以为女子得有参政权之证据。除呈请大总统外，理合沥陈贵院，请即议决，呈由大总统公布全国，使我女界同胞闻而兴起。女界幸甚！民国幸甚！

介绍者：参议院议员欧阳振声、张继、平刚。

《时报》，1912 年 2 月 20 日

# 女子参政同盟会上孙中山书

中华民国女子参政会唐群英、张汉英、张昭汉、王昌国、徐清、陈鸿璧、林宗素、蔡蕙、张嘉蓉、童文旭、裘贵仙、周文洁、程颖、岳尧、施瑞仙、周其永、葛文媛、沈佩贞、李俊英、张佳宾、沈明范、陈英、王道宏、李思贤、吴木兰等谨呈大总统阁下：

窃维民国新造，凡在民国，人民一律平等，固无所庸其疑虑。顾理论之优美，究不如事实之光明，侈言高大无当也。乃者平等之声愈高，而平等之实不著，无乃一二欺心冥顽不明真理者为之厉欤？男女不平等，为人类进步之障碍，久为世人所诟病。今者民国为人类造幸福，破除障碍，开宗明义，即在乎此。此而不行，则私相刺谬甚矣。读临时政府公报载，大总统公布参议院议决《中华民国临时约法》。此约法者，虽属临时，为期甚暂，然与宪法有同等之效力。亦即将来成文宪法之张本，国家组织、人民与政府之权利义务系焉，胡可轻易出之？苟有疵戾，非国家之福也。乃读至第二章人民第五条云："中华民国人民一律平等"。而其下复曰："无种族、阶级、宗教之区别"。就其条文寻绎之，既曰："中华民国人民一律平等"，则凡为中华民国人民均须平等，则种族也、阶级也、宗教也、或其他之种种也，而皆为中华民国人民也，均须平等，固已了无疑义，何必复为解释之语曰："无种族、阶级、宗教之区别"，以狭小条文之意耶？在立法者之意，岂不曰：吾国固尚有种族、阶级、宗教之区别也，明言之，或足以释不平等之疑，而昭大公无我

之见。斯言诚是也。独不计及种族、阶级、宗教之外，固尚有不平等之嫌者在耶？列举既有未赅，则不如仅以概括的规定，尤能以解释而尽善也。况立法者之意并不如是，既已以"一律平等"之言欺人耳目，复怀鄙吝之见而为限制之辞，司马昭之心，已路人皆知之矣。吾女子之要求参政权也，既已一再上书参议院，求其将女子与男子一律平等明白规定于临时约法之中。今观此项条文，不独不为积极的规定，反为积极的取消。是参议院显欲与吾侪女子为意气之争，而不暇求义理之正。吾党宁能默然？吾党之意，仅以关于吾女子者，对于约法第五条，或请删去"无种族、阶级、宗教之区别"一语，以为将来解释上捐除障碍；或即请于"种族、阶级、宗教"之间，添入"男女"二字，以昭平允。二者惟择其一，吾侪权利关系，抑亦条文之正轨也。查约法第五十五条规定，约法增修之事，有临时大总统之提议云云等因，理合呈请大总统据情提议，以重法律，以申女权，无任迫切待命之至。

《天铎报》，1912 年 3 月 23 日

# 女子参政同盟会复旅英女子
# 政治及社会联合会电

伦敦，旅英女子政治及社会联合会鉴：

远隔万里，蒙以一致之同情，来电慰藉，敬代同人深表感谢。现在同人等均誓以死力达目的，速改约法条文，尚乞海外各团体联络一致，以谋进行。南京女子参政同盟会本部。

（1912 年 4 月 5 日）

附：伦敦女子政治及社会联合会致女子参政同盟会电

上海静安路念九号章夫人①转支那女子参政团鉴：

全英急进女子参政团对于支那妇人之苦战奋斗，敬申祝意。并愿彼辈防止男子垄断政治权利，速见成功，使妇女政治上之平等，首为支那妇人得，开世界女子参政之新纪元，作全球文明各国之模范。伦敦女子政治及社会联合会。

（1912 年 4 月 5 日）

注：①章士钊夫人吴溺男。

# 女子参政同盟会宣言书

窃维人类进化之障碍，亘数千百年而未有已者，至于女子而极。奴也，婢也，娼优也，妾妇也，尽人世卑污下贱之名辞，惟女子之身是加。责实循名，身世之污，诚非人类所能堪，而女子乃安之若素者，何为也哉？且夫静听不闻雷霆之声，熟视不睹泰山之形，岂非障碍于其间者，有以蔽塞其聪明之甚欤？今者，吾女子聪明蔽塞极矣！欲启而辟之，俾各就于光明之域，则非爬罗剔抉，尽求吾障碍之物摧陷而廓清之，其目的终不可得而达，渊沉之痛，宁有止乎？男尊女卑，男重女轻，邪说诬民，昏暴之徒怒目狂呼，视同异类；其或内情谆笃，优异有加，亦不过遂其流连狗马之私，无当于伦常匹偶之正。滔滔皆是，正义萧然。此习惯上之障碍也。

男女之别，社会秩序关焉，胡可妄庸置喙？然春秋礼乐，冬夏诗书，庠序之教，应无歧异。何以女子则专习为井臼之操，箕帚之奉？幼不闻师傅之言，长亦惟酒食是议，智愚贤否，固随其性与习之美恶而成。其悍者则凌驾须眉，而懦者复务为承顺，妾妇之道，贤者羞称之矣。此教育上之障碍也。

夫妇团成，基于生活。凡可资以为生者，无不经营与共，消费与同，支配之权，原无轩轾。乃自三从邪说中于人心，女子遂失其为家族主人翁之资格，于其应有财产因是以不得自由处分。同是含生负气之伦，至此只得婉转哀号，栖息于男子肘腋之下，逆天背理，言之悸心！此财产上之障碍也。

人之生也，资性有高下之殊，人格无有无之别。同为组织社会之分子，即同在维持社会之法律上有人格焉。奴隶之制，今已削除。独女子尚不能与男子立于平等地位，限制极于语言行动之微，乃至受荣名，蒙耻辱，身世之事，一以男子为依归，无丝毫自择之余地。往往主张权利，屈抑凶横，无从求法律之保护。含酸茹痛，莫可谁何。此法律上之障碍也。

障碍愈多，则痛苦愈甚。近代以来，人群演进，学术革命与政治革命叠起环生，专制之魔，驱除殆尽，耶稣博爱平等之说日大昌明。吾侪女子渐得于水深火热之中仰首伸眉，出而求苏息之地，呻吟痛楚之余，卒然获此，宁非至幸？然此犹属理想上之幸福也。必欲进而求事实上之幸福，则非集合同志，冲决罗网，就吾女子之障碍，一扫而空之，则吾侪幸福之目的，终不可得而达矣！虽然，理有可讲明于斯须之顷，事无可期成于旦晚者。吾侪对于上言诸障碍,其必扫而去之也,固当挟决心,持毅力以赴之,不去不止。然习惯也,教育也,财产与法律也,其为障碍于女子也,匪伊朝夕。权利之丧失,既数千百年于兹,吾侪女子初已明示,认为让步,不与男子为同室之争也。不谓凌夷衰微,至于后世,积非胜是,成为学理,男子倡之,女子亦附而和之,于其已失之权利,非谓让步,且以为当然若固然矣。其稍识之无,略闻通人之绪论者,尚能辨其是非。非然者,或将深闭固拒,起而寻同类之仇。此其实例,即可于革命未成之前,为虏廷效力,残杀同胞者,借观而得也。呜呼!真理久忘,贼父之分,淆然莫辨,非知理者,难与言矣。故吾侪回复权利,当以今日为其始期。至其终期,则尚难预为推测也。

今兹革命,吾国异族专制之毒,已铲销削磨。建立民国,将以公民团体组织议会,以为政府监督机关。吾女子即居全国公民之半,则吾党今日冲决罗网,扫除障碍,其第一步之事业即在争此公民之地位耳。盖公民者,组织议会之分子;议会者,发生政治之源泉也。社会上应兴应革之端,凡为议员者,均有提案请求之权利。吾党欲破除诸障碍,如就其所发见者,枝枝节节而为之,则百孔千疮,随得随失,宁有济乎?韩愈有言,人之死也,其脏腑必有先受其病者。引绳而绝之,其绝必有处。政治上之不平等,即吾女子最先受病之处也。吾等今日之进行,惟先求得此政治上之地位,庶几登高一呼,众山响应,数千年层叠之魔障,不难次第推翻于语言文字之余。今请宣言于吾女界同胞曰:吾党今日所争者在此,而所最难达目的者亦在此。道高一尺,魔高一丈。吾党当挟雷霆万钧之力以趋之,苟有障碍吾党之进行者,即吾党之公敌,吾党当共图之!

乃者,民国宪法将付表决,吾侪欲争得此公民之地位,即当于此宪法上求之。宪法者,万法之源,人民自由权利所恃以为长城者也。吾诸姑姊妹,其投袂以兴!

《时报》,1912 年 4 月 10 日

# 女子参政同盟会致各省都督等电

各省都督、各政党、各报馆公鉴：

民国初奠，百度维新。宣布政纲，宜昭公允。南京参议院派充之议员，规定《临时约法》，剥夺女权，群英等迭次上书要求改附条件，诸议员纯以专制手段欺我同胞，意欲二万万之聪颖后裔，永远沉于黑暗世界。忍心害理，一至于此！不图民国成立之日，犹有压制之毒焰。所有南京参议院所布之《临时约法》，我女界绝不承认。特此申明。

（1912 年 4 月 12 日）

# 女子参政同盟会参政请愿书

参议员诸公阁下：前者女子联合会张寿松、唐群英等因院内选举法案颁布只有男子之规定，而于女子缺如，故特再上书要求确定女子选举法案，公布施行等因到院。乃诸公不为提出，只复书介绍人，称本院对于人民请愿，初经却下者，二次即视为无效，今女子请愿理由虽甚充分，但前在南京已经批复候国会解决，兹援前例，亦仍须候国会解决，不能提出云云。群英等闻命之余，深为骇异！亦若诸君只于醉梦之余，曾闻女子请愿，而于请愿内容并未目睹而辨别者然。又若诸君全凭简陋之私，妄拟前例为却下，而于前此答案毫未被阅而研究者然。此种冒昧判词，宁非诸君之大俱而吾女子之大痛耶？原前群英等之南京上书也，乃请修改约法第五条字面，以免将来订宪法之误会案，后寿松、群英等之上书者，乃请确定女子选举法，以便目前颁行案。请愿虽同，而其意思之注点、事实之表著各异，绝不容相混也。修改约法案，当经院内反复辩难，口头表示谓约法为短期行使法，已经颁布，因字面细故突欲修改，手续上殊为繁难障碍。且所称无种族、阶级，宗教者，原浑言中华民国人民，并未专言中华民国男子，则实已概括女子在内，所称字面亦无修改之必要。至云免将来误会，当先为明白规定，或别文解释云者，则约法草创，缺漏之点有待于修订宪法时之规定，或解释者尚多，女子亦不必独急在此时云云。此不得认为却下也。而其书面答案又称：已经三月十九日开会讨论，多数认为女子参政乃应有权利，惟兹事体重大，应候国会成立，再行解决云云。其曰"应有"者，则实已经承认。各种之私权、公权等，实天赋人之原权，无论男女人人本自有之，无待他人之畀予或吝予也。故非个人本身或有抛弃之意思，或为能力所欠缺，或因行为生障碍，均可为充分之取得。即约法规定，亦初未尝限制，分别何等人民或畀予或不畀予也。其曰"兹事应候国会解决"者，则以所请列举申明详载宪法永久遵行一节，自须由制定宪法之国会主张之，不能急切责之本院。此更不得认为恶意却下之证据也。

若夫今之选举案，则固由院中制定之不待国会也。其规定中华民国男子有选举权、被选举权云云，则又舍人民而换称男子，将概括的有含公名词一变为列举的无含专名词，而于吾女子一面，全用特殊压制，剥夺其应有权利。无论意思如何，决不容其不抛弃，能力如何，决不容其不欠缺，行为如何，决不容其不障碍。既显然违背约法、蹂躏人权如此矣。而诸公对于前书复略不加查，亦委其责于将来制定宪法之国会，曰须俟国会解决，如套腔调之学文小孩然，岂非院中向者无心之误作，而诸公乃为有心之构陷以欺压我二万万女子耶？将来我女子对于刑法、民法、行政法，尚有种种之请求，不几尽被诸公援例却下，不容再请者一概打消耶？

夫民国肇造，主张人道，崇尚共和。在男子一旦破除阶级，恢复人权者，不得谓我女子非人，独仍须压制，不能享有人权也。故约法总纲第一条，曰中华民国由中华人民组织之，不曰由中华男子组织之，则吾女子实组织分子之必要，不能除去可知也。第二条曰中华民国之主权属于国民全体，不曰属于男子全体，则以我女子实国民全体中一大部分，不得谓主权之不存在可知也。人民第五条曰中华人民一律平等，无种族、阶级、宗教之区别，不曰除女子外无种族、阶级、宗教之区别，则种族中有男有女，宗教中亦有男有女，阶级二字尤为有含公名，其包括男女，更可知也。第六条曰人民得享有左列之自由权，凡分为身体、家宅、财产、言论、书信、居住、信教等七种，法律上谓之私权，亦名人格权，非有此权不可以为人。女子既为人类，具有完全人格，即具有完全人格之权利，尤可知也。将欲保障此种私权不被魔力破坏，全恃法律上之公权。公权者，即第七条至十二条之规定是也，而尤以第十二条所称之选举权、被选举权为主要。盖欲保人民之安宁幸福不遭行政上之蹂躏者，则恃有立法权；欲求国家基础巩固，使人民乐于负担者，则恃有监督财政权。二权之行使，皆在议会，议会之成立，实由选举。今制定选举法，独弃遗吾女子，岂女子公权固可任意剥夺，而私权固可不必保障耶？夫人身为权利主体，非行为犯罪，不能为全部或一部之剥夺；一遭剥夺殆尽，虽生机尚存，法律亦认为准死。今女子此权既被剥夺，虽忝然生存，实不得为权利主体，即不得为完全人格，简质言之，即不以为人。吾女子虽楚弱，亦何甘忍受诸公之荼毒如此耶？

且再就约法所列诸公权详论之。第七条曰人民有请愿议会之权，今独限制我女子，任有如何关系不准请愿，可乎？第八条曰人民有陈诉官署之权，今独限制我女子，任有如何利害不准陈诉，可乎？第九条曰人民有诉讼法院受其审判之权，今独限制我女子，任有如何冤抑不准报诉，如何违法行为，不受审判，可乎？第十条曰人民对于官吏违法有陈诉于政院之权，今独限制我女子，至受官吏如何之违法损害，必吞声忍受，不准陈诉，可乎？虽第十一条之任官考试，中华女子向无此习惯，然亦由专制使然。今既用开放主义，创兴女学，将来各校卒业女士，固不能独限制之，不加正式考试也。其中高材生，亦不可独加限制，不分别任用也。历观各条，在约法固深知限制女子之不可也，故无一条不用有含的公名曰人民，而概括我女子于诸权之中。今第十二条之选举权固亦曰人民，一例的有含公名也。而选举法颁布，乃独伪用无含的专名曰男子，屏我女子于人民之外。类而推之，将来诸权行使，援例变本，吾女子尚有人气，以为生存耶？所云违反约法，背叛名例，灭绝人道，盖莫此为甚矣！

又试就人民义务申言之。第十三条云，人民依法律有纳税之义务。试问我女子有财产有营业，独可不纳税乎？或曰中华习惯夫妻共产，言夫者则可该妻，故言男实以该女。此又智词之大背伦理者。男女与夫妻判然各别，岂可以夫妻为男女之比例？例如夫死子幼之寡妇，父母均亡成年未嫁之女子，此类甚多，现在民国创造，死烈诸公遗族尤众，均各有财产各有营业，岂可独不任感受负担国税之痛苦，而以泛然不相干之男子代表而该之耶？况各国通例，禁治产者夫妻可互为后见人，即可互为法律上之代表，此知识问题。言夫可以该妻者，而言妻亦何妨不可以该夫？况中华财源困绌，国力薄脆，实以夫妻共产为障碍国家经济之一大原素。今民国成立，将欲发展国力，为膨胀经济之计划，正宜提倡人民独立营业。夫妻异产之制，即应预为财产独立之保障法权。以财产为前提，不以男女为限制，并不以夫妻为限制，方足以救依赖病根而祛国财之障碍也。至第十四条云人民依法律有当兵义务，中国女子向少当兵，然亦由法律使然。实则秦之女子，亦知从公敌忾；唐李渊女，以娘子军开国；明秦良玉，以女总兵成劲旅。女子之富有兵事知识者，历史上数见不鲜，而吾女同志此次之尽瘁国事奔走革命者且勿论。是果依法律规定吾女子当兵，吾女子亦未必遂不能负担此义务也。况女子固本有独负之养育义务，是以对抗当兵耶？夫义务者，权利之对待也。女子之义务，既不稍逊于男子，则权利何得独不能与男子同享？

至谓女子程度低下，不能充当议员与闻国事者，此更大误。就程度言，是凡有选举权、被选举权者，均须有充当议员之程度，则彼乡中富有财产略识之无之愚父老，程度且远不及吾女子，何以亦不能不予以投票选举权？则以此非程度问题，乃人权问题故也。程度高下由于个人之学识，而人权予夺关于全体之利害。竞争程度者，为无形之一种暗潮，故被选举权之取得与否，无论何人自身不能过问焉。竞争人权者，乃显著之利害关系，故选举权之或剥夺，无论何人断不肯为放弃也。今吾女子亦自知程度低下，不欲即刻被选举充当议员，以侵夺诸公高程度之私利益，特以身感纳税之痛楚，而选举公权亦被剥夺，俨如犯罪行为者，自由私权亦将失其保障而大受践踏之影响，此乃切肤之利害，所不能不疾首痛心全出死力以争于此日者也。诸公奈何漫不加察，而妄引请求修改约法上字面之前事，以为比拟耶？

吾闻君子之过，如日月之食。往者诸公对于吾女子之请愿答复，诚为一时粗率错误。兹群英等会同女界再三会议，谨将诸公误会之处，及我女子所必要求之理由与约法不能违反之根据，条分缕析，再呈钧前。伏乞深加查核，速将女子选举案提出，遵照约法颁布施行。庶亡羊补牢，亦足为违法之救济，免惹起人道上不平之潮流焉。女子幸甚！民国幸甚！诸公幸甚！为此谨呈。

介绍人：覃振、江辛、陈家鼎、彭占元。

中华民国元年九月二十日具[①]

中国第二历史档案馆馆藏

---

①民国初年，关于年代时间的书写，有阴阳历混用以及中国数字与阿拉伯数字混用的情况。以阳历叙事的《唐群英评传》《唐群英年谱》《唐群英史料集萃》诸书，皆标明此请愿书写于1912年8月10日，即阳历8月10日。查，1912年阳历8月10日，为阴历六月二十八日。不论阴阳历，此说皆与中国第二历史档案馆馆藏稿所署"中华民国元年九月　日具"相去甚远；而1912年阴历八月十日，为阳历9月20日，则与中国第二历史档案馆馆藏稿所署时间尚相吻合。所以，若说本请愿书写于1912年阴历八月十日，即阳历9月20

日，比较贴近史实。

另据该请愿书开宗明义所说，在此次请愿书之前，曾有以"女子联合会张寿松、唐群英等"名义发给参议院的另一请愿书。那封请愿书应该写于1912年阳历8月10日（临时参议院公布《参议院议员选举法》《众议院议员选举法》之日）之后不久的日子。

# 女界代表再上参议院书

前者群英等因院内选举法案颁布，只有男子之规定，而于女子缺如，故特再上书请愿要求确定选举法议案，公布施行，等因到院，乃执事等，不为提出，仅复书介绍人。

（称本院对于人民请愿，初经却下者，二次作为无效，今女子参政理由，虽甚充分，但前在南京已被批复，候国会解决，兹援前例，仍须候国会解决，不能提出云云。）

闻命之余，深为骇异，亦若诸君祇于醉梦之余，曾闻女子请愿，而于请愿内容，并未目睹而辨别者，又若诸君全凭简陋之私，妄拟前例为却下，而于前次答案毫未被阅而研究者，此种冒昧判饲，宁非诸君之大慎，而吾女子之大痛耶。

原前次南京上书也，乃请修改约法第五条字面，以免将来订宪之误会案，此次之上书者，乃请确定女子选举以便颁行案。请愿虽同，而其意思之注点，事实之表著各异，绝不容相混也。

修改约法案，当经院内反复辨难口头表示。

（谓约法为短期行使法，已经颁布，因字面细故，突欲修改，手续上殊为繁难障碍，且所称无种族、阶级、宗教者，原浑言中华民国人民并未专言中华民国男子，则实已概举女子在内，所称字面，亦无修改之必要，至云免将来误会，当先为明白规定或别文解释之者，则约法草创缺漏之点，有待于修订宪法时之规定解释者尚多，女子亦不必独急在此时云云。）

此不得认为却下也，而其书面答案又称。

（三月十九日开会讨论，多数认为女子参政，乃应有之权利，惟兹事体重大，应候国会成立，再行解决云云）

其曰应有者，则实已经承认各种之私权、公权等，实天赋之原权，无论男女，人人本自有之，无待他人之界与或吝予也，故非个人本身或有抛弃之意思，或为能力所欠缺，或因行为生障碍，均可为充分之取得，即约法规定，亦初未尝限制分别何等人民，或界或不界予也。

其曰兹事应候国会解决者，则所以请列举申明详载宪法，永久遵行一节，自须由制定宪法之国会主张之，不能急切责之本院，此更不得认为恶意却之之证据也。

若夫选举案则固由院中制定之不待国会也，其中规定(中华民国男子有选举权被选举权)云云，则又舍人民而换男子，将概括的有含公名词，一变为列举的无含私专名词，而予吾女子一面全用特殊压制，剥夺其应有权利，无论意思如何，决不容其不抛弃，能力如何决不容其不欠缺，行为如何决不容其不障碍，既显然违背约法，蹂躏人权如此矣！而诸君对于前书，复略不加查，亦委其责于将来制定宪法之国会。曰(须候国会解决)如奋腔调之学文小孩然，岂非院中向者无心之误作，而诸君乃为有心之构陷，以欺压我二万万女子耶！将来我女子对于刑法、民法、行政法，尚有种种之请求，不几尽被诸公援例却下，不容再请者，一概打消耶！

夫我民国肇造，主张人道，崇尚共和，在男子一旦破除阶级、恢复人权者，不得谓我女子非人，独仍须压制不能享有人权也。故约法规定总纲第一条曰(中华民国由中华人民组织之)，则以吾女子实组织分子之必要，不能除去可知也。

第二条曰(中华民国之主权属于国民全体)，不曰属于男子全体，则以我女子实国民全体中一大部分，不得谓主张之存在可知也。

人民第五条曰(中华人民一律平等，五种族、阶级、宗教之区别)，不曰除女子外无种族阶级、宗教之区别，则种族中有男有女；宗教中亦有男有女，阶级二字尤为有含公名，其包举男女，更可知也。

第六条曰（人民得享有左列之自由权），凡分为身体、家宅、财产、言论、书信、居住、信教等七种法律上谓之私权，亦名人格权，非有此权，不可以为人，女子既为人类，且有完全人格，即其有完全人格之权利尤可知也。

将欲保障此种私权，不被魔力破坏，全恃法律上之公权。公权者，即第七条至十二条之规定是也，而尤以第十二条，所谓之选举权被选举权为重要，盖欲保人民之安宁幸福，不遭行政上之蹂躏者，则恃有立法权，欲求国家基础巩固，使人民乐于负担者，则恃有监督财政权，二权之行使皆在议会，议会之成立实由选举，今制定选举，独遗弃吾女子，岂女子公权，因可任意剥

夺，而私权固可不必保障耶！

夫人为权利主体，非行为犯罪，不能为全部或一部之剥夺，一遭剥夺殆尽，虽生权尚存，法律亦认为准死。今女子此权既被剥夺，虽忝然生存，实不得为权利主体，即不得为完全人格，简实言之，即不得为人，吾女子虽楚弱，亦何甘忍受诸君之荼毒如此耶？

且再就约法所列诸公权评论之：

第七条曰(人民有请愿议会之权)，今独限制我女子，任有如何关系不准请愿可乎？

第八条曰(人民有陈诉官署之权)，今独限制我女子，任有如何利害不准陈诉可乎？

第九条曰(人民有诉讼法院受其审判之权)，今独限制我女子，任有如何冤抑，不准投诉，如何违法行为不受审判可乎？

第十条曰(人民对于官吏违法有陈诉于政院之权)，今独限制我女子，虽受官吏如何之违法损害，必含声忍受不准陈诉可乎？

虽第十一条之任官考试，中华女子向无此习惯，然亦由专制使然，今既用开放主义，创兴女学，将来各校毕业女士，固不能独限制之，不加正式考试也，其中高材生，亦不可独加限制，不分别任用也。

历观各条，在约法固深知限制之不可也，故无一不用有含公名曰人民，而概括我女子于诸权之中，今第十二条之选举，固亦曰人民，一例的有含公名也，而选举颁布，乃独偏用无含的专名曰男子，屏我女子于人民之外，类而推之，将来诸权行使，授例变本，吾女子尚有人气以为生存耶，所云违反约法，背叛名例，灭绝人道，莫此为甚矣！

又试就人民义务申言之：

第十三条曰(人民依法律有纳税之义务)试问我女子有财产，有营业，独可不纳税乎?或曰(中华习惯，夫妻共产，官夫，司该妻，言男则可该女)此又智词之大背理论者。男女夫妻，判然各别，岂可以夫妻为男女之比例，例如：夫死子动之寡妇，父母均亡，成年未嫁之女子，此类甚多，现在创造民国，死烈诸公，遗族尤众，均各有财产，各有营业，岂可独任感受负担国税之痛苦，而以泛然不相干之男子代表而该之耶?况各国通例，禁治产者，夫妻可互为，见人即可互为法律上之代表，此智识问题。言夫可以该妻者，而言妻亦何妨不可以该夫。况中华财源困绌，国力薄脆，实以夫妻共产，为障碍国家经济之一大原素。今民国成立，将欲发展国力，为膨胀经济之计划，正宜提倡人民独立营业，夫妻异产之制，即应予为财产独立之保障法权，以财产为前提，不以男女为限制，并不得以夫妻为限制，方是以救依赖病根，而祛国财之障碍也。

至第十四条云(人民依赖法律有当兵义务)，中国女子尚可当兵，然亦由法律使然，实则秦之女子，亦知从公敌慨，唐李渊女，以娘子军开国，明秦良玉，以女总兵成劲旅，女子之当有兵事知识者，历史上数见不鲜，而吾女同志此次之尽瘁国事，奔走革命者，且弗论，是果依法律规定吾女子当兵，吾女子亦未必遂不能负担此义务也，况女子固有独负之养育义务，足以对抗当兵也哉。

夫义务者，权利之对待也。女子之义务，既不稍逊于男子，则权利何得独不能与男子同享，至谓女子程度低下，不能充当议员与闻国事者。此更大误，就程度言，是凡有选举权被选举权者，均须有充当议员之程度，则被乡中富有财产略识之无之愚父老，程度且远不及吾女子，何以亦不能不予以投票选举权，则以此非程度问题，乃人权问题故也。

程度高下由于个人之学识，而人权予夺，关于全体之利害，竞争程度者，为无形之一种暗潮，故被选举权之取得与否?无论何人，自身不能过问焉。竞争人权者，乃显著之利害关系，故选举之或有剥夺，无论何权断不肯为放弃也。今吾女子亦自知程度低下，不欲即刻被选举充当议员，以侵夺诸公之高程度之私利益，特以身感纳税之痛楚，而选举亦被剥夺，俨如犯罪行为者，自由私权亦将失其保障，而大受践踏之影响，此乃切肤之利害，所以不能不疾首痛心，全出死力以争，于此日者也。诸君奈何漫不加察，而妄引请求修改约法上字面之前事以为此拟耶。

吾闻君子之过，如日月之食，往者诸君对于吾女子之请愿答复，诚为一时粗率错误。兹我女子再三会议，谨将诸君会误之处，乃我女子所必要求之理由，与约法不能违反之根据，条分缕析，再呈钧前。伏乞深加查核，速将女子选举案，提出订明，颁布施行。庶亡羊补牢，亦足为违法之救济，免惹起人道上不平之潮流焉，女子幸甚! 民国幸甚! 诸君幸甚! 谨呈。

(1912 年 8 月 10 日)

# 女子参政同盟会代表唐群英宣言书

天赋人权，而人自弃之，则其权晦；即或不自弃之，而有法焉以摧残压抑之，则其权亦晦。圆颅方趾，群焉生息，无男无女，一切平等，以其人焉耳。法律自由，共同享有，男之所得，女亦宜然，以其权焉耳。乃有数千百年违背人道，灭绝公理，对于同等之权利，曰以其法律、政治、习惯剥之削之，著为令典，垂为条教。如我民国今日之女权者，盖其亡灵不绝如缕矣。是可不大声疾呼，为我四万万男女同胞涕泣告之哉！

我国共和，以人民程度论，则政党会一奔竞场也，代议院一茶话会也，行政官厅一市侩流氓不负责任者之栖息所也。女虽不振，男顾何如？然吾非谓我女界程度即与诸男等也，亦非谓今日我女界程度与诸男等遂欲同时攫取政权也。往者，民国政府成立于金陵，吾与二三同志联络女界组织参政同盟会，上书于孙大总统，陈说于南京参议院，宣布本同盟会宗旨于各报章。今又北来久矣，呼号奔走，不惮烦劳。岂不知我国女界程度尚未进于英、美之域，参政之目的此时固不能达到耶？又岂不知我国所谓有参政权之男子此时程度尚不齐一，若复有一部分之女子加入其中，政界之纷扰将益其甚耶？盖人权之伸缩，恒视国家之政体为转移；政体之良否，恒以法律之规定为根本。民国新立，正宜破除前日之积习，伸张固有之民权。然有绝对的可以认许在宪法上永久不移易者，则如人民之参政权是；有不必为特别之限制以待其将来程度发达齐一而亦可认许之者，则如现在我国女子参政权是。此固吾人今日急当注意之问题，且亦有万不可不极力争持之险象。何则？凡人权利之被侵夺，由于压抑者半，由于放弃者亦半。今者以共和为政体，以平等待人民，而女界女权原为女子自宜主张之天职，苟悠悠忽忽一听他人之予则予之，夺则夺之，其幸而犹有一部之权利畀我女界，尚可言也；其不幸而仍如前此之剥之削之，则不可言也。其幸而剥之削之犹或有一线之存，尚可言也；其不幸而仍如前此之违背人道，灭绝公理，使我女界永沉黑暗地狱，无复天日，则更不忍言也。吾因女界有如此之险象，故不得不愤然起；又因女界程度幼稚，事实上暂难达参政之目的，故不要求政府法律上积极的保护，而必结合我辈全体挟全力以要求其消极的保护。积极的保护者，法律上明示我女界得有参政权之谓也。消极的保护者，不必法律上明畀我女界参政权，但使对于女子不加限制，对于男子不认专有之谓也。虽然，吾言至此，不禁为我女界同胞痛。呜呼痛痛！我辈沉沦苦海以迄今兹，而理想上有莫大之希望，事实上未免有暂时之让步也。吾言至此，又不禁为我女界同胞喜。呜呼喜喜！专制之毒焰已为民国所廓清，我辈诚能同心一志，充足实力，不患不有夺回我女权之一日也。日中不彗，是谓失时，操刀不割，失利之期。天下事往往有明知其收效甚迟，而当时必毅然决然以争之者，职是故耳。且我女界对于参政权其不能不争之理由更有四。

一曰约法上之理由。临时约法第五条曰："中华民国人民一律平等，无种族、阶级、宗教之区别。"关于此条，以广义解释之，则凡属于中华民国之人民皆有法律上之平等，初无所谓阶级之区别。本无阶级区别，即不得于我女子显分阶级而有不能与男子同享之权利。约法上无明文，此义自包含其中也。以狭义解释之，则约法第五条仅列举种族、阶级、宗教三者，而男女有无区别之问题不及焉。乃第十五条有曰："人民之权利有认为维持治安时，得依法律制限之。"既曰"制限"，则同一应享之权利有时而蕲与之者可知矣。既曰"认为"，则不必法律上定有明文，凡在个人之权利，皆可以"认为"二字判其当限制与否，又可知矣。审如是也，脱令我女界之权利，或有与男界之权利相冲突者，保无有自私自利之男子认为维持之必要，准用第十五条之规定而制限我女权者乎？然此犹为事实问题也。《临时约法》即将来民国宪法之根据，而其所根据者已如此，他日国会成立，制定宪法，能保无有变本加厉对于我女界之权利特下严格之解释者乎？毋信人言，人实诳汝。禁酒党之宣战于华盛顿，富族党之崛起于纽约，皆女权魔障也。彼文明种族无在不主张共和，乃对于女子应有之权利其出而攻击不遗余力者，不仅男子之一部分，且转在利害关系之女子一部分，矧我中国囿于积习匪伊朝夕，而将来制定宪法又实实难免此障碍！我虽不起，其如人何？人即不振，其如权何？此对于约法上不能不争持之理由也。

二曰现行法上之理由。民国新建，一切法典尚未成立，故大总统前此有暂适用现行法之命令。顾现行法者，亡清专制政府愚黔首、夺民权之乱法也。观其斤斤然修改法律，禁止买卖人口，删除奴仆奴婢各条，而关于一夫多妻之制，绝无限制，且存养奴婢者，惟庶民之家有十等处罚。伪文明之法制，其现象自应如此，则亦何足深究！第我女子辈之在今日民国，有急宜十分注意者，即妻妾制与财产制是也。各国法律无承认妾制者，惟于有夫之妇因谋家政统一起见，时有限制之处。而寡妇处女法律上皆认为平等，一切私权除公法及其他特别法之限制外，皆得享有之。乃现行法则不然。生命权，凡人所宜主陈者也，现行法则有夫殴骂妻妾因而自尽身死勿论之明文。所有权，男女均应享有者也，现行法则有原有妆奁并听夫家为主之规定。妻之于夫虽法律上或有特别限制，实则敌体也。现行法则有夫服期妻服三年之丧制，下至妾婢，其严格之取缔殆难仆数。今我民国立法，关于此等废弃人权、绝无天理之法律，吾固知其必将绝迹于天壤间。然其中如礼制、民制各条，虽非情理，实则沿于惯习，不独男子未能察觉，恐我同侪亦习而忘焉尔。皮之不存，毛将安附？天生我女子，五官俱备，心思能力亦无异于常人，乃法律上之私权尚不能完全取得，遑论政权哉？然不取得政权，断难达私权完全之目的。此对于现行法上不能不争持之理由也。

三曰我国家社会上之理由。自三从四德之学说中于人心，于是一般男子以有德无才为女子之天职。而女子不自知其为男子愚也，亦相安于无知无识，有耳而聋，有目而瞶，有口而喑，有手而骈，有足而刖，有心而茅，起居服食仰给男子，颐指气使听诸男子，金粉胭脂以媚男子，不曰家长则曰所天，不曰阳刚则曰阴柔，男子则有万能，女子则惟一顺。昔吉尔曼氏谓："养尊处优自安，故我之妇女为历史上之怯人。"若我国女子，上焉者，男子之玩物耳；中焉者，男子之使仆耳；下焉者，恣睢磨折，凌虐禁锢，使之死不得死，生不得生，犬马且不若耳。呜呼，此尚有人格哉！故以今日中国女子论，求一法律上之提携而保护之，已如提出地狱升入天堂，矧敢妄冀政权，与诸男子抗？第恐不起而力争，并此亦付子虚耳。且女权不张，则男子对于家庭仰事俯蓄之务当全负其责，其结果往往有因儿女情长竟使英雄气短者。溺情者无论也，其他则大抵原于家庭女子之无独立生活、充分知识、不能相助为理者，比比然矣。是故男之不强，实由女之不振；女之不振，实由权之不张。诗曰："枝叶未有害，本实先拔。"吾于兹深惴惴焉。此对于我国家庭社会上不能不争持之理由也。

四曰现今世界趋势上之理由。说者谓弱为女子之特质。斯语也，颠顸实甚。天之生物，予其翼者夺其足，予其角者夺其齿，惟于人特全，男女无异。弱其智，则女与男同一脑力；弱其能，则女与男同一行动；弱其势，则女与男同一立于地球之上。是其所谓弱者人弱之或女自弱之，天固未尝弱之也。此理久为世界所公认。如欧如美，发达最先，故其提倡女权最力，而女权之发达亦最盛。达尔佛等国女子取得学校选举权，露西那等国女子之取得赋税选举权，犹曰半女权国也。其他各国女子，为议员者则有，若芬兰；充下议院议长者则有，若挪威；举各处市长者则有，若英吉利、澳大利亚、新西兰。诸国之数邦者，皆以至大且重之完全选举权畀诸女子，卒能恢张国势，主持公理，为天下倡。是则我之所谓弱，彼独以为强，诚不解。夫贵耳贱目之邪说，何以随声附和者之纷纷也？今且俄之妇女有选举市参事之权矣，德之农妇有选举农业判事之权矣，法、意、匈、奥及巴尔干半岛有选举商业判事之权矣。已发达者固增进不已，未发达者亦有一部分之权兴。独我民国，竟无萌芽。呜呼！我二万万同胞女子，独非堂堂大共和国之国民者乎？资居人后，何萎靡若是，何放任若是，何锢蔽若是，抑何不自知其耻若是？且此非独我女界之耻也，亦男界之耻也，而亦民国之耻也。如耻之，莫若师之。曷师之？人所争者，我亦宜争之；人所有者，我亦宜有之而已矣。畴昔我女界参政团成立，英之伦敦女子政治及社会联合会以电来贺。我国女权不知何日始克恢复，而彼乃殷殷致祝，惟恐或后者，亦人同此心，心同此理之所在，胡越可通欤？况彼旗鼓四张，屡战胜于男界，风潮所靡，若决黄河之水，沛然莫能御之。而我国之男与女若犹漠不关怀也，不独我国民不可谓之人，即我民国亦不可谓之国矣。此对于现今世界趋势上不能不争持之理由也。

嗟乎！嗟呼！不自由，毋宁死。人之自爱，谁不如我，独无如为一般重男轻女之学说所蔽，遂沉沦陷溺不自觉矣。其亦有闻而兴起者乎？美之提倡女权也，其禁酒党及社会党皆以提倡女子选举权之条文著之党规。而如芝加哥之共和党，屯浮之民主党，一班男子且为之鼓吹，故能使威尔逊夫人等克奏肤功。我国女子独无效法威尔逊夫人者乎？我国男子又独无为芝加哥与屯浮之政党者乎？毋谓人强，自立即强；毋谓人智，多学则智。吾不悦吾辈女子今日即侧身政界，而深虑我女子或且不自知其有此公权。吾并不患吾辈女子不知有此公权，而深恐将来虽知主张此权仍不免势力之薄弱。故身可杀，此心不可死；头可断，此权不可亡。如彼男子垄断政界久矣，欲为先事之防，端赖争持之力，倘使区区者而不畀畀行，将修我戈矛，整我甲兵，凭我一腔血与诸男子相见。女子勖哉！

《民国新闻》，1912 年 9 月 4—13 日

# 在民国女子参政同盟会本部成立大会上的演说

自去年南京政府成立的时候，群英与王昌国、张汉英、沈佩贞诸君，便发起女子参政同盟会，后来南北统一，本会公举群英来京组织团体，奔走运动，差不多四个月了，今日才得开成立大会。我们的参政同盟会，何以要早日成立呢？因为明年二月间便要开正式国会，我们的会再迟一两个月，纵然成立，也就没大益处了。这是什么缘故呢？诸君须知现在的参议院，欺压女界实在太甚，所订的议院选举法，没有女子的选举权，仍是将我二万万女同胞一概抹杀了。女子既为中华民国的国民一分子，国民所有的责任，是应该担任的，国民所有的权利，也是应该享受的。难道国民两个字，划开女子单就男子讲的吗？！诸君试将《临时约法》细细研究，便知参议院的议员蹂躏女权的荒谬绝伦了。约法第一条说中华民国由中华人民组织，第二条说中华民国的主权属于国民全体，第五条说中华人民一律平等。所说的人民，便是包括男女在内，女子有营业、有财产，既直接负国民纳税的义务，就应有国民的公权，非有犯罪行为，断没有将公权剥夺的道理。参议院既不订定女子选举法，便是不承认女子有完全人格，便是不以人类对待我们。诸君想想，这样最野蛮最不平等的事情，可能忍受不能忍受呢？女界被数千年的压制，外面什么事，都不能讲求，现在参政的程度实在不够，这也是不必遮掩的。被选举权，暂且不与他们男子争，难道选举的资格都不够吗？无选举资格，便是无人权，既无人权，便算不得是人。这样看起来，我们女子活在世上，尚有一点生气吗？群英因为此事，曾联络同志，两次上书参议院，要求将女子的选举法，订定颁布。不料参议院的议员，全没心肝，全无公理，将所上的请愿书，毫不理会，竟不列入议案，诸君看欺人不欺人呢！现在世界文明的国家，都有女子参政会。前月，万国妇女参政联合会会长嘉德夫人，及会员马克维夫人、荷兰女子选举会会长解古柏女士，来华游历，极力赞助我们的女子参政同盟会早日成立，并说政府若有碍难的时候，尽可用函电磋商，自当竭力协助。若万国妇女参政联合会允许中国女子加入，便是万国的女子已经承认中国了。照这样看起来，万国的女子对待中国的女子，已作为完全国民，独中国的参议院，反不认我们女子为完全国民，我们便甘心受参议院的欺负吗？！既不甘心参议院，便要组织团体坚持到底，上书参议院，要求女子的选举权,一次争不到手,二次再争,二次争不到手,三次四次,以至无量数次,不达到目的,是万万不能止的。现今与女子作反对的,不过一少部分的男子,最开通最重人权的人,如报界、学界、政界,赞成女子参政的也很多。我们不自家拼力去争,便是自家放弃责任,就不能怪参议院藐视我们女界了。今日本部既幸成立,在会的同志,总要个个负责任,个个尽义务,同心一致,研究进行的方法,扩张党内的势力。目前最要紧的,就是急选代表,分赴各省组织支部,以为本部的后援,并须要求各省的议会电达参议院,将女子选举法案速行订定,看参议院将何法对付。诸君注意!注意!第一次国会,女子既无选举权,将来的第二次第三次国会,女子更能争被选举权吗?所以现今争选举权,是第一次国会最要紧的问题,便是将来争被选举权最重要的关键,诸君切不可放松。第一着失败,后来用力更难了。至若我们的参政权,想完全达到目的,必先预备实力,一件是要有参政的知识,一件是要有独立生活的能力。这两件事,便是从教育上着手,多开些法政学校与那实业学校,令那有常识的女子讲求政治、练习实业。五年十年之后,程度日高,便可与男子并驾齐驱了,事事不仰给于男子。那时参议院想再剥夺女子的参政权也就没得借口了。群英今日不过将开会的宗旨,演说大概,至会内进行的手续,尚望诸君各抒意见,务求完善。今日造好因,将来自有好结果呢!

摘自《女子参政同盟会本部成立志盛》一文,载《女子白话报》1912 年
10 月 20 日

## 唐群英创办女子白话报意见书

亘古今,塞天地,立人极。道乌乎在,曰顺与逆。平等也,自由也,此人类之初生,天所界赋者也。法律也,权宪也,此维持人道之公共主义也。无古今,无中外,合乎此则为豪杰,为英雄,悖乎此则为无权宪,无法律。不自由,不平等,倒行逆施,非所立于今之世也。人也者,对于世界动物之最高者也。故其生也,自呱呱堕地之时,至奄奄垂死之日,无论男女,皆立于平等。此准之中西学统,无待研究者也。自天高地卑乾健坤顺之说出,瞀儒陋士,肆其邪焰,以女子无才为美德,以服役男子为天职,积非胜是,长夜漫漫,坤维不张,女权遂剥,弥纶千古,浸淫五洲,夫非咄咄怪事欤。然

综四千余年之积毒，一旦扑之正之，割除而剔灭之，夫岂易易。则筹备之方法，进行之手续，有非可鲁莽从事者。去夏伊黎片马，受逼英俄，旅日同胞谓战而失地，犹胜于不战而割地，于是全国国民军之发起，群英亦于同时发起女学会于东京，编辑女学杂志，按季出版，欲发启女子爱国之热忱，以尽后援之义务。一期出版，颇受社会欢迎。二期稿甫脱，而武汉义旗将高举矣，群英遂回国，奔走于长江流域，尽力革命事务。幸而天眷华胄，政变共和，女子参政之声，达于全国，即西来女杰，莫不极表同情。但物有本末，事有终始，苟不为根本之筹备，稳健之进行，虽欲为女界二万万同胞，谋无疆之幸福，多见其无效也。夫暮鼓晨钟，而入人之耳鼓者，以其音之清醒也。稗官野史，而为人所乐闻者，以其言之浅显也。钜制鸿篇，高而难读，杂家小说，浅而易知。故社会之转移，习俗之改变，收功于深远之文章者少，收功于浅近之小说者多。歌大风于聋者之侧，置明珠于盲者之前，虽竖子亦知其无补也。当兹女学未发达之日，女权未伸张之时，示以高文则难达，演为白话或易懂。不必拘于文义，须为彼所乐观。不贵尽我之聪明，而贵开彼之新智，使听者如闻暮鼓晨钟，观者如见稗官野史。俾吾二万万女同胞，智识增进，能力扩充，于女界或不无少补欤。吾知海内硕儒，必乐于赞成。复其固有之平等自由，大同博爱之地位，吾女界尚其勉旃，尚其勉旃。

1912 年 10 月 21 日

# 女子白话报简章

一、名称。本报为民国女界组织而成，故定名为女子白话报。

二、宗旨。本报专为普及女界知识起见，故以至浅之言，引申至真之理，务求达到男女平权的目的为宗旨。

三、别汇。本报分为五门:(一)政治； (二)教育； (三)实业； (四)时事； (五)丛录。

四、报期。每月出版三册。以阳历初一、十一、二十一出版，初二、十二、二十二发行。

五、价格。定价全年大洋一元五角，半年大洋八角，零售铜元捌枚。

六、代派。代售本报五十份以上者九折，百份以上八折，一百份以上六折。

七、附则。凡赞助本报、愿捐助报资者，本报认为特别赞助成员，除登报鸣谢外，酬送本报若干期，其例如下：凡捐助一元者，赠报一月；捐助二元者，赠报二月；捐助五元者，赠报半年；捐助十元者，赠报一年，照数增加，百文以上者，永远赠送。

八、其他。本报附设丛录一门，凡各界热心著述，与本报宗旨符合者，倘蒙寄稿，一律照登，本报赠报致谢。不登者恕不复答。

（1912 年 9 月 24 日）

# 亚东丛报简章

一、名称　本报原名亚东新报，日出三张，嗣以内部变更停刊多日，现改组为杂志体，名曰亚东丛报。

二、宗旨　本报以提倡女权，发挥民生主义，促进个人自治为宗旨。

三、内容　本报月出一厚册，月底出版，内分：社论、译著、选论、法令、人事记闻、时评、专辑、女子教育、女子实业、选瑜、文苑、谈丛、小说、图画、广告等门，延聘通才，分任编造，为杂志界放一异彩。

四、征文　本报材料丰富，组织完备，除聘专门名家主持笔政，海内外宏达，如有撰述，惠寄本社，当择优登录，酬金从优。

五、价格　定购本报，全年银币三元，半年一元六角，零售每册三角，外埠邮费另加。

六、代派　本报代派无论份数多少，均照实价七成折算。

七、地址　本报仍设在北京宣武门外，前清广武场馆西夹道内路西。

八、附设女子白话报，自民国二年正月起，白话报大加改良。

亚东丛报社启

（1912 年 11 月 16 日）

# 宋渔父先生诔并叙

　　维民国二年六月二十六日，为前农林部总长宋公渔父灵輀窆于上海之辰，同人会葬，不期而至者，道为之塞，巷为之空。翦取吴淞，同悲逝水。惟兹永日，共哭长沙。一掬芳馨，莫雪灵均之愤；两行热泪，难招宋玉之魂。既念陈人，复伤来者。长江滚滚，英雄有淘尽之悲；前路茫茫，世道有沉沦之叹。倘无先达，谁唤迷途，未意前修，难为后死。群英之痛，社会之忧，岂徒不见斯人，便伤乡国，不期旷世，始叹英豪。用是薄荐素羞，略尽明歆之告；相将执绋，聊申哀惜之词。诔曰：

　　维我宋公，天生英杰。衡山巍巍，历著奇节。江汉滔滔，益表高洁。当满季世，腥膻莫涤。志在澄清，拔帜易色。航海而东，学如不及。气迈风云，心存邦国。三月廿九，广州之役，并命黄花，长留碧血。薄海同悲，于今为烈。知不可为，暂为蠖屈。天声琅琅，民有喉舌。武汉一呼，全国震慑。五色扬徽，苍龙化蜥。南衙初建，法纪续绝。匪公维持，何以速立。两界同心，五族合力。匪公北行，何以统一。公志休休，班行共式。不幸唐氏，用志不协。抗手投簪，仁政斯息。吁嗟临时，三五更迭。沐猴易冠，群蝇附热。风雨飘摇，鸡鸣凄侧。国步艰难，挽回是亟。公意不忍，誓共提挈。阁制主张，不挠不折。奸人酤仕，怵为腹疾。乃媾群小，演此惨别。五步之闻，砰然一击，使公成仁，竟非所恤。为政杀人，况同盗贼。伤哉公仇，今谁与雪。伟哉公抱，今孰与洁。此愤填胸，缨冠谁急。沉潜高明，兼者无匹。坐言起行，继者无辙。我慨玄黄，我想奇杰，摄花搵泪，为公凄绝。呜呼哀哉！

1913 年 7 月（民国二年六月二十六日）

# 祭张惠风文

　　维民国四年七月十九日。张君惠风卒于醴陵私第,春秋四十有四。阅十有二日,同学弟唐群英闻其讣而哀之。乃致诚遣使,远赍香花清酌庶羞,请张生贞祥代表致祭于君之灵。呜呼!天地无心,万物同壑。福善则虚,英蕊夏落。既孤我德,女界销铄。潜灵不反,余晖闪灼。吊君德行,周规折矩,虚比洪钟,静若幽谷。吊君文学,浩瀚渊深,沟通今古,气蕴风云。吊君言语,为世之范,于侪辈中,亭亭孤干。匪桐不栖,匪竹不食,既调琴瑟,笃其伉俪。欧风东渐,诟病专制。君与民争,洪流萃域。君亦崛起,不虑其败。武汉举义,末帝逊位。夫婿英雄,血膏草莱。民国肇造,素志既酬。寡鹄哀鸣,孤枕寒衾。蜚声教育,桂兰有馨。济济来学,月异日新。川静波澄,风雨骤惊。世界竞争,合纵连横。奥塞启衅,英德交讧。全欧振荡,莫顾运东。日乘其隙,虐我震旦。泣血志士,抚剑三叹。忧愤成疾,骨朽心惨。呜呼哀哉,鲸浪滔天。惟君既死,后死勉旃。雪兹国耻,仍告贞魂。兹当永诀,奠酒三樽。阴阳虽隔,謦咳如闻。知君英灵,尚有心属。皤皤高堂,檐前风烛。呱呱黄口,正在襁褓。养之教之,兄弟手足,驾言往兮,无为踯躅。呜呼噫嘻,人生几何。譬如朝露,去日苦多。非寿非夭,共感逝波。君无悲戚,听此薤歌,哀哉尚飨。

1915 年 8 月(民国四年七月二十八日)

# 与柳亚子书

亚子社长先生足下：

迭奉来笺，并南社十四期蜕翁诗集，均已收到。先生热心毅力，提倡宗风。遍读南社各集，具见精心擘画。于吾湘蜕庵、太卜诸君，搜刊遗稿，尽瘁求全，足见苦心。不第征文考献，垂示来兹。即此发微阐幽，已足振式浮靡。钦佩之私，罄竹难载。每忆清政不纲，志士仁人奔走国事，蜚声中外，固极一时之盛。然惟男同胞实占多席，女界则寥寥无几。自鉴湖成仁后，广座谈虎，相戒以色，踵武崛起者，已难其人。次则醴陵张君惠风，有足多者。张君沉毅坚定，百折不回，乙已秋东渡求学，因外界刺激，愤祖国之阽危，慨女界之屡弱，由是民族、民权主义印满脑筋，南北奔走，力求振拔，凡老同志类能言之。与英订交最早，风雨同舟，且逾十年，故相知尤邃。近以时晦，遁迹空山，节衣缩食，犹挈办女子手工、实业两校，生徒近百人，造端亦至宏也。每论及癸甲以来国事及渔父、太一诸君之遭际，未尝不掩卷流涕，披发狂呼，是其爱国、爱同胞之心已可概见矣。青岛事起，倭夷恫怀，益悲国步陵夷。其致弱之由，皆有因之果。抚膺增痛，如鲠在喉。故如提倡国货，储金救国诸事，婆心慧口，到处演说。湘省国耻纪念，民气膨胀，多其导线也。此君气体素弱，以积劳而疾益剧，花朝时函约英就醴一话契阔，留连十旬，耦住无猜。英见其精力日惫，屡劝节劳养病，不必关怀时局，则嗟嗒勿顾也。真所谓一息尚存，双眸如故，其坚定不可及，盖若是矣。端节后十日，英方回衡省亲，越半月，而张君之讣音传来，英如手如足之爱，悲戚固其所自。惟念张君行谊卓绝，赍志以殁，不有传者，则结绿青萍，终等与铁戟消沉耳。先生文章巨手，海内人师，忝附同社，尤切景行。拟乞椽笔，一光丹素。如荷容光远照，许予揄扬，当再次崖略，以供采择。书不尽意，无任神驰。教请道安。伏维荃照，伫候还云。

唐群英：鞠躬

1915 年 8 月（民国四年七月廿九日）

# 参议院之黑暗

## 开 云

临时政府成立的时候，那参议院的议员，都是由各省仓促选举出的，所以，参议员的程度，很是参差不齐。他们反对女子参政，开口便说程度不够。试问，参议院的那班人，有几个够参议员的资格?民国成立了一年，他们所发表的议论，所主张的政见，对于民国的前途，有什么价值呢?!每月混了二百块银元，花天酒地的乱闹一番，那国家的大事都忘却了。列位看这等参议员，可恨不可恨呢!四万万同胞举他们为代表，只望他们为同胞造一点幸福，眼都望穿了。他们屡次闹出笑话来，外国人便说这等人也做参议员，中国人民的程度，真是不够共和。同胞听了外人的糟塌话，便气了不得。那班参议员也像没听见的样呢!全不整顿精神，打量做一桩完全的事业，真是毫无血性，同那些理学上说的老废物，也就相去不远了。明年二月间正式成立政府，这一班的参议员便要取消。他们知道自家的末运到了，也有请假回籍运动正式选举继续当参议员的;也有运动别项差事的，目的就在那做官发财四个字。没有请假的，每日到参议院，都是没精打采，胡乱发了几句不关痛痒的话，便散了会。参议院的规则，本是上午十一时开议。近来天气冷了，他们晚叉麻雀打茶园，闹的太昏了，清晨爬不起来，现在改为下午二时开议，到开议的时候，总是七零八落，不足法定人数，所有议案，便一概搁起。不料崭新的民国，竟有这昏昏沉沉、奇奇怪怪的参议院，真是可谓痛苦流涕了。更有一件可恨的事，就是对待女界苛刻了不得。女子参政，本是天然应有的事，他们偏说女子的程度不够，现在的女子不曾与男子受同等的教育。将全体的男女，两相比较起来，女子的程度，或者有赶不上男子的。女子参政同盟会全体会员，为了此事，联络各省女界，上书参议院，也不与男子争被选举权，只要求将女子的选举法案确定公布出来。那班参议员将她们所上的书，不提出列入议案，只复了介绍的人一封信，说什么本院对于人民请愿，理由虽甚充足，但是前在南京已经批复，候国会的解决，此次也只好照南京的例。那参议院的答辞，真是荒谬极了。岂知女界征南京所上的书是要求约法第五条的字面修改，这次所上的书，是要求确定女子的选举法案。他并不详细看，胡乱将女界的请愿书搁下，岂不是蹂躏人权，违背公理到万分了吗?今女界见第一次书既无效力，又上了第二次书，已经两个月了，参议院尚未提出，难道参议员以女界所上的书，无可议的价值吗?人民是国家的原素，人民的组织，半是女子，约法上所载的国民，便概括男女在内，可见女子与男子立于平等的地位。男子所有的公权，也是女子同有的，并不要求参议员将男子的公权，分予女子。现在女子的法律知识虽薄弱，不能说女子连选举权的资格都没有。民国的法律，人民非有犯罪的行为，没有剥夺公权的道理。参议院剥夺女子的选举权，便是看待女子和罪犯一般了。参议员自家都有母妻、有姊妹，肯以罪犯待自家的母妻姊妹，真是残忍极了。参议员以残忍的心术对待女子，我们女子必须以激烈的手段报复参议员。女子参政同盟会成立的时候，王云樵君的演说最痛快，说参议员悖灭公理蹂躏女权，便是不以人类对待女子，我女界当视为公敌，一个个用手枪炸弹对付他。列位休怪王君所说的话太激烈了，这是英国女子已做过的事实。英国女子为争参政权，将本国的首相，几乎炸死了。他们用激烈手段对付参议员，也不止一次呢!中国参议员没有一个真有胆子不怕死的。前次为没有通过国务员的事，军警就要干涉起来，他就不敢反对了。后来为张方的案子，参议员一时良心发现起来，想欲吹倒黎元洪，抬压大总统，鄂军打了几个电报来京，说要提兵来杀他们，参议员就像那乌龟一样便缩了头也不敢再出来了。我想他们的眼睛只有鼠子大，他们的胆子也一定大不过鼠子了。现在湖北、广东、湖南各省的女界所办的参政会，也是很踊跃的，很齐心的，他们常有电函来商量参政部本部，研究进行的法子。前日，本部曾派定几个代表到参议院质问理由，那议院里一班的混蛋，一个个都躲着不见，就委一个巡警总厅的特别稽查员，名叫张清澄来招待那女界的代表，啊唧!您看这参议院，对待女同胞的手段，就比对待敌人一样了，女界上的书，他公然搁下不议，女界来问他，他就派警卫来稽查。啊唧!我二万万女同胞呀!还不齐心起来，大家负点责任，恐怕这凉血动物的议员，就要鱼肉我们了。过了几天，本部又派代表赴院，正欲搜索议长，诘问他一番。那吴议长倒也明白了，便出来招待，与代表作了几个商量，但是，他所商量的话，待我下面慢慢的说与列位听听。

前次女子参政同盟会，公举王昌国君为代表，到参议院见了吴议长，要求将女子选举法案，议决公布出来。议长见诸位代表所要求的出于公理，都是堂堂正正的话，外面像没甚反对的样子，便应允提出作为议案，并请参政会派代表去旁听。不料到那开议的时候，请愿委员王鑫润，刚将这件议案报告完毕，便有李国珍同谷钟秀两个议员出来反对。他们反对并没甚正当的理由，东扯西拉，说来又好气、又好笑，这等议员，真是民国的妖孽，女界的蟊贼呢!李国珍说这件议案，在南京已经否决了，我们北京的参议院，现在可不必提议吧!况约法只大总统有交复议的大权。女子选举议案，已经议过一次，若是复议，便是以总统的大权，交给女界了，岂不是长女子的气焰吗?谷钟秀又说这请愿书的内容，有许多侮辱参议院的话，是万万不能讨论的。他们两个发了些无意识的议论，本来无可驳的价值。当时有两位议员，平日是最尊重人权的，见他们所说的太不对，恐怕这似是而非的话，淆乱天下的听闻，便将他们的荒谬处，一一驳正出来，直驳得落花流水似的，一位是谭珍君，一位是杜滑君。谭君说：女界在南京所上的请愿书，是要求将约法第五条的字面修改，这次所上的书，是要求将女子选举法案议决，截然两个问题，并不是复议的议案。况南京并不曾将她们的请愿书否决，不过以她们所要求的，事体很重大，不尽是女子全体的关系，并是民国最大的关系，等正式国会成立，方能将此问题解决，这是将女界的请愿书，看得郑重的意思。岂可说是否决吗?杜君又接连说道：谷钟秀所说侮辱的话，本席极不赞成。参议院是代表国民议事的机关，本来是不可侵犯的，不是连参议院的议员都不可侵犯，倘若议员有违法的举动，国民还要驱逐他，不许充民国的议员咧。至若女界的请愿书中，恨议员不主持公道，将她们的议案通过，未免有些过于激烈的话，并没有一语侵犯议院的，这可不用误会了。议长见这件议案，也有赞成的，也有反对的，只得宣告公付表决，不料赞成起立的，仅得少数。原来这班议员，大半是眼光不很远大，知识亦甚平常，并不知道女子参政对于民国有绝大的益处。见得中国数千年没有这桩事，向来女子连户外的事都不许过问，还说什么参政呢!一旦见了这个大问题，便咋口吐舌，惊讶起来。更有一事，就是怕女子有参政权，将来或选为议员，或任为行政官，夺了男子的饭碗。他们心里怀了这两种鬼胎，所以女子的选举法案，只有少数赞成，不能通过。女界的代表见第二次所上的书，又无效力。次日，又到参议院去，打算与议员辩论一番，不料这参议员只派招待员敷敷衍衍，便算了事。但是那一班议员，既不可用公理晓谕，自有别的法子达这参政目的。现在男界替女界抱不平的很多，他们发起赞助女子参政会，联络政界、报界、学界的高明人物，拟在湖广馆开会，讨论进行的手续。只是我们女界最亲爱的姊妹，个个要负点责任，不可说有了男子赞助我们，巴不得将自家的担儿减轻些，这种倚赖的劣根性，千万要铲除净尽才好。女界又商量派代表到各处运动那激烈一派的人来，以厚本党的势力。前数日参政同盟会来了一位健将，就是那沈明范君。去岁武昌起义的时候，沈君曾在武汉办赤十字会，受了无限辛苦，后来南京政府成立，他又到南京尽了许多义务。因为当时参议院，不通过女界的请愿书，曾用过一次激烈手段，连院内的窗户都打得粉碎。这回闻得北京的参议院又蹂躏女权，便是夜赶到北京，预备对付参议院。参政同盟会有了这健将，也就不怕参议院的专横了。

见 1912 年第三期《女子白话报》

# 主要参考书目

《洞庭波》，上海出版社　1906 年版。

《留日女学会杂志》，日本东京　1911 年版。

《现在的中国》，美国世纪出版社　1916 年版。

《治坪唐氏七修族谱》，1923 年版。

《南社丛刻》，1923 年版。

《辛亥革命》，人民出版社　1961 年版。

《孙中山传》，北京出版社　1979 年版。

《中国妇女名人辞典》，上海人民出版社　1981 年版。

《孙中山全集》，中华书局　1982 年版。

《学点民国史》，人民日报出版社　1984 年版。

《中华民国人物传记》，1984 年版。

《衡山文史资料》，衡山县政协文史委编　1985 年（第一辑）。

《孙中山史及详录》，天津人民出版社　1986 年版。

《中国妇女运动史》，全国妇联妇运史研究室编　1986 年版。

《秋瑾年表》，文华出版社　1990 年版。

《北京妇女报刊考》，光明日报出版社　1990 年版。

《中国妇女运动》，河南人民出版社　1990 年版。

《孙中山集外集》，上海人民出版社　1990 年版。

《中国近现代妇女报刊通览》，海洋出版社　1990 年版。

《衡阳文史》，衡阳市政协文史委编　1991 年（第 11 辑）。

《双峰文史》，双峰县政协文史委编　1991 年（第 4 辑）。

《人物》，人民出版社《人物》编辑部　1992 年（第 2 辑）。

《影响中国历史的 100 个女人》，广东人民出版社　1992 年版。

《艺文志》，台北市　1992 年版。

《影响中国历史的 100 个女人》，广东人民出版社　1992 年版。

《宋教仁传》，国际展望出版社　1992年版。

《一代女魂》，衡阳市政协文史委编　1992年版。

《衡山县志》，岳麓书社　1994年版。

《长沙市志》第二卷，湖南人民出版社　1995年版。

《历代名人与南岳》，海南出版社　1995年版。

《唐群英评传》，湖南人民出版社　1995年版。

《向警予文集》，湖南人民出版社　1995年版。

《黄兴的时代》，湖南人民出版社　1996年版。

《唐群英诗赞》，衡阳市诗词学会编　1997年版。

《衡阳市志》，湖南人民出版社　1998年版。

《唐群英研究文集》，衡阳市妇联，衡山唐群英研究会合编　1998年版。

《中国妇女百年奋斗史》，湖南师范大学出版社　1999年版。

《唐群英的传奇故事》，湖南文艺出版社　2000年版

《传记文学》，台北市　2000年版。

《历代名人与娄底》，中国文联出版社　2001年版。

《唐群英年谱》，香港天马图书有限公司　2002年版。

《衡阳史话》，文物出版社　2004年版。

《情重衡岳》，湖南人民出版社　2005年版。

《唐群英史料集粹》，衡阳市妇女联合会编　2006年版。

《一代女魂唐群英》，岳麓书社　2006年版。

《20世纪中国妇女运动史》，中国妇女出版社　2008年版。

《孙中山》，团结出版社　2011年版。

《人杰地灵话衡山》，湖南科学技术出版社　2011年版。

《湖南与辛亥革命》，湖南人民出版社　2011年版。

《纪念唐群英诞辰140周年专期》，衡阳市社科联编　2011年版。

《唐群英诗文赏析》，中华诗词出版社　2011年版。

《女权运动先驱唐群英》，中国文史出版社　2014年版。

《岳北农工会》，湖南人民出版社　2016年版。

《唐群英家风揄扬集》，团结出版社　2018年版。

# 跋

## 肖宗志

　　《唐群英传》即将付梓，作者唐存正（其父唐遂九过继给唐群英）先生嘱我写序。我再三拒绝，因为作为一介书生，不名一文，不能为其作品增色，且从无为他人作品作序的先例。但值耄耋之年的唐存正先生情真意切，态度坚决。我只能勉为其难，也算不得评价鉴赏，考释之类，权当题跋，写点读书后感吧。

　　因为长期从事中国近代史的教学和研究，以及为参加纪念唐群英140周年诞辰的学术会议而专门撰写过一篇学术论文，我对唐群英这个历史人物还比较熟悉，对学术界关于唐群英的研究亦有所了解。在我看来，唐群英一生的闪亮点主要表现在以下四个方面：一是家境不错、孀居的唐群英辞别老母，毅然东渡日本，学习新知，立志报效国家，这一举动，对于一位已过而立之年的女性来说，需要相当大的勇气，是相当不简单的；二是冒着杀头的危险，参加由孙中山、黄兴领导的资产阶级民主革命，反对清朝的黑暗统治，为中国资产阶级民主革命积极操劳，亲临沙场，确是女中豪杰；三是民国肇始，唐群英又积极地为争取女性的平等权、参政权而奔走，是中国女性解放运动、女权主义的杰出代表，为此而得罪某些权贵和当政者，她也在所不惜；四是晚年的唐群英舍弃家财，大兴女子教育，以教育来救国，通过在城乡创办诸多好学校，培养了众多的青年才俊，提高了妇女的职业技能和社会地位，是一位了不起的教育家。

　　通读全书，作者唐存正先生虽然是唐群英之孙，但他在撰写中，基本做到了秉笔直书。应该说，该传记能够比较客观、公正、全面、真实地再现了唐群英的一生。且该著作使用了大量的第一手资料，尽管难说搜罗无遗，然而确实较全面地借鉴了已有的研究成果，应该说，是迄今为止关于唐群英的最好传记。该传记文笔通畅通俗，语言平实，可读性很强，还收录了唐群英的许多诗词，颇具文学欣赏性，是该传记的又一大特色。

唐存正先生为唐群英立传，不仅光大唐群英的事迹，而且以此告诫人们，中国革命的胜利和中国的稳定、和平与发展来之不易，是无数仁人志士艰苦卓绝、为之奋斗的结果，吾辈当十分珍惜，继承之，弘扬之！

（作者：南华大学马克思主义学院教授、历史学博士、硕士生导师）

# 后　记

　　我是从家父唐遂九手里接过研究宣传唐群英活动的接力棒的。这里有一段我过去不曾与外人提起的故事。

　　1958 年 7 月，我奉调衡阳行政公署工作。报到后的第一件事，就马上向在河南省信阳市第一中学教书的父亲唐遂九报喜。几天后，收到退回的信件，信封上加贴了一张小纸条，上书"此人去年整风已划右派，送劳动教养……"我惊呆了，顿时不知所措。我恨他，为什么在大鸣大放中攻击共产党（这是我当时的推断）呢？作为一个优秀共青团员，正在申请入党的积极分子，我只有一个选择，那就是主动向党组织报告这个突如其来的不幸消息，并表明自己的立场，坚决与右派父亲划清界限，自觉接受党组织的长期考验。

　　26 年后的 1984 年 11 月，终于与平反归来的父亲在衡阳重逢了。父亲告诉我，解放后，从新旧中国的对比中，深感"只有中国共产党才能赶走帝国主义，建立独立、自由、民主的国家"，所以，他主动报考华东人民革命大学，重新安排自己后半生的人生之路，在镇反运动学习中，就毫无保留地交待了自己的全部历史，当时组织上给他的鉴定是"对党忠诚"。不料，在信阳一中参加肃反运动时，却又被怀疑是"中统特务"，关了几个月，批斗好几场，最后按照"有反必肃，有错必纠"的政策无罪释放，恢复工作。校领导亲自向他赔礼道歉，开导他、安慰他，使他很受感动。用他的话说："不打不相识"，自此，更坚定了跟共产党走社会主义道路的决心。父亲还告诉我，在 1957 年那场大鸣大放运动中，他并没有发言，内心也没有攻击共

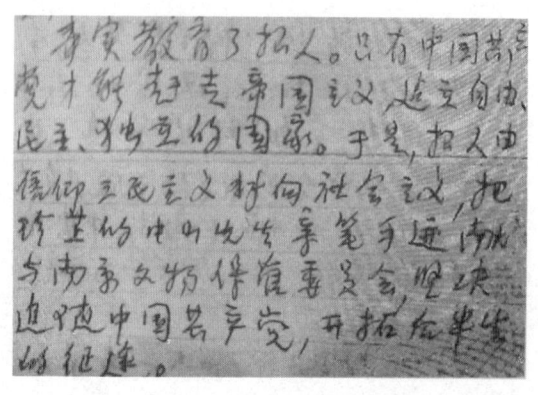

选自《民国报人唐遂九》手迹第三页

产党的想法。运动后期转为反右斗争，因为单位的指标没有完成，便以"不发言的右派，更隐蔽、更狡猾、更具危害性"为由，将他划为"历史右派"。这时，我才了解了父亲错划"右派"的真相。我一直在误解自己的父亲啊！看到我愧疚不安的神情，父亲淡然一笑，说："这个事就不要再提了。"接着他和我谈起宣传唐群英的事，我却耳闻心不动。当时我是衡阳市建委办公室主任，工作繁忙固然是原因之一，但更主要的是对自己先祖不甚了解，担心有"光宗耀祖"之嫌，怕再搞运动时犯政治错误。所以，不管父亲怎么说，我还是不为所动。起初，父亲还耐着性子说："宣传陶公（唐群英字希陶，后人们习惯称其为陶公），绝不是我们搞什么'光宗耀祖'，而是为国家宣传一位对中国近代妇女解放事业作出重大贡献的历史人物，对进一步促进妇女树立自信、自立、自尊、自强会有好处。"在分别时他说了我一句："你简直是历史的无知。"遗憾的是，即使父亲说到这个程度，仍未促使我动起来，直到父亲去世。

1991年10月，当接到康克清同志为先祖的题词"唐群英　一代女魂"，我才恍然大悟。这个"历史的无知"，竟使我失去了好几年的宝贵时光。打那时起，我才真的积极地动起来：从父亲的日记中找线索、找遗作；主动和表哥曾启球、堂兄弟唐志良、唐强庚、堂姐唐雨明及侄外甥易龙云取得联系，搜集资料并会商办法；四处找到堂叔祖唐恭裕和几位堂叔唐寿春、唐长龄、唐寿芝、唐晶明、唐伯安、唐让伏、唐让佳和父亲的故友凌霄九，故里老人曾秋珍（女）、曾庆凡、李寿林、屈东伏、赵金林、符登朝、周健枚等了解点点滴滴的传闻轶事；从房侄唐自强孙女唐清梅处找到家父唐遂九留存的几本日记和一些信札；与姨母胡静和两位弟弟唐明、唐信群一起回忆整理父母在我们兄弟童年时代讲过的三吉堂，尤其是唐群英、唐乾一的一些故事；走亲访友，广泛收集全国各地近200名研究唐群英的专家学者在海内外各种报刊发表的230多篇文章。特别是与衡阳市妇联调研员胡达任同志同去北京、天津、南京、上海、武汉、长沙等地图书馆、档案馆搜集到许多宝贵的历史文献资料，更使我对唐群英这位先辈产生了无限的敬仰之情。

30多年来，我搜集、挖掘、整理唐群英史料近百万字，撰写《唐群英生平》，编写《唐群英年谱》，参与编辑《一代女魂》《唐群英研究文集》《唐群英史料集粹》《群英文化园纪念集》，与人合著合编《唐群英评传》《唐群英的传奇故事》《女权运动先驱唐群英》《唐群英诗赞》《唐群英诗文赏析》和《唐群英家风揄扬集》，先后在《人民日报》《人民政协报》《中国妇女报》《团结报》《纵横》《辛亥革命研究动态》《历史博览》以及香港《名家》《中华校园》、台湾《国语日报》

等报刊发表研究、缅怀、宣传唐群英的文章 40 余篇。

一直以来，得到许多领导和专家学者、亲朋好友及唐氏宗亲们多方关切与鼓励，成为推动我能够持续研究、宣传唐群英的精神动力。

这些年，在各级领导的关怀支持下，在一大批热心于研究宣传唐群英的专家学者的积极努力下，特别是 1995 年联合国第四次世界妇女大会在北京召开，大会组织拍摄八集《中华百年女杰》电视专题片，唐群英与秋瑾、宋庆龄、何香凝、向警予、蔡畅、邓颖超、帅孟奇同列其中，随着一部部《妇运探源——走进唐群英故里》《一代女魂》《山鸟唤晴来——一代女魂唐群英》电视专题片和电影《一代女魂唐群英》的陆续播放，使几被历史湮没的伟大女性唐群英，重又被人们所熟知，令人鼓舞。2009 年，盛明明先生的电视讲座"一代女魂"播发后，社会反响热烈，进一步引发了"唐群英热"。但是，作为她的长孙，我仍因没有一部完整的唐群英传记而常感不安。故此，一部《唐群英传》的未完稿，在我手上转了十多年，写写改改，停停写写……，曾想过以我与全国妇联刘静同志合著的《女权运动先驱唐群英》作为替代，不再单独写了。2014 年 8 月，在贵阳市参加全国第 24 届图书博览交易会上，有幸结识团结出版社社长梁光玉先生。我赠送一本《女权运动先驱唐群英》，他回赠我一本《孙中山》（辛亥著名人物传记丛书）。在交谈中，梁社长谈及《丛书》中没有《唐群英》是件憾事，并鼓励我亲撰一部《唐群英传》……这又重新燃起我撰写唐群英传的激情。

近些年，在家人及亲友的鼓励下，我于 2016 年春节过后，又将原有的多部《传记》草稿翻了出来，重新调整篇章结构，补充了不少新内容，反反复复进行考证查对，于 2019 年清明节前完成了初稿，用打印稿和电子版分送几位多年关注唐群英传记撰写的朋友，请他们审读并提出意见。几乎异口同声地说："唐老以 87 岁高龄还完成一部唐群英专著，真了不起啊！""唐老的执着精神，令人钦佩，退休后干成一件很有意义的大事""这部大作为社会留下了一笔宝贵的精神财富，为后世研究唐群英作出了历史性贡献"……

其实，这部传记不是一般的个人创作，是我从父亲 1987 年病故后，花了三十年（1988—2018）积累资料，包括父亲生前讲述过的关于唐群英和三吉堂的一些故事、遗下的书面材料，及走访家乡父老乡亲时录下的口碑记录，搜集整理各种历史文献资料；花了十年（2002—2012）的构想与思索，并试写过三稿；花了近四年（2016—2019）时间，静下心来，集中精力进行梳理撰写出的一部《唐群英传》，的确很不容易。

首先是各级领导的重视与推动；再就是众多关注唐群英研究的专家学者的支持与帮助；当然，更重要的是先祖唐群英为民主革命和妇女解放事业作出的伟大贡献和革命精神对我的激励与鼓舞；作为她的后裔，我更有一份历史责任与担当。归根结底，是赶上了好时代，握住了好时机，坚持不懈，自有所成。

这部24万字的《唐群英传》，吸收了一些朋友的好意见，抓紧修改，终于赶在国庆70周年前夕脱稿。在这里要特别感谢我的老伴向丽华，是她不辞辛劳承担全部家务，为我创造了安静的环境，让我能够集中精力专心撰稿，又为我誊写和校对，才使这部多年心愿的专著得以完成。感谢唐明、唐信群两位弟弟和堂弟唐仁光及身边两个儿女唐毅敏、唐红和爱侄唐庆、爱甥刘明安（胞妹唐存仁之子）、侄媳刘帅给予的积极配合。

本书成稿及编辑出版过程中，得到中共衡阳市委宣传部、衡阳市社会科学界联合会、衡阳市妇女联合会、衡阳市住房和城乡建设局和中共衡山县委宣传部的关切与支持。特此致以深深的谢意。

承蒙中国社会科学院近代史研究所研究员、研究生院教授、博士生导师李细珠，湖南省社会科学院历史学研究员、历史研究所原所长吕芳文，衡阳师范学院副教授、中国近代史史学硕士贺玎（女）分别为本书作序；承蒙南华大学马克思主义学院教授、历史学博士、硕士生导师肖宗志为本书题跋，以点睛之笔为全书添彩；承蒙我的爱甥易龙云，挤出时间为书稿作了文字上的修改，使这部人物传记不致出现语法上的差错。在这部传记中，还借鉴了一些专家学者的研究成果，使用了一些热心人士提供的史料和照片，在此一并表示感谢！

前些年，我曾发表过一些关于唐群英的文章，与友人合著合编了几本关于唐群英的专著。由于当时掌握资料不全，对有些情况把握不准，一些地方又校对有误，加之近年新获资料的不断丰富和补充，故皆以此书为准，予以更正。尽管我在这方面做了极大的努力，但由于本人水平不高，研究深度不够，疏漏、失误之处仍在所难免，殷切期望方家批评指正。

我的人生信条是：淡名利，不卑亢，大处清楚，小处糊涂，言必守信行必果；多思考，倍勤奋，公事认真，私事马虎，尽其心力顺其然！

作者

2019年9月于雁城